# 乡村旅游研究

徐 虹 李 瑾 主编

中国旅游出版社

责任编辑：李冉冉
责任印制：冯冬青
封面设计：中文天地

---

**图书在版编目（CIP）数据**

乡村旅游研究 / 徐虹，李瑾主编．－－北京：中国旅游出版社，2021.10
　ISBN 978-7-5032-6821-2

Ⅰ．①乡⋯ Ⅱ．①徐⋯ ②李⋯ Ⅲ．①乡村旅游－旅游业发展－研究－天津 Ⅳ．① F592.721

中国版本图书馆CIP数据核字(2021)第197045号

---

| | |
|---|---|
| 书　　名： | 乡村旅游研究 |

作　　者：徐虹，李瑾主编
出版发行：中国旅游出版社
　　　　　（北京静安东里6号　邮编：100028）
　　　　　http://www.cttp.net.cn　E-mail:cttp@mct.gov.cn
　　　　　营销中心电话：010-57377108，010-57377109
　　　　　读者服务部电话：010-57377151
排　　版：北京旅教文化传播有限公司
经　　销：全国各地新华书店
印　　刷：北京工商事务印刷有限公司
版　　次：2021年10月第1版　2021年10月第1次印刷
开　　本：787毫米×1092毫米　1/16
印　　张：12.25
字　　数：270千
定　　价：68.00元
ISBN 978-7-5032-6821-2

---

版权所有　翻印必究
如发现质量问题，请直接与营销中心联系调换

# 编 委 会

主　编：徐　虹　南开大学旅游与服务学院教授，博士，博士生导师
　　　　　　　　休闲农业与乡村旅游研究中心主任
　　　　李　瑾　天津市农科院特聘首席专家、研究员
　　　　　　　　天津市休闲农业协会会长

编　委：郭　华　天津市农科院农经与区划研究所博士，副研究员
　　　　杨德进　南开大学旅游与服务学院副院长，副教授，博士
　　　　于海波　南开大学旅游与服务学院副教授，博士
　　　　焦　彦　南开大学旅游与服务学院副教授，博士
　　　　张海鹏　南开大学经济学院副研究员
　　　　　　　　南开大学政治经济学研究中心副主任
　　　　郁滨赫　天津市农科院农经与区划所助理研究员
　　　　吕　超　天津市农科院农经与区划所助理研究员
　　　　刘　悦　天津市农科院农经与区划所助理研究员
　　　　张　妍　南开大学旅游与服务学院博士生
　　　　张行发　南开大学旅游与服务学院博士生
　　　　郭昕悦　南开大学医学院教师
　　　　郭连文　南开大学旅游与服务学院硕士生
　　　　陈佩瑶　南开大学旅游与服务学院硕士生
　　　　李　慧　南开大学旅游与服务学院硕士生
　　　　韩若冰　南开大学旅游与服务学院本科生
　　　　吕芳冰　南开大学旅游与服务学院本科生
　　　　张子萱　南开大学旅游与服务学院本科生

# 前 言
## FOREWORD

  乡村旅游作为实现乡村振兴的重要产业形态，在促进脱贫攻坚目标的实现、促进乡村全面振兴方面发挥了重要的推动作用。尤其是随着旅游市场需求日益个性化和体验化、科学技术手段运用日益普及化和常态化、文化内涵挖掘日益深刻化和多样化、乡村产业融合日益宽泛化和系列化等背景下，乡村旅游的多功能性越发得到彰显。在不断创新探索中形成了许多好的经验和做法，与此同时也出现了一些新的问题需要探讨。8月17日，中央召开的中央财经委员会提出了与乡村建设密切相关的战略性方向，尤其是提出了共同富裕的目标和构建初次分配、再分配、三次分配协调配套的基础性制度安排，给作为研究者的我们提出了乡村旅游研究的新课题。

  党的十九大报告提出乡村振兴战略，这对于我国全面建成小康社会、促进和谐社会建设目标具有重要战略价值。然而近些年来，伴随着城市化进程的加快，乡村面临着生产要素流失、产业衰落、土地面源污染严重等现实问题，这些问题对实现乡村振兴目标形成严重制约。如何准确把握乡村旅游市场需求变化及其乡村旅游者行为特征，进而通过乡村旅游发展促进乡村有效重构，吸引人力、资金、土地和技术等要素流向乡村，带动乡村产业振兴，提升乡村旅游地居民的旅游感知，改进乡村旅游治理结构，以更好地促进乡村全面振兴和共同富裕是本书要探究的问题。本书共分10个方面，分别从市场需求、要素供给、产业创新和乡村治理等方面汇集相关研究心得体会，希望启发人们更多地去思考乡村旅游发展中的问题与出路，实现乡村可持续发展。

  本书的出版是众人共同努力的结果，本书的主编是南开大学旅游与服务学院徐虹教授和天津农科院区划所的首席专家李瑾研究员，参与此书撰稿的人员有南开大学旅游与服务学院杨德进副教授、于海波副教授、焦彦副教授，南开大学经济学院张海鹏副教授、医学院郭昕悦老师，天津市农业科学院区划所郁滨赫、郭华、吕超和刘悦，以及南开大学旅游与服务学院的博士生张妍、张行发，硕士生郭连文、陈佩瑶、李慧，本科生韩若冰、吕芳冰和张子萱。此书在成稿之际，主编委托张妍博士对全书进行了整体统稿工作，张妍博士高效快捷地完成了任务，在此对其出色工作表示感谢！另外，此书的出版还得到了中国旅游出版社谯洁主任的大力支持，谯主任认真负责的态度保障了此书顺利出版，在此也一并表示感谢！

主编　徐虹　李瑾

2021 年 8 月 26 日

# 目 录
## CONTENTS

**乡村旅游市场需求变化趋势与供给侧改革研究** ·················· 杨德进 陈佩瑶 1
   一、乡村旅游市场需求的研究进展 ················································ 2
   二、乡村旅游市场需求研究的理论基础 ············································ 3
   三、乡村旅游市场需求的趋势研判 ················································ 8
   四、乡村旅游供给侧改革的对策与建议 ·········································· 11
   参考文献 ············································································ 16

**乡村旅游人力资源状况及其提升研究** ····································· 郭昕悦 18
   一、乡村旅游人力资源提升的意义 ·············································· 18
   二、乡村旅游人力资源概念与特征 ·············································· 20
   三、乡村旅游人力资源现状与模式 ·············································· 22
   四、乡村旅游发展面临的人力资源困境 ········································ 25
   五、乡村振兴背景下乡村旅游人力资源新需求 ······························ 28
   六、乡村旅游人力资源提升策略 ················································ 29
   参考文献 ············································································ 34

**休闲农业和乡村旅游土地供给现状及其改革研究** ················· 张海鹏 36
   一、我国休闲农业和乡村旅游发展现状及其用地基本情况 ·············· 36
   二、我国农村土地制度改革以及乡村旅游用地改革进展 ················· 39
   三、部分省市休闲农业和乡村旅游供地的创新实践与政策 ·············· 45
   四、休闲农业和乡村旅游用地制度改革中的基本理论问题 ·············· 47
   五、推动休闲农业和乡村旅游高质量发展的用地政策建议 ·············· 52
   参考文献 ············································································ 55

## 乡村旅游资金融通情况与创新研究 …………………………………… 张行发 58
    一、研究背景 ………………………………………………………………… 58
    二、文献梳理 ………………………………………………………………… 59
    三、金融机构支持乡村旅游发展困境分析 ………………………………… 60
    四、乡村旅游资金融通政策文件分析 ……………………………………… 62
    五、民间社会资本进入乡村旅游案例：沂蒙山区 S 村案例 ……………… 63
    六、乡村精英带动的村集体经济发展案例：陕西袁家村 ………………… 65
    七、研究结论与展望 ………………………………………………………… 66
    参考文献 ……………………………………………………………………… 68

## 乡村旅游数字技术应用及其扩散研究 …………………… 张子萱 于海波 吕芳冰 71
    一、乡村发展与数字技术 …………………………………………………… 71
    二、旅游发展与数字技术 …………………………………………………… 76
    三、乡村数字技术的应用与乡村旅游发展的耦合 ………………………… 77
    四、乡村旅游数字技术应用的扩散效应 …………………………………… 80
    五、乡村旅游数字技术建设发展的困难与问题 …………………………… 86
    六、乡村旅游数字化技术应用的发展方向 ………………………………… 87
    参考文献 ……………………………………………………………………… 88

## 乡村旅游产业融合问题与创新研究 ……………………… 徐 虹 李 瑾 韩若冰 90
    一、乡村产业融合的战略意义 ……………………………………………… 90
    二、乡村旅游产业融合中的问题分析 ……………………………………… 94
    三、乡村旅游产业融合的创新探索 ………………………………………… 96
    参考文献 ………………………………………………………………………106

## 乡村旅游场域下乡土文化价值的认知重塑研究 ………………… 焦 彦 李 慧 107
    一、引言 ………………………………………………………………………107
    二、乡土文化及其理论价值 …………………………………………………107
    三、传统场域下乡土文化价值被社会认知的局限性 ………………………109
    四、旅游场域下乡土文化被社会再认知的可能性 …………………………110
    五、乡村旅游场域下乡土文化价值绽放的必要机制 ………………………111

  六、结论与讨论……………………………………………………………… 112

  参考文献…………………………………………………………………… 113

**京津冀乡村旅游一体化精品旅游线路研究策划**

………………………………………… 郭　华　李　瑾　郁滨赫　吕　超　刘　悦　115

  一、区域休闲旅游一体化发展及线路研究策划的背景和意义 …………… 115

  二、京津冀乡村旅游一体化发展的 SWOT 分析 …………………………… 120

  三、京津冀乡村旅游一体化精品旅游线路策划 …………………………… 126

  四、天津融入京津冀乡村旅游一体化发展实施建议 ……………………… 143

  参考文献…………………………………………………………………… 145

**乡村旅游地居民旅游感知价值研究** ………………………………… 张　妍　146

  一、引言…………………………………………………………………… 146

  二、文献回顾……………………………………………………………… 148

  三、研究设计……………………………………………………………… 149

  四、信效度检验与因子分析 ……………………………………………… 154

  五、结果分析……………………………………………………………… 161

  六、结论与对策建议 ……………………………………………………… 164

  参考文献…………………………………………………………………… 165

**乡村旅游目的地主客共创与协同治理研究** ……………………… 郭连文　168

  一、引言…………………………………………………………………… 168

  二、乡村旅游目的地主客共创与协同治理概述 ………………………… 170

  三、乡村旅游地主客共创与协同治理现状及其评价 …………………… 174

  四、新时代乡村旅游地主客共创与协同治理战略研究 ………………… 181

  参考文献…………………………………………………………………… 184

# 乡村旅游市场需求变化趋势与供给侧改革研究

## 杨德进　陈佩瑶

自中华人民共和国成立以来，中国已取得了举世瞩目的经济成就，国内生产总值突破百亿元大关，人均生产总值也已突破 1 万美元，经济增长对世界经济增长的贡献率年均在 30% 以上[1]，中国经济开始进入高质量发展阶段。与此同时，近年来国际保护主义势头逐渐上涨、国际经济持续低迷以及 2020 年席卷全球的新型冠状病毒肺炎疫情的冲击，使得当前中国面临前所未有的复杂经济形势。在经济发展不确定因素剧增、国内外产业链和供应链受阻的内外压力下，习近平总书记提出"构建以国内大循环为主体、国内国际双循环相互促进的新发展格局"[2]，为新时代中国特色社会主义经济指明了发展方向。新发展格局以内需主体，强调充分挖掘国内需求潜力，通过加快供给侧结构性改革提升供给侧的质量与效率，促进国内产业链、供应链的高质量运转，以更加充分地创造和释放内需[3]。

乡村旅游作为旅游业的重要细分产业，是促进国内经济发展的重要增长点，自 20 世纪 80 年代开始萌芽以来，在国民经济发展水平快速提升、旅游休闲愿望不断强化的背景下展现出强大的生命力，受资本、政策与市场的推动发展迅猛，呈现出从乡村观光到乡村休闲、乡村度假的优化迭代过程，开始从单一的观光功能转向集观赏、康养、考察、学习、体验、购物、娱乐、度假等多功能融合的综合型方向发展，在国内旅游业中占据着越来越重要的地位，并已进入提质增效的新发展阶段。据测算，2020 年第二季度，全国乡村旅游接待游客环比增长 106.3%，总收入环比增长 148.8%，即使在受到新型冠状病毒肺炎疫情严重影响的情况下，2020 年 7~8 月全国乡村旅游接待总人数和总收入也已恢复至往年同期水平的九成以上，国内乡村旅游总体呈现着强劲的稳步增长趋势。同时，随着国内疫情得到总体控制，国民的出游意愿开始逐步得到释放，对健康、安全的更加关注和追求使得乡村旅游成为国民短途游、周边游的首选产品。乡村旅游以其优良的自然生态环境、健康的绿色农业产品、和谐的社区人文氛围以及较低的人口密度在疫情后展现出比其他消费产品更为强劲的吸引力，迎来疫情后复苏发展的新阶段。

在取得可喜成就的同时，国内乡村旅游仍存在着诸多问题亟待解决：一方面，乡村旅游需求随着国内社会、经济、文化的综合发展呈现井喷式增长，消费需求逐渐由传统的中低端乡村旅游向追求高品质、文化性乡村旅游产品转变，并在疫情后对健康、养生、安全、生态等的需求更加强烈；另一方面，国内乡村旅游中高端人才严重不足，懂市场、懂经营、懂技术的复合型乡村旅游人才的供给不足使得乡村旅游供给端对日趋提

升的乡村旅游市场需求的有效回应不足，从而导致传统中低端乡村旅游产品严重过剩而高品质乡村旅游产品严重缺乏的结构性供给不足问题，严重制约了乡村旅游的持续健康发展。因此，把握乡村旅游市场需求及其变化趋势，以市场为导向加强乡村旅游业供给侧改革，优化供给结构，提升攻击质量和供给效率，是当前国内乡村旅游发展和改革的重要任务。

## 一、乡村旅游市场需求的研究进展

研究乡村旅游市场需求是进行乡村旅游开发的前提与关键，以乡村旅游需求为导向被认为是一种正确的旅游开发的观念导向[4]，是乡村旅游供给侧改革的基本原则。作为旅游业重要的细分产业，学术界对乡村旅游市场的需求动机、需求主体及其细分、需求影响因素、需求现状及趋势、需求满意度等在实证层面开展了广泛研究，现已形成对乡村旅游市场需求较为全面的认识。

王兵通过对国内外的乡村旅游需求进行对比后发现，在发达国家，乡村旅游是一种较高层次的旅游行为，受教育水平高且高收入的人群是其最稳定的客源，这些群体的主要的旅游动机是寻找曾经失落了的净化空间和尚存的淳厚传统文化氛围，更加追求精神层面的享受；相较而言，国内需求则更倾向于融观赏、考察、学习、参与、娱乐、购物和度假于一体的复合型需求[5]，且对乡村田园风光、乡土生活方式表现出较强的兴趣。乡村旅游以城市作为主要客源市场，需求主体可按照回归自然、求新求知、怀旧追忆、参与体验以及对乡村之美的追求等核心需求的不同划分为回城知青、家庭游游客、城市离退休职工、周末工薪阶层、城市学生和入境游客等细分类型[4][6]，游客收入水平、感知成本、消费习惯、闲暇时间、对乡村旅游的认知水平和预期、出游意愿、个人经历以及乡村旅游信息来源渠道、周围参照群体等是都是影响游客乡村旅游需求的重要因素[7][8][9]。目前，乡村旅游市场需求整体呈现出消费层次低、结构不合理，游客对餐饮、住宿、交通基本消费项目的开支显著高于购物、娱乐等非基本消费的特征[10]。但随着国民收入水平的提高逐渐向品质化、多元化、特色化方向发展[11]，乡村旅游需求端的快速转变尚未得到乡村旅游供给端的有效回应，游客所看重的乡村优美的生态环境、特色的餐饮住宿、热情的乡村服务、浓厚的地方人文风情以及完善的设施配套等乡村旅游需求尚未得到充分满足，旅游者对乡村旅游住宿条件、安全设施、交通等满意度较低[12]，未来需要从市场、产品、服务以及管理方面进行转型升级，全面优化乡村旅游软硬件设施服务[13]。

综上所述，学术界已形成的对乡村旅游需求相关概念的探索和对市场需求特征及趋势的把握，对指导乡村旅游的发展实践具有重要的现实意义。但此类研究目前多停留于经验描述和数据分析阶段，对乡村旅游市场需求基础理论的探究存在较大空白。将市场需求基本理论与乡村旅游现实发展背景结合，以基础理论为分析工具探究乡村旅游市场需求变化表象背后的深层机制，进而形成对乡村旅游未来发展趋势及市场改革对策的理论结合实际的研究十分匮乏，不利于新发展格局下乡村旅游供给侧结构性改革的实践。

对结合市场需求基础理论探索乡村旅游特征及发展趋势内在作用规律的剖析尚不充分，得出的相关结论理论依据不足、提出的对策建议说服力不强，影响了研究结论在实践层面的有效应用。

因此，有必要重新回归到基础理论，以市场需求基础理论为分析工具，从市场需求所设计的经济学、社会学、管理学、心理学等多学科视角出发探析乡村旅游市场需求的内在规律，以回应和重新审视乡村旅游市场发展的有关议题。据此，本研究将以市场需求基本理论为理论基础，基于经济学中需求定律、需求弹性理论、需求变动理论、有效需求理论以及管理心理学中马斯洛需求层次理论等基础理论工具，尝试构建乡村旅游需求的分析框架，以剖析乡村旅游市场需求发展变化的内在规律，进而对乡村旅游市场需求未来变化趋势进行研判，并据此提出乡村旅游供给侧改革的对策建议。

## 二、乡村旅游市场需求研究的理论基础

### （一）乡村旅游市场需求的界定

西方经济学中对"需求"的界定为：在特定地区、特定时期内，在每一价格水平下消费者对特定商品愿意并且能够支付的数量[14]。相比于"欲望""需要""想要"等概念，"需求"包括两个维度的内涵：一是消费者有意愿购买，即对商品有购买偏好；二是消费者有能力购买，即具有对商品的支付能力。只有同时具备购买意愿和支付能力两个条件，才能被称为"需求"，引发实际的购买消费行为。

援引市场需求的概念，乡村旅游市场需求是指游客在特定条件下对乡村旅游产品愿意并且有能力支付的数量，是乡村旅游者需求的总和，同样也由游客乡村旅游产品的购买偏好和支付能力两个要素构成。其中，乡村旅游产品的购买偏好受到游客生活经历、乡村旅游预期、受教育水平、乡村认知程度以及外部市场环境等因素影响，乡村旅游购买能力主要受价格水平、游客收入水平、社会经济发展水平、旅游者闲暇时间、旅游相关配套服务等因素影响[15]。

因此，借鉴于春萍等人对图书馆阅读推广实践逻辑的剖析[16]，乡村旅游供给侧改革的内在逻辑需从乡村旅游市场需求的构成要素出发，把握影响乡村旅游市场需求构成要素变化的因素变化趋势及其内在作用机理，据此研判乡村旅游市场需求变化趋势并以之为改革发展的导向，以供给端结构的优化提升增进乡村旅游市场有效需求、促进乡村旅游消费行为的实际发生和乡村旅游需求的充分满足。

### （二）市场需求的相关理论

#### 1. 需求定律与需求弹性

需求定律在新古典经济学中处于基础地位，其核心思想在于价格对供给与需求作用的确定性，是影响市场需求量变动的重要因素。当其他条件不变时，商品的价格上升会引起商品需求量的减少；而当把价格看作为消费者代价和成本时，需求定律的内涵则

为：当人们为获得某商品所需支付的成本（包括货币成本和非货币成本）上升时，人们对该商品的需求量将随之减少。需求定律所表达的含义表现在需求曲线上就是价格与需求量的组合沿着同一条需求曲线移动[17]（见图1）。

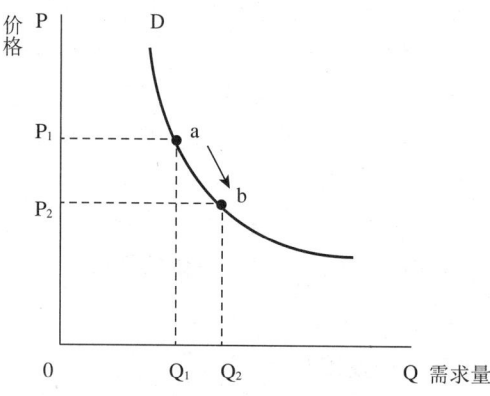

**图1 价格引起的需求量的变动**

资料来源：研究结合需求定律理论绘制。

图1中，D为需求曲线，在其他因素不变的前提下，商品的价格下降，即由$P_1$到$P_2$时，价格与需求量的均衡点将沿需求曲线D由a平滑到b，引起需求量从$Q_1$增加到$Q_2$。

需求定律的作用导致商品的价格和需求量之间呈现相反关系，但不同商品在相同价格变动幅度下会呈现不一致的需求变动量，这种需求量对价格变动的反应程度就是需求的价格弹性，是市场需求的重要特征之一，其数学术语的表达为需求量变化百分比除以价格变化的百分比，即

$$需求的价格弹性系数 = \frac{需求量变动率}{价格变动率}$$

分析商品的需求弹性可以了解消费者对特定商品需求的刚性，进而预判市场价格调控对消费者需求的可能影响，帮助制定最优营销策略：当某一商品的需求弹性大于1时，表明该商品是富有弹性的，此时，在其他条件不变时，通过降低该类商品价格可以大幅拉动需求量的增长，最终带来销售总额（需求量×单价）的增长，因此，价格营销是该类商品的有效营销手段；而对于需求弹性小于1的缺乏弹性的商品，大幅度降低价格并不会带来市场需求量的显著提升，这种结果反而可能会因单价的降低而拉低商品销售总额（需求量×单价），增加此类商品需求量时则需要寻求价格机制以外的其他营销手段。

总体而言，价格调整对需求量变动的影响效应会受成本底线和收入效应的制约而存在边际效用递减的倾向——当商品的价格成本降低到一定程度时，来自成本端的调控将会失去效用。因此，为实现持续盈利和长效发展，寻求价格机制以外的非价格策略成为

可持续发展的必有之义。

**2. 需求变动理论**

需求定律和需求价格弹性都是因商品价格变动而引起的需求总量的变动，表现为在同一条需求曲线上点的移动；而需求变动理论则强调价格以外的其他因素变化所引起的需求量在每一价格水平下的变化，表现为整条需求曲线的平行移动（见图2）。

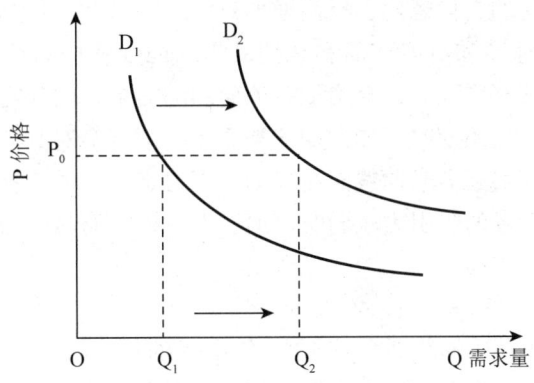

图2 需求曲线的移动

资料来源：研究结合需求变动理论绘制。

图2中，$D_1$为最初的需求曲线，在商品价格不变的前提下，其他非价格因素如消费者对商品的预期增加时，消费者的需求量将在每一价格水平下都相对于原来的需求量变多，即需求曲线由$D_1$向右平移到$D_2$，比如，在$P_0$价格水平下，需求量由$Q_1$增加到$Q_2$。进一步地，这种需求曲线的移动会带来供需均衡点（供给曲线和需求曲线的交点）的改变（见图3）。

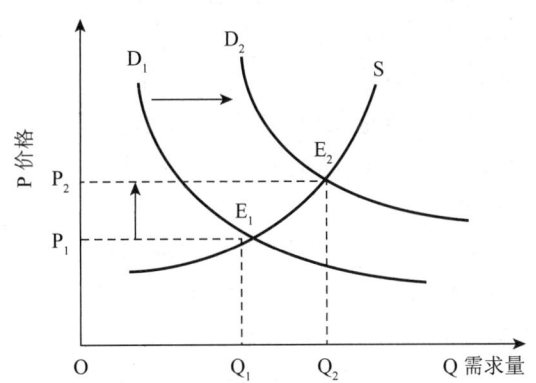

图3 需求曲线的移动对供需均衡的影响

资料来源：研究结合需求变动理论绘制。

图3中，S为供给曲线，E为供需均衡点，当需求曲线由$D_1$移动到$D_2$时，伴随着

供需均衡点由 $E_1$ 移动到 $E_2$，此时均衡价格和均衡数量分别提升至 $P_2$ 和 $Q_2$，这意味着商品供给者总收益和消费者总支出的增加。

消费者收入水平、消费者需求偏好、消费者对商品的预期、其他相关产品（互补品与替代品）的吸引力等非价格因素是引起需求曲线移动的主要因素，其影响机理为：在其他条件不变的前提下，消费者的收入水平提高，会提高消费者的支付能力，此时消费者可能会降低对低档品的支付意愿，反而增加对一般产品和高档品的消费需求，引起低档品需求曲线的向左移动和一般产品和高档品需求曲线的向右移动。当消费者对某一特定商品产生偏好或偏好增强时，会增加对该商品的需求，引起需求曲线向右移动。当消费者对某商品产生积极预期时，如预期该类商品的消费会对其产生有利影响时，对该商品的需求量会增加并引起需求曲线向右移动。当特定商品的互补品对消费者的吸引力增强或其替代品对消费者的吸引力减弱时，消费者对该类商品的需求也可能呈现增长趋势，引起需求曲线向右移动。

3. 有效需求理论

"有效需求"最早由马尔萨斯在其1820年出版的《政治经济学原理》一书中被提出，他认为资本主义社会会因市场有效需求不足而存在一般商品生产过剩的可能性[18]，但对"有效需求"的明确定义则是凯恩斯在其1936年出版的《就业、利息和货币通论》一书中做出的，凯恩斯从就业量和国民收入水平两个方面对有效需求进行了全面阐述。其基本观点是：社会总就业量决定于社会总供给曲线与社会总需求曲线的交点，只有社会总需求和社会总供给处于均衡状态下的需求才是"有效"的需求，有效需求不足是导致失业的重要原因[19]，其中，社会总需求由消费需求和投资需求两大部分构成。

在市场自发调节的作用下，因存在"边际消费倾向递减""资本边际效率递减""灵活性偏好"三大规律[21]，会出现普遍的市场消费不足和投资不足，即社会的有效需求不足，从而引发大量的社会失业现象。对此，凯恩斯提出，应对有效需求不足问题不可能排斥国家干预而仅仅依靠市场机制的自发调节作用，必须"双管齐下"，依靠行政干预来提高社会消费倾向和加强社会投资引诱。也就是一方面设法由社会来统治投资盘，让资本的边际效率逐渐下降，同时也要重视利用各种政策来增加消费倾向，并具体提出了扩展性的财政政策、扩张性的货币政策和保持贸易顺差的对外经济政策等政策[20]。

4. 马斯洛需求层次理论

美国心理学家马斯洛在其1943年出版的《人类动机理论》中首次提出"需求层次"理论，基于动机源于需要进而引发实际行为和人的需要以层次形式逐级出现的两个基本前提，马斯洛将人的基本需要按照初级到高级的梯次分为生理的需要（食物、住宿、性等的需要）、安全的需要（心理与生理上不受威胁的需要）、社会的需要（社交、被爱与归属的需要）、尊重的需要（自我尊重和尊重别人的需要）与自我实现的需要（促使个人天资与潜在能力实现的需要）五个层次。认为人的需要如同一个结构化的整体，从较低层次向较高层级排列，每一个层级都起着重要作用，进而构成一个"金字塔"形状的需求结构。后来，马斯洛于1954年在尊重的需要和自我实现的需要之间加入了求知的需要（了解和探求知识的需要）和求美的需要（要求整齐和美丽的需要）[21]。

"层次"理论强调，人的需要和价值观会随着个人的成长和发展而发生变化，当较低级的需要得到适度满足后，后一较高层级的需要便开始凸显出来，总体表现为由注重物质层面的需要转向更加重视精神层面需要的满足[24]。比如，当维持人们正常生存的生理和安全的需要被满足后，个人开始有意识且有精力去开展与外界的交往活动，尝试去获取社会尊重、爱与归属感，甚至产生实现个人理想的更高层级的需要。马斯洛需求层次理论现已在心理学、社会学、经济学、管理学、教育学等诸多学科得到广泛应用[22]，较强的实践指导性使其在企业管理、高校教育、社区规划、分析文学作品等领域具有重要的指导意义[23]。

### （三）乡村旅游市场需求的分析框架

基于对乡村旅游市场需求的界定，本研究结合市场需求的基础理论，构建出如图4所示的乡村旅游市场需求分析框架。

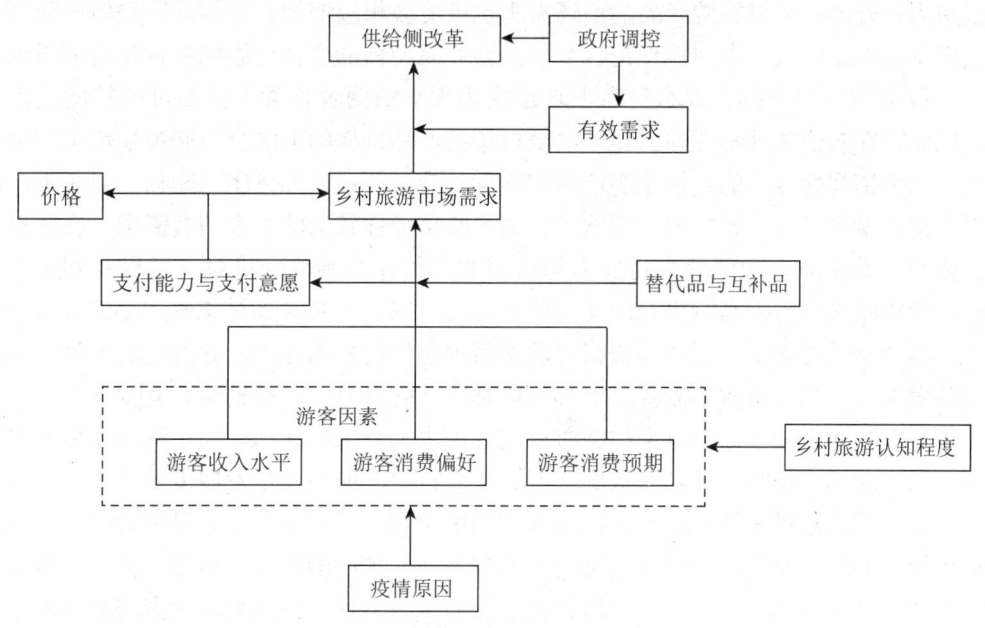

图4 乡村旅游市场需求分析框架

资料来源：研究结合市场需求理论构建。

首先，游客自身的收入水平、消费偏好以及对乡村旅游的消费预期是影响乡村旅游市场需求的主要内部因素，游客收入水平、对乡村旅游产品的消费偏好和消费预期的提高会引起乡村旅游市场需求曲线整体向右移动，带来乡村旅游市场需求总量在每一价格水平上的提升。而且，依据马斯洛消费层级理论，游客乡村旅游消费偏好和预期会因个人的发展需要所引起的需求层次的变动而变动，因此，乡村旅游供给侧改革需要重视对游客需求层次变动趋势的准确把握与研判。

在游客自身内因对乡村旅游市场消费需求的影响过程中，游客乡村旅游的认知程度会对需求总量起到调节作用：游客对乡村旅游及其价值的认知程度加深将增加其对乡村旅游产品的偏好，提高对通过开展乡村旅游活动满足自身学习成长、文化体验、生命感悟、情感寄托等需求的预期。尤其在新型冠状病毒肺炎疫情暴发引致的人们对自我、家庭、健康和生命意义的重新审视背景下，人们对生态环境优美、人居密度低、产品绿色生态、民风民情淳朴的乡村田野生活的向往比以往其他时候表现得更为强烈。

另外，游客自身因素对市场需求产生影响的同时，乡村旅游的替代品和互补品会通过改变其对消费者的吸引力来分流或带动消费者对乡村旅游产品的消费需求：当主题乐园旅游、博物馆旅游以及网红景点打卡旅游以及诸如影视音乐、体育健身等同样具有休闲娱乐功能的产品的品质、价格及可获得性时，消费者会相应地减少对乡村旅游产品的需求量；相反地，乡村旅游具有区别于其他旅游产品的独特鲜明的休闲性、体验性和乡土性，能够与周边旅游城市或景区景点等其他观光类旅游产品形成功能互补，通过资源产品整合形成特色旅游线路以发挥产品间的互补效应。此时，当乡村旅游互补品对游客的吸引力提升时，乡村旅游产品的市场需求也可能会相应增加。

根据需求定律与需求弹性理论，乡村旅游产品价格的变化会影响乡村旅游的需求总量。一般来讲，因乡村旅游本身尚未真正成为大众消费者日常生活不可或缺的刚需产品，因此，在其他条件不变的前提下，乡村旅游产品价格的下降会引起市场需求的总量提高，且价格弹性越大的乡村旅游产品需求量的变动越大，如休闲、购物、娱乐类产品的需求增加量将显著大于住宿、餐饮、交通等价格弹性较低的基本消费需求。在此过程中，来自消费者方面的消费支付能力与支付意愿将作为调节变量对该过程起到调节作用——游客收入水平提高所引起的支付能力提高，以及游客对乡村旅游产品偏好与预期提高引起的支付意愿增强会减弱价格对消费需求总量的影响作用。此时，随着社会经济文化的发展，乡村旅游改革需要寻求价格机制以外的着力点以增进游客消费需求。

根据有效需求理论，只有乡村旅游市场总需求和总供给在总量与结构两方面同时达到均衡状态时的市场需求才是有效的。因此，乡村旅游的高质量发展需要需求端对乡村旅游产品的需求总量和需求层次的同时提高与供给端乡村旅游产品总量和品质的供给充足两种力量的共同驱动。但由于市场自发调节下三大规律的存在，增进乡村旅游有效需求还有赖于政府方面的调控干预，以积极引导和配合乡村旅游供给端对需求端需求的有效，具体表现为对乡村旅游需求端的刺激补贴和对供给端的引导支持与监督管控。

## 三、乡村旅游市场需求的趋势研判

根据国内乡村旅游发展现状及外部发展环境，本研究结合乡村旅游需求分析的框架提出乡村旅游未来发展的五大趋势。

*趋势研判一：性价比高的产品广泛受大众旅游者的欢迎，游客为高质量旅游产品支付更高价格的意愿日趋强烈，对非必要成本增加的接受度更低，乡村旅游需求逐渐成为刚性需求且市场的降价促销策略的作用更加有限。*

首先，随着国民经济水平的提高和社会的文明进步，国民精神文化需求得到极大释放，对美好生活追求的日趋强烈将引发大众对乡村旅游需求量的激增，并在疫情的客观推动下得到最大程度的释放，高性价比的乡村旅游产品对大众旅游者的强吸引力将不断凸显，持续激发大众旅游者的旅游需求。其次，收入水平的普遍提高将增加游客对高品质、享受类乡村旅游产品的支付能力和支付意愿，使他们更加愿意为品质化、个性化的乡村旅游产品支付一定溢价，市场整体对乡村旅游产品的需求刚性将不断强化且将更加注重产品的品质和精神文化层面的属性，进而促进乡村休闲度假、康体养生、拓智研学类旅游需求大幅提升，逐渐成为消费者生活中不可或缺的重要休闲娱乐方式。对乡村旅游产品品质和文化内涵要求的提高会引发游客对乡村旅游预期的提高，进而造成游客对一些非必要的成本增加的容忍度显著降低，两者的共同作用导致游客对乡村旅游供给层面做出的单一价格调整越来越不敏感，降价促销对市场需求的作用越来越有限。甚至，当某些高端乡村旅游产品成为象征人们地位与社会层次的炫耀对象时，会出现商品价格越高，市场需求反而越大的凡勃伦效应。例如，浙江省德清县的莫干山精品民宿集群以其钟灵毓秀的自然生态、清净雅致的乡村氛围、独具匠心的景观小品、奇特的异国风格建筑以及富有人文情怀的民宿服务一度作为国内乡村旅游精品民宿的典型代表，动辄千元每晚的"天价"房费也难以阻挡乡村旅游爱好者的强烈消费需求，即使在最寒冷的淡季也经常能出现人气爆满、一房难求的火爆局面。

趋势研判二：游客消费水平不断提高和消费兴趣的变化将产生新的乡村市场需求，疫情后人们对乡村旅游的预期正不断增强，市场需求增加的同时对低密度、优质化、健康类的产品和服务预期更高。

消费水平的提升一方面提高了游客现阶段业已出现的乡村旅游需求的支付能力，进而促进乡村旅游需求的实际实现；另一方面则推进了游客乡村旅游需求沿着需求层级由较低层次向更高层级发展。表现为由原来内容单一、品质较低的"吃农家饭、赏农家景、住农家屋、摘农家菜、做农家活"的初级观光体验需求向购物休闲、健康养身、研学拓智、寄托乡思等多样化复合需求转变。据中国社会科学院旅游研究中心和腾讯文旅联合发布的《"新型冠状病毒"肺炎疫情下的游客需求趋势调研报告》显示，在疫情后游客的旅游动机方面，"返璞归真"和"结识社交"的动机显著增强，乡村旅游的出游偏好达 66.7%。未来，游客对精神和文化层面体验享受的消费兴趣将进一步提升，对蕴涵乡村特色文化、展示乡村特色民俗、体现乡村独特价值观与生活智慧的文化类产品的需求将不断凸显并持续升级。另外，受新型冠状病毒肺炎疫情的影响而长期处于压抑状态的国民出游需求在国内疫情得到总体控制后将呈现持续地大幅增长势态，疫情造成的心理创伤将促使人们对走向户外、亲近自然、康养运动、休闲享受、舒缓放松的自然与生态的需求明显激增，对休闲度假产品、生态旅游产品、城郊旅游产品表现出明显的消费偏好。而拥有优美的田园风光、优质的生态环境、淳厚朴实的社会氛围、便捷灵活的出游方式以及较低的人口密度的乡村正是承载这几类旅游产品的主要目的地。因此，游客将在未来很长一段时间内保持对乡村旅游产品的强劲需求，且会因疫情引发的对健康需求的激增更加关注乡村旅游产品的卫生、安全、健康和生态，对乡村提供智能化、人性化、便捷化的高水平优质服务的预期也将相应提升。

趋势研判三：乡村旅游市场的有效需求释放不充分，供给侧改革任重而道远；随着人们对乡村的认知程度深入，乡村旅游市场需求将得到更大释放。

社会、文化、经济发展大环境和疫情突发的共同作用极大增进了游客的乡村旅游需求。但至今为止，国内乡村旅游市场的有效需求尚未得到充分释放，在需求总量和需求层次上都有较大的提升空间，这由乡村旅游人数和营业总收入数据可见一斑。据文化和旅游部发布的《全国乡村旅游发展检测报告（2019年上半年）》统计，2019年全年乡村休闲旅游接待人数达到32亿人次，占国内旅游业总接待人数的53.28%，营业总收入超过8500亿元，占国内旅游营业总收入的14.83%，营业收入与旅游人数之间的明显差距突出表现了乡村旅游整体消费的低层次和不充分。另外，乡村旅游供给端对现已释放的乡村旅游需求也尚未做出充分回应。据艾媒咨询调查数据显示，乡村旅游市场满意度在安全卫生、服务水平以及市场监管等方面均普遍较低，国内乡村旅游产品同质化严重、缺乏深度体验与参与性、特色缺失与内涵不够等问题一直颇受市场诟病。未来，随着国家供给侧结构性改革、乡村振兴战略、人民福祉提升的深入推进，消费者对乡村旅游及其价值的认知不断加深以及突如其来的疫情让国民对人与自然、人与社会、人与自我关系的重新审视，乡村旅游市场需求将在总量和结构上迎来巨大突破，游客的需求特征、出游空间和消费模式将全面重塑。对健康、养生需求的激增和对轻松、舒缓、愉悦、生态、美丽的郊野风光及乡土民俗的偏爱使具有距离适宜性、时间可控性、自然亲近性的乡村旅游迎来黄金发展期，精致、健康、有趣的消费诉求将进一步加速乡村旅游消费由视觉层面向内容和体验层面转变的趋势。

趋势研判四：乡村旅游市场需求呈现出满足游客生理、安全、社会、尊重和自我实现的需要的多样化特征，追求文化认同体验、情感归属体验、学习成长体验、人生价值体验、生命感悟体验等高层次需求将更为强烈。

根据马斯洛需求层次理论，在国民消费水平显著提升的背景下乡村旅游市场需求会以层级递增的形式呈现出对乡村旅游产品满足其生理、安全、社会、尊重以及自我实现等多样化需求逐级递增和全面升级。生理层级上一方面是对对乡村旅游食住行基础旅游要素功能齐全与完善的需要，另一方面则是对乡村医疗卫生、生活购物等游乐和生活居住所必需的基础设施配套完善的需要；安全层级上表现为对游客在开展乡村旅游活动时的人身安全和财产安全的需要；社会层级上表现为游客对通过开展乡村旅游实现其寄托乡思、怀旧追忆、情感体验、社交和寻得归属感的需要；尊重层级上表现为游客在开展乡村旅游活动过程中感受到被乡村旅游从业者及其他人群所充分尊重，并通过开展乡村旅游活动获得周边群体尊重的需要；自我实现层级上则表现为游客对乡村旅游产品满足其增长见闻、情感归属、增强生命品质、探寻人生价值、感悟生命意义等的需要。各层级需要逐项满足的同时，乡村旅游市场需求在总体趋势上将更加注重文化认同、情感归属、学习成长、人生价值、生命感悟等相关体验的满足。而且，作为旅游细分方式的一种，乡村旅游本身便处于人类生存发展需求的较高层级，随着生活水平的提升和疫情后人们对生命、健康、社会与自我的重新审视，乡村旅游市场需求将在以上五个层级基本满足的基础上进一步升级优化，即对每一层级的需求都将呈现出精细化、品质化与个性化。例如，在生理层级上游客将不再满足于对食、住、行的基本层面的满足，而更加强调吃得健康、住得舒适和行得便捷以及各旅游要素对乡村旅游特色的充分展现。

趋势研判五：乡村旅游之外的旅游替代品与互补品增加对乡村旅游市场需求的作用将进一步强化与升级，相关产品间作用形成的替代效应和互补效应将得到充分放大。

替代效应方面，资本市场对国内旅游的投资力度受国家发展新格局的加速构建、旅游业发展潜力的不断释放、新型冠状病毒肺炎疫情引发国外经济发展不确定性增强的影响正处于快速扩张阶段，并将在旅游成为人们休闲娱乐的重要生活方式驱使下持续加大，助推大型主题乐园、高水平旅游综合体和休闲街区、特色小镇、历史文化名城以及各种网红打卡地的蓬勃发展，这些传统的以及新出现的旅游产品深受游客的喜爱追捧，都将成为分流乡村旅游市场需求的强劲竞争对手对乡村旅游带来巨大挑战；而且，受国民对精神层面消费享受的持续增长和现代科学技术的驱动，精神文化类产品的供给总量也正以现象级速度攀升，影视音乐、购物逛街、健身锻炼、书籍阅读、电子游戏等传统娱乐方式以及线上线下层出不穷的多媒体社交、网络游戏、剧本杀、狼人杀等新兴休闲娱乐方式充斥于人们日常生活的方方面面，正借助各种新技术、新模式的助推出浑身解数来博得消费者日渐稀缺的注意力，抢占消费者休闲时间，极大地提高了对乡村旅游产品的潜在替代能力。如若乡村旅游并未对此类趋势做出有效回应，受消费者闲暇时间、收入水平和有限精力的约束，原本将投入到乡村旅游的休闲消费需求将更有可能被这些更具吸引力的休闲娱乐方式所替代。目前，市场上已存在的依托 VR、AR 技术实现的虚拟旅游、"国民游戏"王者荣耀、深受青年群体追捧的剧本杀等娱乐活动和层出不穷的网红打卡地持续活跃在消费者休闲娱乐选择范畴内，便是替代品分流乡村旅游市场需求的鲜明案例。在互补效应方面，随着消费者精神文化层面需求的增长、科学技术的进步与应用以及乡村旅游基础设施配套的不断完善，极大地提高了消费者同时开展多种互补旅游活动的可能性，消费者在增加乡村旅游互补产品需求的同时相应提升对乡村旅游产品的可能性显著提升。例如，在游览景区景点之后，出于深度体验当地人文风情、购物休闲等需求以及交通、相关服务信息的有效支持，游客往往会前往景区周边的特色村庄展开进一步的深度体验活动。

## 四、乡村旅游供给侧改革的对策与建议

为积极回应乡村旅游市场需求变化趋势，本研究结合乡村旅游市场需求分析框架，提出乡村旅游供给侧改革的七大策略。

### （一）因地制宜研判乡村旅游市场需求新特点，促进市场有效需求

对乡村旅游市场需求特点及趋势的研判不到位、不准确，是导致目前乡村旅游供给与需求不匹配的重要原因。在乡村旅游产品设计与开发过程中，因缺乏具备相关专业知识和前瞻能力的管理人才，对地方"乡村性"价值和旅游者的消费需求尚未形成全面深刻的理解，导致在挖掘、提炼和整合村庄特色资源、形成科学的乡村旅游统筹规划方面

存在着较大缺陷。进而引发乡村生态、社会及文化资源的低效或过度利用问题，使得市场供给整体呈现开发层次低、产业链条短、业态单一、产品品质不高、产品特色不足、品类丰度不足的现状，无法充分满足游客日趋多元的乡村旅游市场消费需求。

因此，乡村旅游的改革首先需要加强对市场需求的准确研判能力。一方面可以借助外部乡村旅游相关咨询机构的专业知识技能，形成对乡村旅游市场需求及其变动趋势的准确把握和科学研判，另一方面则更需要注重引进和培育乡村旅游综合性管理人才以及在营销、规划、大数据建设等方面具有高水平技能的专业人才，综合提升相关人员有关乡村旅游及旅游市场需求认知与把握的能力，提炼、整合与优化乡村旅游特色资源挖掘的能力，丰富和创新乡村旅游产品与业态的能力，提升乡村旅游产品和服务内涵、品质的能力以及创新乡村旅游发展运营模式的能力，全方位推进乡村旅游供给与需求的有效对接。

**（二）避免同质化、低端化和价格战促销倾向，以创新驱动高质量发展**

根据需求定律和需求变动理论，当乡村旅游的各方面成本降低到一定程度时，来自成本端的乡村旅游改革将会失去效用，只有持续激发游客消费偏好、增强乡村旅游产品相对于其他竞争产品的吸引力、提高游客对乡村旅游产品的乐观预期，才能维持乡村旅游的可持续健康发展。因此，同质化、低端化的乡村旅游产品必然会被消费水平日趋提升的旅游者所淘汰，单纯的价格战促销并不能对旅游者产生长效的吸引力，甚至会出现负面效应。

因此，为实现盈利和促进乡村旅游的长效发展，以创新驱动乡村旅游体制机制、产品业态、经营监管、服务技能的改革优化，提高价格机制外的非价格因素对乡村旅游持续造血能力的提升，是未来乡村旅游未来高质量发展的关键。一方面，鉴于游客对消费品质的要求和对精神文化类产品消费需求的不断增长，需要继续加大乡村文化和旅游公共服务体系的建设完善，全方位升级优化包括乡村旅游基础设施、公共服务设施、要素产品建设、服务技能水平以及市场经营管理秩序等软硬件配套，为消费者营造舒适安心的乡村旅游优良环境氛围；另一方面，则需要摆脱单纯依赖价格战略的传统经营思维，充分挖掘和提炼乡村在自然生态、社会人文、历史文化等方面的特色，借助互联网、物联网、大数据、云计算、5G技术以及人工智能等新技术的应用，推进乡村旅游开发模式、产品业态和运营模式的变革创新，重点推出养生养老、创意农业、生态营地、康体医疗、民俗文化等乡村旅游新业态，摆脱同质化、低端化的价格竞争困境，以差异化、高端化的旅游优质产品持续激发游客持续的乡村旅游购买兴趣，增进乡村旅游高质量有效需求。

**（三）挖掘乡村身心修复的康养价值，营造健康安全、安心舒心和休闲度假的慢生活氛围**

国民经济、社会与文化的发展和新型冠状病毒肺炎疫情的暴发加速了乡村旅游消费由视觉层面向内容和体验层面的转变，从实用功能主义出发的乡村旅游观光化、游乐化设计开发越来越难以满足游客对乡村旅游产品满足其自然、生态、绿色、健康、养生、舒缓、愉悦的康养需求的预期，成为引发乡村旅游供给与需求矛盾的重要原因。

对此，未来乡村旅游的变革应格外重视对乡村旅游美好生活属性的放大，需要重新识别消费需求剧变、消费层级逐步划分趋势下乡村旅游对人们美好生活的关键价值点，全面审视乡村旅游的价值体系，以营造"高品质生活"的开发充分挖掘乡村自然、生态与文化对游客身心修复的康养疗愈价值，将乡村特色资源更深层次地与游客价值诉求对接。需要探索以"乡村+疗愈""乡村+养生""乡村+养老"以及"慢生活"逻辑为主导的乡村旅游康养开发新模式。一方面，必须高度重视对乡村良好的自然生态和气候条件的保护与合理利用，并进一步优化提升安全生态的乡村人居环境和品质保证的生活游乐设施配套；另一方面，积极运用艺术化、创意化手段将乡村的原始性、自然性与游客身体体验和精神文化两方面价值诉求相对接，挖掘并强化乡村自然和人文资源的现代康养价值，以乡村健康养生、休闲度假为主题，以乡村特色资源为依托，进行休闲农业、医疗服务、休闲娱乐、养生度假等多业态功能复合开发，重点营造健康安全、舒心安心的"慢餐、慢居、慢行、慢游、慢活"乡村慢享生活氛围，打造忆古思今、文化滋养、艺术熏陶、手工体验、健康饮食的乡村文化疗养体系，优化凸显展示乡村社区人文关怀与温情的乡村情感疗愈氛围环境。

### （四）重视"文化+科技+创意"的深度体验创造，发展乡村文化和自然融合的新业态

依据马斯洛需求层次理论，物质层面需求的充分满足将引发人们对精神层面消费需求的增加。因此，就目前乡村旅游供给市场普遍存在的产品业态单一，精品项目匮乏，文化内涵深度不足，产品服务特色缺失，乡村农业旅游资源和民俗文化资源的结合不足，多以满足游客简单的物质层面需求而仅仅停留于观光、采摘、垂钓等原有农业生产基础层面的浅层开发等问题，必将导致现有乡村旅游产品和业态无法满足乡村游客日趋多层次、多元化、品质化和高文化品位的旅游需求。

因此，未来乡村旅游的供给侧改革，必须回应需求端对乡村文化与精神层面的消费需求。从乡村旅游产业要素出发，基于乡村的绿水青山、田园风光、乡土文化等自然与文化资源，综合运用文化、科技和创意等手段对农业进行艺术化、创意化、科技化和文化性改造，串联并盘活乡村全域范围内的特色旅游资源，促进旅游与乡村农业生产、乡村生活、乡村生态的创意化结合，开发一系列融合文化与自然生态的休闲度假、旅游观光、养生养老、创意农业、农耕活动参与、乡村手工艺体验等深度体验类项目。打造以乡村旅游产业为催化，现代农业、健康养生及养老产业、文化创意产业、体育运动产业、会展商贸产业、文化教育事业等融合发展的全面产业体系，加速乡村旅游向集观光、考察、学习、康体、体验、购物、娱乐、度假等功能于一体的综合型方向发展，以满足游客日趋多元的消费需求。

**（五）加强公众对乡村认知宣传与教育，促进更大群体认识乡村、向往乡村、走进乡村**

国家城镇化进程的加快以及辐射范围的扩大，乡村人口开始大量离开故土流入并扎根到城镇城市，随着时间的推移逐渐弱化对乡村的物质和心理联结，城市居民对乡村的认知逐渐模糊且刻板化，这在生于城市、长于城市的二代及三代城市居民身上体现得尤为明显。他们对乡村的认知多停留在书本和影视作品对乡村的浅层描述层面，对乡村的整体印象往往多以贫穷、落后、杂乱等与现代文明相背离的负面描述为主，城市居民没有渠道且没用欲望去了解乡村及其生活方式，进而难以切身地感知乡村区别于城市的独特魅力。对乡村旅游认知的不足是导致城市居民对乡村旅游产品难以产生消费偏好与乐观预期的重要原因，进而引发了乡村旅游有效需求不足的问题。

因此，为刺激乡村旅游有效需求，必须加强公众对乡村旅游领域相关知识的长期宣传与认知教育，通过多种渠道开展营销宣传工作，针对性地突出乡村旅游休闲方式、康养健身、科普拓智等能够帮助消费者提升内涵修养、认知人生价值、提高生命质量的功能，强化社会对乡村旅游及其价值的充分认知，激发潜在消费者的乡村旅游兴趣，增进乡村旅游者消费预期。例如，通过大众及社交媒体舆论引导、参照群体态度及行为影响等方式，强化乡村旅游潜在消费者对乡村旅游活动的休闲、学习、社交、康养、情感等价值的认知，激发消费者怀旧、乡愁、逃离、求知等多种情感诉求与乡村旅游价值观产生共鸣，以持续激发游客消费兴趣。另外，可以充分发挥社会参照群体和 KOL（Key Opinion Leader，关键意见领袖）的宣传与感召力，借由口碑传播和行为示范等方式具象生动地推广乡村旅游的优质产品和服务，展示乡村旅游的独特魅力。同时，在乡村旅游改革实践中，应注意对热点效应充分利用，积极结合社会热点事件、热点话题、节庆活动等开展社会关注度高、话题热度强的专项主体活动，刺激消费者对乡村旅游相关信息在短时间内的高密度、高强度吸收。例如，一些具有红色基因的乡村可以借势中国共产党成立 100 周年推出"红色旅游乡村行"等专项主题活动，促进社会更广泛群体认识乡村、向往乡村、走进乡村。

**（六）积极拥抱互联网技术，以"乡村旅游＋互联网"提升乡村旅游运营效率**

在"互联网＋"遍及大众生活方方面面的时代背景下，乡村旅游产品信息的全面化、消费体验的前置化、消费过程的便捷化以及消费权益得到充分保证越来越受到游客重视，直接影响着游客的旅游消费预期，进而对游客消费意愿产生影响。但就目前的乡村旅游现状而言，数字化、网络化、信息化水平较其他旅游形式差距明显，乡村旅游因技术、人才、资本、观念等限制普遍存在运营效率低、信息统筹弱、部门协调差以及营销方式和渠道单一、营销内容传统等现象，碎片化、缺监管、低效率的乡村旅游运营管理模式给游客带来的不便不仅显著影响了游客旅游体验和对乡村旅游的整体感知体验，还极大地增加了游客乡村旅游的心理成本，成为阻碍游客产生乡村旅游意愿的重要原因，再加上乡村旅游整体较为落后的营销水平对乡村旅游及其价值传播的宣传影响，进一步阻碍了游客对乡村旅游的认知与认同程度。

对此,需要加快构建乡村旅游和农业的互联网智慧平台,通过积极推进乡村旅游发展与互联网、大数据、云计算、物联网、区块链等新技术的融合,实现乡村旅游各环节、全方位、多要素的全面"触网"。具体可通过以下策略:以"互联网+乡村旅游"的模式实现"线上线下"的互动营销、融合营销、精准营销,实现旅游产品的在线展示、在线预订以及和游客的在线互动,形成线上乡村旅游信息展示、营销、互动、决策、预订、支付以及线下个性化、多元化、品质化旅游体验的完整闭环;以大数据、云计算和物联网等技术实现对乡村旅游客流量、物流量的实时监控和综合调控,提高乡村旅游应急处理能力、运营调度能力,以物联网、区块链等技术加强对乡村旅游产品业态、食品安全的高效管理与智能监控。

### (七)发挥政府干预在应对乡村旅游有效需求不足问题上的积极作用,促进乡村旅游供给与需求的有效匹配

有效需求不足主要是由生产结构和消费结构之间的不匹配导致的。在乡村旅游领域,一方面,表现为受各种主客观因素的制约,乡村旅游需求端的需求总量尚未得到充分激发、整体需求层次仍处于较低水平——大部分乡村居民以及部分城市低收入人群和特殊弱势群体受经济、时间、身体状况、知识水平等因素的制约尚不具备开展乡村旅游活动的充分条件,其他相关产品诸如电子游戏、互联网社交、多媒体平台短视频等大量占据消费者闲暇时间,大众对乡村旅游康养、文化等更高层次的价值总体认知不足导致乡村旅游观光层面的消费普遍高于康养度假、研学拓智等较高层级的消费。另一方面则表现为乡村旅游供给端普遍存在的模仿开发、盲目开发、过度开发与开发不足并存等一系列"低效开发"现象,这些现象导致乡村旅游产品项目开发难以满足需求端日趋多元化、个性化、品质化、生态化、规范化的旅游诉求。

根据凯恩斯的有效需求理论,针对乡村旅游市场的有效需求不足问题,仅仅依赖市场自发的调节难以得到有效解决,乡村旅游市场总供给与总需求的均衡需要政府从供需两侧同时进行干预和调控。具体策略为:在乡村旅游市场的需求端,一方面,需要加大对乡村及乡村旅游有关知识的公共宣传力度,包括鼓励刊发乡村系列报刊读物,制作一批充分展示乡村生态与文化的影视作品,将乡村实践认知与中小学生学科教育结合等,全面提升国民对乡村旅游及其价值的认知程度,激发公众的乡愁情结,引导公众形成对乡村旅游满足其健康、学习、放松、情感、体验等多元化需求的乐观预期。另一方面,需要通过给予旅游消费优惠和补贴等形式,提高社会对乡村旅游产品的购买能力,强化其支付意愿,尤其要重视城市低收入群体、特殊弱势群体以及乡村居民旅游支付能力和支付意愿的同时提升。在乡村旅游供给端,需要政府一方面加大对乡村文化和旅游公共基础设施的投资建设力度,加强对乡村旅游可持续发展的统筹规划,通过制定乡村旅游人才激励、技术引进、土地利用、投融资、产业合作等专项优惠政策,搭建投融资、合作及整合营销平台等措施,为乡村旅游发展营造良好的外部市场环境;另一方面则需要加强对乡村旅游市场经营行为的监督规范,引导乡村旅游市场向规范化、品质化、特色

化方向发展。

## 参考文献

[1] 习近平.共担时代责任，共促全球发展[J].奋斗，2020（24）：4-13.

[2] 刘鹤.加快构建以国内大循环为主体、国内国际双循环相互促进的新发展格局[N].人民日报，2020-11-25（6）.

[3] 任力，黄超芬.中国经济发展战略的演变与新发展格局的时代意义[J].改革与战略，2021，37（5）：40-47.

[4] 谢彦君.以旅游城市作为客源市场的乡村旅游开发[J].财经问题研究，1999（10）：79-81.

[5] 王兵.从中外乡村旅游的现状对比看我国乡村旅游的未来[J].旅游学刊，1999（2）：38-42+79.

[6] 黄进.乡村旅游的市场需求初探[J].桂林旅游高等专科学校学报，2002（3）：84-87.

[7] 彭亚萍，白祥.基于多元Logistic模型的乡村旅游需求影响因素分析[J].农业展望，2019，15（2）：60-64.

[8] 余凤龙，黄震方，侯兵.苏南地区农村居民旅游消费行为的影响路径研究[J].旅游学刊，2018，33（8）：68-82.

[9] 杨勇.收入来源、结构演变与我国农村居民旅游消费——基于2000—2010年省际面板数据的实证检验分析[J].旅游学刊，2015，30（11）：19-30.

[10] 庾君芳.武汉都市圈乡村旅游客源市场需求分析[J].城市学刊，2018，39（2）：43-47.

[11] 贺斐.消费需求变化背景下乡村旅游产业的发展模式[J].农业经济，2020（11）：143-144.

[12] 唐卫红.社会主义新农村建设背景下天津乡村旅游业态升级研究——基于天津市216份消费者问卷调查[J].安徽农业科学，2019，47（6）：120-123.

[13] 毕兰.经济新常态下乡村旅游的创新模式[J].农业经济，2019（8）：55-57.

[14] 胡代光，吴易风，中国人民大学经济学院.西方经济学评论[M].中国人民大学出版社，2013：166.

[15] 李天元.旅游学概论（修订版）[M].天津：南开大学出版社：2006：66-73.

[16] 于春萍，张新宇.市场需求理论与图书馆阅读推广的实践逻辑[J].图书馆工作与研究，2019（11）：47-52.

[17] Schumpeter Joseph A. History of Economic Analysis[M]. Taylor and Francis：2006-03-07.

[18] 萨伊.政治经济学概论[M].商务印书馆，1982：44、148.

[19] 凯恩斯.就业、利息与货币通论[M].商务印书馆，1982：85、1458.

［20］陈龙，乔晶.浅析凯恩斯的有效需求原理及其启示［J］.江西社会科学，2002（2）：122-124.

［21］朱志强.马斯洛的需要层次理论述评［J］.武汉大学学报（社会科学版），1989（2）：124-126.

［22］范水生，朱朝枝.基于马斯洛需要层次理论的休闲农业开发探讨［J］.中国农学通报，2011，27（14）：286-290.

［23］晋铭铭，罗迅.马斯洛需求层次理论浅析［J］.管理观察，2019（16）：77-79.

# 乡村旅游人力资源状况及其提升研究

郭昕悦

党的十九大报告提出实施乡村振兴战略，这是新时代背景下加快乡村地区发展，推动农业产业振兴，提升农民生活幸福感、获得感的重要举措。乡村要振兴，关键看人才。人力资源作为乡村建设的内在动力和基础要素，在实施精准扶贫和推动乡村振兴战略的过程中发挥了重要支撑作用，是进一步推动乡村地区发展的资源条件。中共中央、国务院印发的《乡村振兴战略规划（2018~2022年）》指出，强化乡村振兴人才支撑，要求"实行更加积极、更加开放、更加有效的人才政策，推动乡村人才振兴，让各类人才在乡村大施所能、大展才华、大显身手"。2021年，中共中央办公厅、国务院办公厅印发《关于加快推进乡村人才振兴的意见》，提出把乡村人力资本开发放在乡村人才振兴的首要位置，要求"大力培养本土人才，引导城市人才下乡，推动专业人才服务乡村，吸引各类人才在乡村振兴中建功立业"，为乡村人力资源发展的具体举措、方向和目标提供了基本依据。

旅游业作为劳动密集型产业，其特点在于出售的商品是服务，每个员工都是旅游企业与顾客直接接触的界面，员工的服务水平直接影响到企业的生存和发展[1]。因此，旅游人力资源对乡村旅游的发展具有不可替代的作用，其条件与质量在一定程度上决定了乡村旅游发展的水平。然而，我国乡村人力资源存在总量过大、综合素质偏低、结构不合理、教育系统投入不足等制约因素[2]，乡村旅游产业的人才支撑作用没有得到充分发挥，不利于乡村旅游的高质量发展。为此，本研究分析了当前乡村旅游人力资源的状况、条件与发展困境，结合乡村振兴背景下乡村旅游人力资源的新需求，提出乡村旅游人力资源的提升策略，为乡村旅游人才振兴提供意见与指导。

## 一、乡村旅游人力资源提升的意义

### （一）实施乡村振兴战略的必然选择

党的十九大报告强调"农业农村农民问题是关系国计民生的根本性问题，必须始终把解决好三农问题作为全党工作重中之重"，而乡村振兴战略正是破解我国三农问题的金钥匙，为农业农村现代化建设指明了方向。因此，包括产业振兴、人才振兴、文化振兴、生态振兴、组织振兴在内的乡村全面振兴，对于全面建设社会主义现代化国家具有全局性和历史性意义。

乡村人才振兴作为实现乡村产业、文化、生态和组织振兴的基础，对乡村振兴战略的实施起到了牵引性、支撑性作用。从发展的驱动力来看，人力资源质量的提升，比乡村物质资源投入、劳动力数量的增长更能推动农业农村的发展。因此，乡村人力资源的开发、利用与提升是实施乡村振兴战略的基础性工程，具有重要的现实意义。从乡村旅游产业振兴的视角来看，乡村旅游人力资源为乡村振兴提供了劳动力和人才保障。具体来说，想要实现乡村振兴，需要做到以下几点：一是要构建现代农业产业体系，推动乡村一、二、三产业的融合发展，发挥旅游业在延长农业产业链、发展乡村新业态等方面的重要作用；二是要构建新型农业生产体系，既要夯实农业生产能力基础，又要拓展农业生产的多种功能，发展"农耕旅游"等将农业生产与旅游体验相结合的旅游产品；三是要构建新型农业经营体系，培育新型农业经营主体，打破单一的乡村旅游家庭经营方式，发展集体经营、合作经营和企业经营等多种经营方式，拓展乡村旅游组织模式和人力资源模式。由此可见，乡村产业体系、生产体系和经营体系的建立都有赖于人才的振兴，因此，提升乡村旅游人力资源是实施乡村振兴战略的必然选择。

### （二）增强乡村旅游满意度的重要路径

根据满意度的"期望—差异"模型，乡村旅游满意度指的是游客在进行乡村旅游的过程中，对产品和服务的实际感知与心理预期进行比较之后产生的感受。游客在抵达乡村旅游目的地之前，通常会通过收集信息、询问亲友，以及参考自己以往的旅游经历，形成对于旅游产品和服务质量的心理预期。如果游客实际感受到的产品和服务质量等于或高于这一心理预期，就会有较高的满意度，进而形成顾客忠诚和重复购买；而如果游客感受的实际服务质量低于其心理预期，就会产生不满意的心理状态。

提升乡村旅游游客的满意度，关键是要为游客提供超出其预期的优质服务。一方面，乡村旅游管理者可以通过硬件设施的提升来增强游客满意度，如提供优质的客房用具、高端的餐饮食材以及丰富的游乐设施等。但是，一味提升硬件设施的品质可能造成运营成本的上升，反映在价格上，游客会提高对乡村旅游产品的心理预期，无法从根本上解决游客满意度不高的问题。另一方面，乡村旅游企业想要提升游客满意度，还可以为游客提供超出其预期的优质服务，例如，从食、住、行的细节上关心游客，为游客提供关于乡村旅游目的地的咨询，注重为游客制造"惊喜"的服务内容等，而这些优质服务的提供，离不开乡村旅游的一线服务人员的热情付出。因此，提升乡村旅游的游客满意度，就要在提升乡村旅游人力资源的质量和水平上下功夫，通过与游客直接接触的一线服务人员，向游客传达热情、温暖的态度和理念，使游客感受到超出预期的服务质量。

### （三）推动企业可持续发展的必然要求

可持续发展指的是既能满足当代人的需要，又不对后代人满足其需要的能力构成危害的发展方式。这一概念包含了两个要素：一是"需要"，即当代人对其自身发展的需要应该被放在优先满足的位置；二是"限制"，即当代人满足其需要的方式应该受到一定的限制，以供后代持续性地满足他们的需要。在资源日益短缺和环境污染加剧的当下，可持续发展理念的提出对世界各地，特别是生态环境较为脆弱的乡村地区具有指导性意义，乡村旅游企业也有必要借助组织力量和技术手段提升其可持续发展的能力。

对于乡村旅游企业而言，可持续发展首先要满足当下的生存和发展需要，同时也要保障企业的长久经营。为此，企业不能仅仅关注眼前的经济效益，还要兼顾短期效益与长远利益，兼顾经济利益与社会效益，确保其可持续盈利和发展的能力不受损害。通常情况下，受教育程度较高的员工将具有更好的可持续发展意识，能够对资源与环境的承载能力给予足够的重视，愿意为提升游客的重游付出额外的劳动，甚至牺牲部分当下的经济利益，能够为乡村旅游企业创造可持续发展的机会和条件。然而，当前乡村旅游人力资源的主体是乡村村民，其受教育程度普遍较低，不具备可持续发展的意识和理念，存在着因为追求短期利益而损害乡村旅游资源、环境，不考虑游客满意度和忠诚度等问题，不利于企业的长远发展。因此，提升乡村旅游人力资源的素质和能力成为乡村旅游企业可持续发展的必然要求，需要企业进行重视和投入。

## 二、乡村旅游人力资源概念与特征

### （一）乡村旅游人力资源的概念与内涵

乡村旅游是指以乡村为地域条件，以乡村特色为旅游特色和资源，通过乡村独特的自然环境、自然资源和文化氛围吸引城市游客的一种旅游形式[3]。以此为基础，乡村旅游人力资源指的是在乡村特定的时空背景下，适应于乡村旅游发展的劳动力资源条件。侯婧璇（2016）认为，关于人力资源的解释共有三种具有代表性的观点：一是指具有劳动能力的全部人口；二是指正在从事劳动的全部人；三是指人通过综合素质的发挥所产生的生产力[4]。随着现代企业理论的推广与应用，为优化人力资源管理模式，增强对员工的选拔、培养与促进，越来越多的学者开始运用"人员素质观"对人力资源概念进行界定和解释。基于此，本研究认为乡村旅游人力资源的概念是在乡村旅游开发与经营过程中，把经济效益和价值创造作为最终目的的能够被管理者加以运用的人的体力、智力、心力与能力等因素的总和。

乡村旅游人力资源作为一种战略性资源，其总量决定了乡村旅游发展的水平与质量，因此，开发和提升乡村旅游人力资源，首先需要明确乡村旅游人力资源总量的含义。具体来说，乡村旅游人力资源的总量包括数量和质量两个部分，这也构成了乡村旅游人力资源的基本内涵。其中，人力资源数量是指能够作为生产性要素投入乡村旅游行业的全部劳动人口的总和，反映了乡村旅游人力资源绝对量的水平，包括现实的人力资源和潜在的人力资源两个部分（见表1）。此外，乡村旅游人力资源质量是指劳动者个体和人力资源整体的身体素质、心理素质、科学文化素质、思想道德素质等的总和，包括人所拥有的全部知识、技能、能力、品质、性格和素养等，反映了乡村旅游人力资源质的水平。

表1 乡村旅游人力资源的绝对量

| 现实的人力资源（实际从事乡村旅游的人口） | | 潜在的人力资源 |
|---|---|---|
| 就业人口 | 求业人口 | 就学人口 |
| 适龄就业人口<br>未成年就业人口<br>老年就业人口 | | 正在从事家务劳动的人口<br>正在军队服役的人口<br>处于劳动年龄之内的其他人口 |

资料来源：侯婧璇，2016；本研究进行改编、整理。

### （二）乡村旅游人力资源的特征

由于乡村旅游目的地的乡村性、产品的体验性、开发目的的扶贫性、资源的可持续性[5]，以及多产业相互融合、依托乡土文化等特点[6]，相较于其他类型的人力资源，乡村旅游人力资源具有如下基本特征。

1. 乡村旅游人力资源的本土性

乡村旅游人力资源是在乡村旅游活动中发挥作用的劳动力资源，由于乡村旅游在空间上的局限性，即乡村旅游是发生在乡村这一地域范围内的旅游活动，因此乡村旅游人力资源也具有显著的本土性。具体来说，乡村旅游人力资源大多是依托乡村地域条件的劳动力集合，以当地村民为主体，人力资源的工作地与生活场所之间的距离较短，以本村或邻村劳动人口为主，对外来人力资源的吸引力较弱。

2. 乡村旅游人力资源的天然性

乡村旅游人力资源以乡村居民为主体，该群体受教育程度较为有限，与其他类型的人力资源相比，通常没有经历过专业化、系统化的职业教育或培训，具有天然性和原生态属性。因此，在开展乡村旅游开发和经营的过程中，乡村旅游人力资源常依赖天然的生活经验和个人阅历来进行决策、采取行动，其优势在于能够让游客感受到淳朴、自然的乡风乡情，保留了乡村旅游的原真性，但同时也带来了乡村旅游标准化程度较低、服务人员综合素质参差不齐等负面问题。

3. 乡村旅游人力资源的家族性

人力资源的形成与发展都依赖特定的社会条件和历史背景，而乡村特有的地缘条件、生产方式、文化传统和宗亲意识决定了乡村旅游人力资源通常以家族为单位，以血缘为纽带，以家庭成员的身份出现。例如，以农家乐为首的乡村旅游家庭经营方式，通常由一位或多位家庭成员主导，其他家庭成员共同参与经营，人力资源由具有亲缘关系的人口构成，较少雇用家族以外的成员作为主要劳动力。

4. 乡村旅游人力资源的可再生性

与一般物质类资源相比，乡村旅游人力资源不仅不会在开发和利用的过程中被消耗掉，反而能够通过经验积累、参加培训等方式实现资源再生和价值增值。因此，人力资源能够实现可持续的开发和利用，拥有无限开发的潜能，并且能在开发的过程中发挥附加性作用。特别是对乡村旅游人力资源来说，由于乡村人口基数较为庞大，人力资源的可持续开发具有充足的数量基础；同时，乡村劳动力素质普遍较低，人力资源开发所能实现的价值增值空间较大，为人力资源的价值再生提供了广阔的发展潜力。

5. 乡村旅游人力资源使用过程的时效性

乡村旅游人力资源的主体是作为生命有机体的人，在不同的发展阶段，人具有不同的生理和心理特点，因而体力、智力、心力与能力等资源条件也不尽相同。通常情况下，处于青壮年的劳动人口具有较强的体力与能力，并且在工作中积累经验、提升素质的潜力更为显著，在乡村旅游经营中发挥着重要作用。然而，青壮年人力资源在使用过程中具有一定的时效性，当劳动力的年龄步入中老年阶段，其身体和心理的各项机能逐步下降，也就难以为乡村旅游所需的各项服务提供人力支持。

6. 乡村旅游人力资源闲置过程的消耗性

农业生产方式的机械化、自动化发展使其对职业农民的需求量不断减少，带来了大量的乡村剩余劳动力。该部分人力资源在闲置过程中无法创造劳动价值，但是会消耗其他类型的物质资源来维持生存，因此，乡村人力资源的闲置对农村经济社会发展带来了较大的浪费和损失。尽管乡村旅游能够在一定程度上解决农村剩余劳动力的就业问题，但是，由于乡村旅游的周期性、季节性特点，以及乡村旅游发展的不充分性，乡村旅游人力资源的闲置现象和消耗性仍然普遍存在。

## 三、乡村旅游人力资源现状与模式

### （一）乡村旅游人力资源现状与条件

1. 乡村旅游人力资源总量较大

我国乡村旅游人力资源总量较大，首先体现为乡村具有较大规模的人口基数。根据第七次全国人口普查公布的主要数据，当前我国居住在乡村的人口为5.0979亿人，占全国总人口数的36.11%。庞大的乡村人口基数为乡村旅游产业提供了较高绝对量的人力资源，为乡村旅游发展提供了充足的内生动力，使乡村旅游能够依靠丰富的劳动力资源实现可持续发展。其次，随着农业机械自动化的普及，乡村剩余劳动力数量也不断增长。根据《中国农村劳动力就业与流动状况调查分析》，目前全国农村剩余劳动力规模大约为2.6亿人，这一数据与2000年相比，净增长3.89%[7]。由于乡村剩余劳动力较多，闲置的人力资源总量较大，同时乡村产业类型较为单一，乡村旅游作为具有较大发展潜力的融合性产业，有条件、有能力吸引和选择综合素质相对较高的劳动力进入该行业，为乡村旅游发展提供了可靠的智力支持。

同时也应看到，乡村人口数量的庞大并不直接意味着乡村旅游人力资源具有较高丰富度。徐姗姗（2020）指出，一般人口不是人力资源，只有将他们投入生产过程并结合其他生产要素创造价值，劳动力才能成为人力资源，才能够成为经济在发展过程中的主要推动力，成为经济发展的真正优势[8]。因此，如何使乡村人口转化为乡村旅游人力资源，进而为乡村经济社会的发展提供动力，成为乡村旅游人力资源开发与提升环节的重要问题。

2. 乡村旅游人力资源结构不均衡

由于乡村地理位置偏远、社会经济发展不够健全、建设步伐较为缓慢，乡村人力资源的开发和利用存在不健全、不充分、不平衡等问题，大量适龄青壮年劳动力选择外出务工，前往城镇生活和发展，导致滞留在农村地区的劳动力多为老年人和妇女儿童，乡村旅游人力资源结构不均衡的问题凸显。具体体现在以下三个方面：一是乡村旅游人力资源的年龄结构不均衡，适龄就业人口数量较少，未成年和中老年劳动力占比较大，乡村旅游发展主要依靠中老年劳动力，青壮年人口较少从事乡村旅游经营活动；二是乡村旅游人力资源的性别结构不均衡，受到"男主外、女主内"等传统思想影响，乡村男性劳动力大多选择外出务工，而女性劳动力则留在乡村务农、照顾家庭，因此，能够投入乡村旅游的人力资源大多为乡村妇女；三是乡村旅游人力资源的受教育程度不均衡，具有较高学历的优秀乡村青年通常会选择留在大城市工作和发展，而农村本地人口的受教育程度普遍较低，未接受过系统的职业教育，导致乡村旅游人力资源综合素质普遍较低。由于人力资源结构上的不均衡现象，尽管乡村旅游人力资源总量较大，人力资源供给与需求不匹配的现象仍然存在，能够适应乡村旅游发展的人力资源面临结构性短缺等问题。

## （二）乡村旅游人力资源模式

1. 家庭成员合作型

在我国乡村旅游诞生和发展之初，农家乐作为一种帮助游客回归自然、放松身心的休闲旅游模式，获得了广大城市游客的喜爱。经过近40年的发展，农家乐已经在全国各地的乡村兴起，成为乡村旅游的特色产品和重要形式。由于农家乐以田园风光、乡村生活为吸引点，以休闲度假、观光娱乐为主要内容，以农村家庭院落为载体[9]，具有明显的乡村家庭特征，其人力资源模式也具有家庭性特点，由家庭成员担任乡村旅游的经营管理者和服务人员。此外，特色果园、菜园、茶园、花圃，以及农家餐饮等其他乡村旅游的产业形态大多也依托于家庭所有的生产资料，由家庭成员共同经营。

家庭成员合作型乡村旅游人力资源模式具有以下特点：第一，乡村旅游经营以家庭成员为主要劳动力，主要模式包括夫妻合作、代际合作或亲属帮忙，通常不会雇用家庭以外的劳动力作为管理者；第二，参与经营的人员之间通常不具有明显的雇佣关系，而是以亲情作为纽带，相互之间的联结较为紧密，有利于规避经营过程中的利益分配问题，保障了乡村旅游的持续、平稳运营；第三，由于家庭成员人数较为有限，且综合素质普遍不高，由家庭成员合作经营的乡村旅游形式通常规模较小、业态较为单一，难以实现规模化发展。

2. 乡村精英主导型

随着人们生活水平的提高，游客对乡村旅游产品的需求不再局限于餐饮、采摘、观光等常规的乡村旅游活动，对于农家乐和乡村民宿质量的要求不断提升，传统的家庭式农家乐不再能够满足游客的需要，乡村旅游综合体、休闲农业园区、大型农场和牧场等规模化的乡村旅游场所和多样化的乡村旅游活动开始出现。为满足乡村旅游大规模、高质量经营和发展需求，部分具有管理能力的乡村精英、能人等开始雇用家族成员以外的劳动力开展乡村旅游经营活动，或成为其他家庭的合作经营者，逐渐形成了乡村精英主导型人力资源模式。

乡村精英主导型乡村旅游人力资源模式具有以下特点：第一，乡村旅游经营活动围绕一位或多位具有较高影响力和话语权的乡村精英展开，由乡村精英主导进行乡村旅游开发、运营和管理决策；第二，为满足企业扩张和大规模经营需要，乡村精英开始招聘和雇用村民协助开展乡村旅游经营活动，被雇用的劳动力通过分工开展工作，完善了乡村旅游的组织模式，人力资源管理体系和框架逐步形成；第三，该类乡村旅游企业员工多为本地村民，在农闲时期进行兼职的乡村旅游经营，专门从事乡村旅游运营的职业员工较少。

3. 外部资源注入型

随着精准扶贫和乡村振兴战略的实施，乡村外部人力资源开始介入农村地区的建设和发展过程，同时也进入乡村旅游产业中，形成了新的人力资源发展模式。一方面，响应乡村扶贫对口支援政策，社会经济相对发达的地区开始对贫困地区进行乡村旅游人才对口支援，通过输入旅游规划、企业管理等方面的人才，帮助乡村制定适合当地资源环境特色的乡村旅游发展路线，为乡村旅游组织注入了人力资源的新鲜血液。另一方面，随着社会主义新农村建设步伐的加快，乡村旅游逐渐成为吸引城市创业者的创业蓝海，具有一定经营能力和乡土情怀的创业者纷纷将目光转向乡村，成为乡村旅游重要的外部人力资源。

外部资源注入型乡村旅游人力资源模式具有以下特点：第一，来自乡村外部的人力资源通常接受过较高水平的教育，对乡村旅游行业的认知不仅包括经验认知，还包括理论性认知，能够有效运用科学的管理手段促进乡村旅游的高质量发展；第二，外部人力资源在进入乡村的过程中，也会带来金钱、技术、设备、知识等外部资源，推动乡村旅游实现转型升级；第三，外部人力资源在进入乡村后，通常无法独立发展当地的旅游产业，而是部分依赖乡村本土人力资源，需要和当地村民进行密切的沟通和配合，共同服务于乡村旅游的转型和发展。

4. 青年返乡创业型

近年来，各地农民工、大学生等群体返乡创业的热情不断高涨，乡村旅游创业"燕归巢"现象形成热潮，返乡青年把先进的知识和技术带回乡村，为乡村旅游的高质量发展注入了强劲的人才动力[10]。一方面，乡村青年返乡创业能够使一批有能力、有经验、有本领的高素质农村劳动力回流，在一定程度上缓解农村人才流失的问题，改善农村人力资源的整体状况。另一方面，青年返乡创业还能够扭转青年劳动力单向流入城镇的趋势，缓解农村"空心化"问题，恢复乡村的人气和活力。

青年返乡创业型人力资源模式具有以下特点：第一，无论是农民工还是大学生群体，选择返乡创业意味着其具有强烈的乡土情结，对乡村怀有独特的归属感和责任意识，并且能够将这种意识转化为乡村旅游社会创业的公益精神和动力；第二，返乡创业型人力资源通常具有较高的知识、技能以及综合素养，能够胜任乡村旅游的规划、开发和经营活动；第三，返乡创业人员大多具有在乡村生活的个人经历，与乡村本土劳动力具有较强的情感联结，更容易获得当地村民的认可和支持，为其开展乡村旅游创业活动提供了资源保障；第四，青年返乡创业的过程中，还能够有效带动项目回投、资金回流和信息回传[10]，为乡村发展注入内生动力，有效驱动乡村振兴。

## 四、乡村旅游发展面临的人力资源困境

当前，乡村旅游人力资源的开发与利用面临着内部和外部两方面困境，其共同作用导致了乡村旅游发展的不平衡、不充分现象。具体来说，内部人力资源困境主要是指乡村旅游专业化人才不足，难以为乡村旅游的发展提供人力和智力支持；外部人力资源困境主要是指针对乡村旅游人力资源的选拔、培训、发展等各方面的保障力度不够，导致本地村民和乡村旅游人才难以发挥促进乡村旅游发展的应有作用。

### （一）乡村旅游人力资源的内部困境：专业化人才缺失

#### 1. 乡村旅游从业人员专业技能不强

乡村旅游产业作为新兴的服务业，其产品就是一线工作人员提供的旅游服务，因此，从业人员的素质在一定程度上决定着乡村旅游本身的质量和品质。从客房清洁到食品烹饪，从线路规划到导游导览，从农事体验到亲子项目，乡村旅游的经营和发展过程需要大量具备专业技能的从业人员参与。然而，当前我国乡村旅游人力资源大多为本地农民，特别是留守乡村的中老年人，他们的受教育程度普遍偏低，没有接受过专业的乡村旅游技能培训，对新知识、新技术的接受度和学习热情较低，成为乡村旅游专业化、标准化发展的阻碍。此外，部分青年或受到乡村人才回流政策的吸引，或心怀振兴乡村产业的理想，返乡开展乡村旅游创业，他们虽然具备较高的综合素质，但掌握的旅游专业技能较少，难以适应乡村旅游高质量发展的需要，成为阻碍乡村旅游发展的负面因素。

#### 2. 乡村旅游从业人员服务意识缺失

旅游业是一种劳动密集型的服务行业，旅游服务在旅游业中占有举足轻重的地位[11]。一线服务人员能否为游客提供热情、细致、周到、主动的服务，关系到游客的旅游满意度和忠诚度。同时，乡村淳朴的乡风和朴实的民风也是乡村旅游的重要吸引力，如果村民不能提供热情舒适的服务，乡村旅游对城市游客的吸引力也会下降。因此，乡村旅游从业人员的服务意识对巩固乡村旅游市场起到了至关重要的作用。然而，我国乡村旅游服务人员普遍存在服务意识与服务理念较差、服务质量参差不齐等问题，主要有以下两个方面的原因。第一，部分村民的思想观念较为保守、落后，对"服务"的理解存在负面倾向，认为提供服务就是低人一等，是"伺候城里人"的行为，因此从

心理上不愿意为游客提供服务；第二，部分村民虽然具有提供服务的主观意愿，但在服务理念方面有待提升，不能正确认识"利己"与"利他"的同一性，没有做到全心全意为游客着想，游客在旅游过程中无法感受到"超越期待"的服务，旅游满意度较低。

3. 乡村旅游经营管理人才匮乏

乡村旅游经营管理人才是发展乡村旅游的"舵手"，把握着乡村旅游的发展方向和内部运营模式，在一定程度上决定着乡村旅游的层次和水平。然而，当前我国乡村旅游行业存在着本土人才不足和人才引进困难等问题。一方面，乡村自有经营管理人才缺失，多数乡村旅游的"领头人"由村支书、村主任或乡村精英担任，对乡村旅游的开发只能凭感觉、靠模仿，"摸着石头过河"[12]，难以实现乡村旅游的业态创新和高质量发展；同时，我国乡村旅游发展基础薄弱、传承不足，不具备人才的自我造血能力，本土培养高水平管理人才成为奢望。另一方面，乡村旅游对外来精英管理人才的吸引力较弱，无法依靠有竞争力的待遇引进高层次管理人才。具有较高经营管理水平的旅游人才更愿意留在大城市和大型旅游企业发展，不愿意前往农村地区从事旅游业，乡村旅游难以依靠外界力量输血，乡村丰富的旅游资源无法得到充分挖掘和合理安排。

4. 乡村旅游高层次人才流失严重

由于我国城镇化进程的迅速推进，大量优秀的乡村青年开始向城镇流动，能够促进乡村旅游发展的高层次人才流失严重[13]。第一，年轻一代通过前往大城市学习离开乡村，毕业后大多选择在经济较为发达的城镇工作和发展，导致乡村知识分子大量流失；第二，大量有能力、有眼界的农民工为获得更高的收入，提升生活水平，前往城镇地区务工，造成了乡村与城镇人才的进一步分化；第三，农业的机械化发展导致乡村剩余劳动力数量逐步增加，知识能力相对较高的年轻村民不得不外出打工，青壮年人力资源流失严重。因此，有能力、有经验、有意愿参与乡村旅游创业的高质量人才数量不断减少，不利于激发乡村旅游活力、实现乡村旅游的创新发展。同时，对于乡村旅游管理者来说，适应现代化旅游产业发展所需的本土旅游从业人员较少，通过社会化招聘等形势，也很难吸引外部人才走进乡村工作。

5. 乡村旅游人力资源市场化程度不足

当前，我国乡村人力资源的总量较大，为乡村旅游的发展提供了量的保证，但真正从事乡村旅游的实际就业人口较少，原因是人力资源市场化程度不高，乡村劳动力向旅游从业人员的转化不足。造成这一现象的原因有以下几个方面。一是乡村旅游人力资源供给与需求方的信息沟通渠道不畅通，具有招聘需求的乡村旅游管理者难以招到适合的员工，而希望从事乡村旅游相关工作的村民则接触不到即时的招聘信息，对人力资源的市场化进程造成阻碍。二是乡村本地村民的市场化观念较弱，乡村旅游大多采用家庭成员合作经营的模式，对外来员工抱有不信任、不吸纳的态度，较少雇用外来劳动力扩大经营规模，不利于乡村旅游人才进入市场或在市场上流动。同时，本土乡村旅游管理者大多采用家庭商议配置、村集体统一配置等传统的人力资源配置方式，较少采用市场化方式进行人力资源配置，对乡村旅游人才的利用效率较低，难以发挥人力资源的应有作用。

## （二）乡村旅游人力资源的外部困境：保障性政策不足

### 1. 乡村旅游人才培养机制不健全

由于乡村旅游从业人员多为本地村民，没有接受过高层次素质教育和旅游专业技能教育，参加培训成为提升乡村旅游服务质量和管理水平的必要途径[14]。然而，当前我国乡村旅游人才的培养机制不健全，培训体系和考核制度缺少统一标准，培训形式较为单一，对人才培养投入的资金、教师等资源严重不足。调查显示，当前乡村旅游人才的培训次数和时长均较低，难以满足乡村旅游发展对专业化人才的需要。同时，乡村旅游培训的内容主要集中在农作物种植与绿化养护、餐饮、客房和导游等操作技能方面，对于乡村旅游职业道德、服务意识、服务礼仪、沟通能力、基层管理能力等方面的培训较少[14]，导致一线从业人员只掌握了提供服务的基本技能，但服务意识和服务理念不足；基层管理者的经营管理能力较弱，不利于乡村旅游的高质量发展。

### 2. 乡村旅游从业人员激励政策不足

受到乡村经济发展水平的限制，乡村旅游从业人员的待遇水平普遍较低，激励政策严重不足，特别是对于具备一定知识技能的管理者来说，从事乡村旅游的薪资和待遇水平远低于在城镇地区工作获得的收入。因此，乡村旅游行业对于高水平人才的吸引力不足，具备较强经营能力的管理者不愿意前往乡村地区工作，乡村旅游人才引进面临较大困难。同时，现有乡村旅游人力资源的流动率较高，一线员工在农忙时期大多会辞职回家开展农事活动，管理人员在面临其他工作机会时，也倾向于离开乡村，投身其他行业谋求机会。此外，较低水平的薪资待遇不利于对乡村旅游工作人员进行激励，难以激发员工的创新能力和创造活力，基层员工仅仅完成职责范围以内的工作内容，不愿意提供更高水平的服务。

### 3. 乡村旅游人力资源引进制度欠缺

当前，乡村旅游人力资源的主体为本地村民，由于多数村民的综合素质和旅游专业技能不足，不符合乡村旅游供给侧改革的需要，亟须具有较高知识和丰富经验的乡村旅游规划、管理、服务人才进驻乡村，为乡村旅游的发展注入新鲜血液。然而，我国乡村旅游人才引进制度较不完善：一是人才定向培养与引进制度不完善，乡村优秀青年在城市接受高等教育或职业教育后，缺少返乡服务乡村旅游发展的途径和渠道；二是人才定期服务制度不完善，配套的保障措施和工资福利等政策欠缺，具有高水平的管理者不愿意参与短期服务乡村旅游建设的项目；三是技术人才服务乡村旅游制度不完善，精通旅游规划与开发的技术人才大多在城镇地区工作，与乡村地区资源对接不畅，没有发挥出服务乡村旅游的应有作用。

### 4. 乡村旅游人力资源开发缺乏规划

乡村旅游人力资源开发是隶属于乡村地区甚至更高层级人力资源开发的重要工作，需要政府进行宏观政策引导，提前做出合理规划。然而，当前乡村旅游人力资源开发主要由村支书、乡村精英和农户实际开展，决策存在一定盲目性，如过度追求短期经济效益，不利于乡村旅游人才的梯队建设和可持续发展。特别是在部分自然资源不足的乡村

地区，发展乡村旅游理应经过科学的评估和合理的规划，人力资源的开发和利用也是乡村旅游规划不可或缺的环节。但是，当前乡村旅游缺少高水平的规划与设计人员，政府旅游部门及行业协会对乡村旅游人力资源开发的指导力度较弱，导致乡村旅游经营者只能凭借经验和感觉进行乡村旅游开发，形成了各自为政、一盘散沙的不利局面。

### 五、乡村振兴背景下乡村旅游人力资源新需求

乡村振兴战略的实施对乡村旅游产业振兴提出了新的目标要求，也对支持产业振兴的乡村旅游人力资源提出了新的需要。根据《关于加快推进乡村人才振兴的意见》，到2025年，要实现"乡村人才振兴制度框架和政策体系基本形成，乡村振兴各领域人才规模不断壮大、素质稳步提升、结构持续优化，各类人才支持服务乡村格局基本形成，乡村人才初步满足实施乡村振兴战略基本需要"的目标任务。基于此，本研究提出乡村振兴背景下乡村旅游人力资源的新需求如下。

#### （一）乡村旅游人力资源规模新需求

党的十九大报告提出，实施乡村振兴战略的总要求是产业兴旺、生态宜居、乡风文明、治理有效和生活富裕。实现乡村振兴，产业首先要振兴。一方面，乡村旅游作为生态化、无污染、能耗小的绿色行业，有利于建设美丽乡村，同时能够促进乡村一、二、三产业的有机融合，符合乡村振兴对生态环境和产业发展的需求；另一方面，随着城市生活节奏的加快和城市人口对乡情乡韵的怀恋，乡村旅游产业的需求量不断增长，这也对乡村旅游的规模和质量提出了新的要求。因此，乡村旅游的发展是乡村振兴战略实施的必然要求，而乡村旅游作为服务性行业，需要大量人力资源提供服务，才能支撑乡村旅游产业的发展和振兴。

只有实现乡村旅游人力资源总量的扩大，才有条件、有动力推动乡村旅游产业的兴旺与可持续发展。缺少人才总量的支撑，乡村产业振兴将成为一句空话。具体来说，乡村振兴战略为乡村旅游人力资源规模提出了如下四点新要求：一是要扩大适龄就业人口规模，夯实乡村旅游人力资源量的基础，使能够从事乡村旅游相关工作的人员不断增加；二是要加强乡村适龄劳动力向乡村旅游人力资源的有效转化，持续扩大乡村旅游从业人员规模，为乡村旅游注入源源不断的劳动力；三是要扩大乡村旅游潜在人力资源规模，提早对乡村旅游人力资源的可持续开发做出规划，为乡村旅游提供可持续发展动力和潜能；四是要支持城镇人才返乡服务乡村旅游产业发展，扩大乡村旅游外部人力资源规模，为乡村旅游输送新鲜血液。

#### （二）乡村旅游人力资源素质新需求

实施乡村振兴战略，不仅要推动乡村旅游产业总量的提升，更要推动乡村旅游产业的高质量发展，这也为乡村旅游人力资源素质提出了更高要求。人力资源素质是指员工在工作过程中展现出的各方面综合能力，包括工作成果、创造力、业务能力等，是衡量

员工是否具备完成相关业务的重要参考标准[15]。乡村旅游人力资源素质是指从事乡村旅游的工作人员在提供服务的过程中展现出的综合能力，关系到乡村旅游产品和服务的质量。

乡村振兴背景下，对乡村旅游人力资源素质的新需求首先体现在对知识和技能的要求上。为了向游客提供专业、标准的乡村旅游服务，工作人员需要具备基本的旅游供给知识与旅游服务技能，具体体现在对当地乡村旅游资源、自然风光和人文历史故事比较了解，能够熟练提供餐饮、客房、导游等服务，准确掌握为游客提供服务的内容与流程。其次，乡村旅游人力资源还需要具备较强的综合能力和素质，例如交流沟通能力、协调统筹能力、行政办公能力等，以适应服务行业对从业人员综合素质的较高要求，从而为游客提供流畅、精细的乡村旅游服务。最后，随着乡村振兴战略的实施，人们对乡村旅游新产品、新业态的需求不断提升，特别是亲子游、家庭游市场活跃，亟需开发新的体验性、互动性旅游产品，因此，乡村旅游人力资源还需要具备一定的创新能力，为游客提供个性化的产品和服务。

### （三）乡村旅游人力资源结构新需求

新时代乡村旅游人力资源的主要矛盾体现在人力资源的结构性矛盾上，即人力资源结构与产业结构的不协调，人力资源供给与经济发展需求的不同步。在乡村振兴背景下，乡村旅游发展必须走出一条高质量、可持续的发展道路，不能延续以往同质化、追求短期经济效益的发展模式，为此，乡村旅游人才结构也需要做出相应的调整，以适应乡村振兴战略的需要。

乡村振兴战略的实施对乡村产业结构的均衡发展提出了新的要求，具体来说，就是要实现乡村产业在不同部门、不同行业、不同地区和不同领域的均衡发展，为此，乡村人力资源的配置也要符合产业结构调整的需要。具体来说，乡村振兴背景下乡村旅游人力资源结构具有如下新需求：第一，要实现乡村旅游人力资源年龄结构的均衡发展，吸引中青年劳动人口留在乡村择业创业，并通过市场配置的方式淘汰一部分年龄较大的乡村旅游从业者，优化乡村旅游年龄结构；第二，要实现乡村旅游人力资源性别结构的均衡发展，在持续推动乡村妇女在旅游行业就业的基础上，扩大男性人力资源从事乡村旅游行业的人数和比重，推动乡村旅游人力资源的性别更加协调；第三，要实现乡村旅游人力资源区域结构的均衡发展，吸引乡村外来人口从事乡村旅游行业，推动乡村旅游人力资源的区域间交流与流动；第四，要实现乡村旅游人力资源教育结构的均衡发展，吸引具有较高教育层次的劳动力投身乡村旅游开发，优化人力资源知识水平与结构，带动本地村民共同推动乡村旅游的高质量发展。

## 六、乡村旅游人力资源提升策略

乡村旅游人力资源的开发、利用与管理是一个系统性工程，需要政府、企业、行业协会、村民等各方面力量的共同配合，以实现乡村旅游人力资源量的扩大和质的提升。

首先,政府应制定和完善乡村旅游人力资源开发和保障政策,引导广大村民和城市人才投身乡村旅游发展;其次,企业作为乡村旅游的直接经营主体,应该做好对一线员工和基层管理人员的培训工作;再次,以村民为代表的乡村旅游从业人员应该积极转变就业观念,投身乡村旅游行业,同时主动学习先进的知识和经验,提升自身综合素质;最后,乡村旅游协会应充分发挥行业内部的监督管理职能,并积极搭建平台促进乡村旅游人力资源交流与合作。

### (一)政府要实施乡村旅游人力资源开发与保障政策

**1. 做好人力资源规划,营造人才发展环境**

要想实现乡村旅游人力资源的可持续发展,就不能任由地方和企业根据短期经济效益的需要,开发和利用人力资源,而是应该把人力资源的开发放在旅游总体开发和区域人力资源发展的角度来考量,制定科学、合理的乡村旅游人力资源发展规划。具体来说,政府应该对乡村旅游人力资源的目标群体、开发方式、培训方式等内容进行统一规划,并且将乡村旅游人力资源规划纳入各级旅游资源总体开发规划中,在政策、经济和技术等方面给予长期的支持。此外,想要推动乡村旅游人力资源的可持续发展,就必须营造有利于人才发展的积极环境,形成"尊重劳动,尊重知识,尊重人才,尊重创造"的浓厚氛围;积极解决农民创业的后顾之忧,简化乡村旅游经营的流程和手续,及时解决乡村旅游人才面临的困难和问题;切实提高引进人才的薪资和待遇,激发各类人才创新创业热情,鼓励更多优秀人才从事乡村旅游相关工作;用科学的方式和标准评价人才,把真才实学、能力业绩作为衡量人才的真正标准,鼓励优秀青年在乡村干事创业。

**2. 健全人才培养机制,大力发展职业教育**

教育和培训对乡村旅游人力资源的形成和发展至关重要,对乡村旅游从业人员素质的提升具有决定性的意义,而政府在人才培养的过程中,则起到了全局性、战略性、整体性作用,因此,政府要从全过程、多层次培养的视角出发,健全乡村旅游人才培养机制。首先,要提升乡村义务教育的质量,把提升村民受教育程度作为提升乡村旅游人力资源质量的基础性工程来抓,夯实乡村旅游人才的基础教育水平。其次,要加强乡村旅游职业教育,培养一批专门从事乡村旅游行业的职业服务人员,采取学制教育和专业培训相结合的模式对农村青年进行深入培养。再次,要开展常态化的乡村旅游技能培训,以培训班、培训营的形式,定期组织乡村旅游从业人员,或者对乡村旅游创业感兴趣的村民进行专业技能培训,不断提升人力资源素质。最后,政府可以采取校企合作、政府划拨、整合资源等方式,建设一批乡村旅游实习实训基地,促进教育培训与创业实践的有效衔接,帮助乡村旅游人才提前适应工作环境和工作内容,降低人力资源的从业创业风险。

**3. 持续推动结对帮扶,引进优秀管理人才**

徐虹和王彩彩(2019)认为,人力资源是实现创新发展的最大财富,实施人才流向乡村的激励政策,才能真正将"人力"变为有竞争优势的"人才"[16]。因此,开发乡村旅游人力资源,不仅要推动乡村自我"造血"功能不断完善,培育乡村本土人才,还要积极向乡村"输血",引进优秀管理人才和先进的管理经验,为乡村旅游的发展提供外部支持。为做好人才引进工作,政府可以建立外来人才专项资金,为引进人才、对口帮扶干部提供必要的生活补贴、岗位补贴和培训补贴,为乡村旅游高端人才解决经济上的后顾之忧;建立完善经营管理人才定期服务乡村制度,通过分批次的人才输送,持续性支援乡村旅游的建设和发展,支持和鼓励事业单位人员前往乡村开展乡村旅游创新创业工作,并采取多种手段保障其经济和社会权益;建立地方性乡村旅游人力资源和人才信息库,提高外部人才的信息化管理水平,提升人才利用效率。

4. 遴选乡村旅游骨干,发挥榜样带动作用

乡村保守的思想观念是阻碍乡村旅游发展的重要社会文化因素,大量村民认为从事旅游经营风险高、保障低、收益少,不如从事农事工作稳定,因而不愿意开展乡村旅游创业,本土人力资源的创业和从业热情有限。为此,政府可以在乡村旅游起步较早、发展较为成功的乡村,遴选一批乡村旅游的优质项目和管理骨干,并通过广泛宣传,发挥其榜样带头作用,吸引更多村民投身乡村旅游建设,扩大乡村旅游人力资源的规模。同时,政府还可以实施乡村旅游人才带头人计划和大学生创新创业示范培训项目,重点遴选一批乡村旅游创业带头人、新型乡村旅游经营主体负责人作为培训对象,帮助其扩大视野、提升致富带富能力。此外,政府可以遴选一批优秀乡村旅游项目和创新创业带头人,对其给予经济上的奖励和资助,从而激励和带动当地村民积极投身乡村旅游相关的工作岗位。

### (二)乡村旅游企业要加强对人力资源的投资与培训

1. 积极转变投资观念,着眼长远社会效益

乡村旅游企业对人力资源的投资主要体现在人力资源招聘、培训、管理等开发环节的资金、人力等资源的投入方面。为了使员工能够尽快投入生产和价值创造环节,乡村旅游企业往往只重视对员工的业务技能培训,不重视员工的综合素质提升;只重视人力资源的短期效益产出,不重视人力资源的长远社会效益,不利于乡村旅游的可持续发展。为此,乡村旅游企业要积极转变对旅游资源的投资观念,以扩大乡村旅游人力资源存量、提升乡村旅游人力资源质量为目标,围绕服务乡村、服务三农的大局,开展乡村旅游人力资源的开发。具体来说,乡村旅游企业应该在积极做好岗前培训的基础上,加大投入力度开展在岗培训,推动乡村旅游人力资源素质的持续提升。同时,企业还应适当拓宽参加培训的人员主体,为乡村旅游个体经营者、农户等提供公益性质的培训,积极承担乡村旅游企业的社会责任。

2. 健全员工培训体系,提升人力资源素质

旅游企业作为乡村旅游的直接经营者,必须做好员工的培训工作,以提升企业的服务质量和水平,从而实现自身经济效益。然而,当前旅游企业对员工开展的培训大多为岗前培训,对经过培训上岗的员工缺乏持续性的培养方案,在岗培训、发展培训严重不足,不利于乡村旅游人力资源的全面发展,对乡村旅游社会效益和企业自身经济效益的实现均产生了不利影响。为此,乡村旅游企业应该着力构建多层次、全过程的人力资源

培训体系，使乡村旅游一线员工和管理者能够具备充分的知识水平和能力素养，为乡村旅游的发展贡献力量。一方面，乡村旅游企业应该完善人才培养的层次，在对基层管理员工进行培训的基础上，加大力度培育一批乡村旅游的经营管理人才，使其能够胜任乡村旅游管理工作，将优秀的经营管理理论带到基层的实践中去。另一方面，乡村旅游企业应该对一线员工进行全过程的培训，在不同的人才培养阶段，对乡村旅游从业人员进行培训、考核和绩效评估，并根据评估结果制定新一轮培养方案，动态完善员工培训体系，提升乡村旅游人力资源质量。

3. 推动乡村产业融合，提升资源利用效率

乡村旅游企业人力资源流动性较高的关键原因在于乡村旅游具有鲜明的季节性和时间性，在游客较多的暑假、周末等时间，乡村旅游人力资源的利用效率较高，投入乡村旅游行业的人力资源规模也较大；然而，在冬季以及周中工作时间，乡村旅游进入淡季，人力资源存在大量闲置的情况，导致了较高的人才流动率。为此，乡村旅游企业可以采取一、二、三产业融合发展的方法，将农耕体验、农产品生产与加工、民宿、特色集镇和节庆活动等融进旅游中去，丰富乡村旅游产品的类型，弱化乡村旅游的季节性和时间性，提升人力资源的利用效率。在游客量较少的时间和季节，通过开展服务于本地村民的生产活动、文化活动以及策划乡村节事、庆典等，使企业业务范围从单纯提供乡村旅游服务拓展到全产业、全季节、全天候的融合性"乡村旅游+"服务，从而拓展企业员工的业务范围和工作时间，使乡村旅游人力资源的价值得到最大限度的发挥，降低人才的流动率与流失率。

4. 对组织工作再设计，优化人力资源配置

乡村旅游企业应该对自身组织体系与工作流程进行基于员工服务的再设计，优化人力资源在各部门、各个工作环节的配置方式，提高人力资源的利用效率。企业对组织工作再设计，要以人力资源条件为基础，充分考虑现有人力资源的结构、素质与技能水平，为其提供能够胜任的工作岗位与内容。具体来说，组织工作设计的内容应包括旅游组织的所有生产经营活动[17]，以及开展经营活动的过程中，各个岗位工作人员所应承担的具体任务和职责、开展工作需要耗费的时间、精力，以及胜任工作所应具备的知识、技能与综合素质。此外，对组织工作进行再设计还应最大限度地发挥员工的工作热情，避免长时间开展重复性的枯燥工作，应该鼓励员工发挥自己的创造性和主观能动性，使员工在工作中获得价值感和成就感。因此，组织工作设计的内容还应包括人力资源岗位轮换、分工合作等内容，确保人力资源利用和分配的均衡性。

## （三）村民要提升自身对乡村旅游服务的技能与能力

1. 积极转变就业观念，投身乡村旅游发展

当前，乡村旅游人力资源的从业积极性不强、热情不高主要是因为村民的就业择业观念无法适应社会的需要，普遍还是认为在大城市才能找到好工作，不愿意返乡就业创业，或是只愿意从事农业劳动，认为乡村旅游经营是"不务正业"等，这些都是不正确的就业观念。在政府和企业采取积极的人力资源政策，促进乡村旅游就业的同时，乡村村

民和大学毕业生也应积极转变就业观念，投身乡村旅游的发展与建设。村民应该打破以往"重视农业生产、轻视服务行业"的观念，主动参与乡村旅游的建设，促进乡村产业融合发展。大学毕业生应该树立现代社会需要的新型就业理念，主动应对就业形势的变化，把个人的理想和期望与社会需求相结合，从基层干起、从一线干起，投身乡村振兴和精准扶贫，为乡村旅游的发展贡献力量。乡村旅游从业人员应该正确认识自身工作的价值与意义，增强职业认同感，积极做好本职工作，树立乡村旅游服务人员的良好形象。

2. 学习乡村旅游知识，提升自身能力素质

提升乡村旅游人力资源素质，关键在于乡村旅游从业人员自身的学习意识与意愿。如果乡村旅游从业人员不能积极学习相关知识，政府和企业提供的教育和培训机会将不具有任何价值，人力资源的能力也无法得到提升。因此，为提升经营管理和服务能力，从业人员应该通过自学与参加培训相结合的方式，积极学习乡村旅游所需的知识和技能，提升自身参与乡村旅游的素质和能力。一方面，乡村旅游从业人员可以根据自身所需主动自学，通过自己购买书籍、收听收看广播电视、登录互联网、参加远程教育培训等形式学习旅游开发、市场营销、餐饮开发、投资理财、产品开发等旅游管理知识和一线岗位从业技能[17]，拓展眼界、查缺补漏、提升能力，不断增强自身各方面素质能力。另一方面，当政府、企业和行业协会组织乡村旅游培训时，乡村旅游从业人员应当抓住宝贵的学习机会，积极主动参加培训活动，与行业内乡村旅游带头人和骨干模范深入交流，学习乡村旅游的经营管理经验，从多角度充实和提升自己。

3. 适当雇用外部人力，积极吸纳专业人才

由于传统的农业生产组织方式主要以家庭为单位，由家庭成员共同开展农事活动，在早期发展乡村旅游的过程中，这一组织模式也被自然地沿用下来，形成了以家庭合作型为主的乡村旅游人力资源模式。该模式的优势在于从业人员之间的情感联系较为密切，组织结构更为紧密，有利于形成乡村旅游的经营和发展合力，但也存在着专业化程度不高、人员素质普遍偏低、难以扩大经营规模等问题。为此，本土的乡村旅游经营者应该以开放包容的心态，适当雇用来自乡村外部的人力资源，特别是雇用具有较高学历和丰富旅游运营经验的管理人才，与乡村旅游人才合作经营。本地乡村旅游经营者还应当通过多种措施解决人才的后顾之忧，例如提升外部人力资源的薪酬待遇，为其提供食宿等优惠条件，给予一定的激励和补贴，真正做到吸引人才、留住人才，使具有不同知识和经验背景的人力资源共同为乡村旅游的发展服务。

### （四）乡村旅游协会要建立人力资源的质量监测标准

1. 规范人力资源标准，做好从业人员监督

在市场经济条件下，完善的市场治理应该是政府监管、行业自律和企业自治三者的有机统一[18]。行业自律能够形成社会经济发展的内部稳定因素，进而构建内化、自觉的行业秩序，而乡村旅游行业协会就承担着行业自律的重要作用。为进一步规范乡村旅游人力资源标准、提升人力资源质量，乡村旅游行业协会应积极制定一系列乡村旅游从业人员规范，例如，乡村旅游服务质量标准、乡村旅游食品安全卫生标准、乡村旅游服

务礼仪及服务技能标准等，采取考核上岗的方式，提升乡村旅游从业人员的行业门槛，把好乡村旅游人力资源入口关。此外，在乡村旅游经营管理的全过程，行业协会还应充分发挥监督作用，制定统一的监管标准和措施，对从业人员提供的乡村旅游产品和服务行为进行动态监督，对人力资源开发和利用环节中存在的不当行为予以坚决纠正，维护乡村旅游市场秩序和人力资源开发秩序。

2. 搭建人才交流平台，促进区域人才流动

乡村旅游行业协会通常由一个地区具有较强影响力的乡村旅游企业发起成立，大量中小型乡村旅游企业申请加入并成为会员，其天然具有对人力资源的整合能力。因此，乡村旅游行业协会应充分利用其人力资源库的巨大优势，为乡村旅游人才搭建交流平台，促进乡村旅游从业人员的交流与合作。首先，可以举办乡村旅游经营与发展座谈会、研讨会等，邀请行业带头人分享优秀乡村旅游企业的发展经验，与会成员交流沟通、借鉴经验，共同进步；其次，可以通过不同地区协会间的交流与合作，推动乡村旅游人才的跨区域合作，例如组织经营管理者赴乡村旅游发展较为成功的企业交流，学习其他地方先进的发展经验；最后，可以搭建行业内部的人才信息库，做好人力资源的储备管理、资源挖掘、人才关系维护等工作，提升人力资源的利用效率。

3. 大力吸引各方资源，服务乡村旅游人才

乡村旅游行业协会作为非营利性组织，具有公共服务的重要职能，应充分发挥自身影响力，吸引各方资源服务于乡村旅游人力资源发展。具体来说，乡村旅游协会可以搭建高校、研究院和乡村旅游企业的交流平台，推动产学研一体化和研究成果转化，切实为乡村旅游企业提供人力资源管理的支持与帮助。一方面，行业协会可以联合高校和研究机构，开设乡村旅游人力资源培训班，邀请高校教师和研究院专家学者讲授前沿的乡村旅游经营管理知识，对乡村旅游的经营管理人员和一线从业者进行培训，促进人力资源素质的提升；另一方面，行业协会可以为研究机构和乡村旅游企业创造合作机会，通过研究机构的科研成果推动乡村旅游人力资源实际问题的解决，例如运用技术手段帮助企业建立人才库，优化人力资源招聘和选拔环节，以及运用管理理论帮助企业进行组织工作再设计和人力资源流程规划等，对乡村旅游企业的人力资源开发和培训等环节提供智力支持。

乡村振兴，关键在人。为推动乡村旅游产业振兴，建设社会主义新农村，有效解决三农问题，乡村旅游人力资源的提升势在必行。特别是在"十四五"建设的重要时期，政府、企业、行业协会和乡村旅游从业人员应积极配合、通力合作，把提升乡村旅游人力资源作为一项基础性、系统性、全局性的工作抓好落实，以人力兴旺带动产业兴旺，以员工素质提升带动产业提质增效，使乡村旅游真正成为推动乡村地区经济社会发展、增加农民收入、增强农民成就感和获得感的幸福产业。

**参考文献**

[1] 依绍华. 中国旅游业人才发展状况 [M]. 社会科学文献出版社，2005.

［2］徐姗姗.乡村振兴发展中的人力资源制约因素及路径研究［J］.农业经济，2020（7）：66-68.

［3］白清平.浅析乡村旅游人力资源的管理与开发［J］.中国商贸，2010（25）：177-178.

［4］侯婧璇.论人力资源及人力资源开发的概念及特性［J］.人才资源开发，2016（2）：94-95.

［5］丁运超.论我国乡村旅游的特征［J］.旅游纵览（下半月），2013（24）：199-200.

［6］吕宛青，张冬，李露露.乡村旅游产业链内涵与特征研究［J］.旅游论坛，2018，11（1）：30-37.

［7］胡明燕.新时期农村人力资源的现状及管理对策分析［J］.中国乡镇企业会计，2020（11）：123-124.

［8］黄成臻，邱涛.农家乐可持续发展研究［J］.合作经济与科技，2021（11）：27-29.

［9］许家伟，张文怡.返乡创业助推乡村振兴作用机理研究——基于河南省孟津县的调查［J］.企业经济，2021（7）：120-126.

［10］蔡荣君.旅游服务意识教育［N］.中国旅游报，2003-09-12.

［11］宋德利.人力资源：乡村旅游业发展的第一要素［N］.中国旅游报，2011-08-12（016）.

［12］黄志鹏.浅析乡村振兴背景下的浙江乡村旅游人力资源开发与管理［J］.现代教育论坛，2019，2（1）：16-17.

［13］李涛，李萍萍.乡村振兴战略背景下乡村旅游人力资源开发研究——以句容市省四星级乡村旅游点为例［J］.中国商论，2019（3）：82-83.

［14］章文.分析素质模型在企业人力资源管理中的地位及作用［J］.中外企业文化，2021（6）：68-70.

［15］徐虹，王彩彩.休闲农业与乡村旅游：功能挖掘、产业重构与政策创新［J］.旅游研究，2019，11（3）：8-10.

［16］曹毓.我国乡村旅游人力资源现状的SWOT分析及开发对策［J］.江苏商论，2011（6）：119-120.

［17］孟凡哲.论旅游市场秩序调控中的行业协会治理［J］.北方工业大学学报，2019，31（1）：25-31.

# 休闲农业和乡村旅游土地供给现状及其改革研究

张海鹏

## 一、我国休闲农业和乡村旅游发展现状及其用地基本情况

### （一）休闲农业与乡村旅游的关系

为了研究我国休闲农业和乡村旅游的用地问题，首先需要探讨休闲农业和乡村旅游产业发展的情况；而为了探讨休闲农业和乡村旅游产业的发展情况，则又先需要弄清楚休闲农业和乡村旅游的关系。

关于休闲农业，2011年《全国休闲农业发展"十二五"规划》中指出，休闲农业是贯穿农村一、二、三产业，融合生产、生活和生态功能，紧密联结农业、农产品加工业、服务业的新型农业产业形态和新型消费业态。2016年原农业部发布的《关于大力发展休闲农业的指导意见》指出，休闲农业是现代农业的新型产业形态、现代旅游的新型消费业态[1]。农业农村部乡村产业发展司（2020）的研究进一步指出，休闲农业是拓展农业的休闲观光、文化传承、科技普及等功能，带动农村一、二、三产业融合发展的新型农业产业形态。休闲农业从生产要素组合、产业结构高级化和产业组织多样化方面赋能现代农业，极大地丰富了现代农业的内涵[2]。

关于乡村旅游，邵琪伟（2007）指出，乡村旅游是以农村自然风光、人文遗迹、民俗风情、农业生产、农民生活及农村环境为旅游吸引物，以城市居民为目标市场，满足旅游者的休闲、度假、体验、观光、娱乐等需求的旅游活动[3]。农业农村部（2018）在关于开展休闲农业和乡村旅游升级行动的通知中指出，休闲农业和乡村旅游是农业旅游文化"三位一体"、生产生活生态同步改善、农村一产二产三产深度融合的新产业新业态新模式[4]。全国休闲农业发展"十二五"规划中指出，休闲农业以农业为依托，以农村为空间，以农民为主体，以城市居民为客源，能够实现"大农业"与"大旅游"的有机结合

由此可见，休闲农业和乡村旅游的内涵既有一定的联系和重合，又有一定的差异和区别。简单来讲，二者的共同之处都是依托乡村各类资源来发展旅游产业。休闲农业是立足农业的多重功能，发挥农业生产的复合作用，在此基础上开发形成旅游产品。休闲农业在本质上是以满足乡村休闲旅游需求为目的的农业生产活动，是以独具特色的农业资源带动乡村旅游发展。乡村旅游立足乡村多种旅游资源，其中包含了以休闲农业为载

体多种形式的乡村旅游。二者的不同之处在于两者依托乡村资源的范围有所不同，乡村旅游的内涵更为宽泛，休闲农业只是乡村旅游产业发展的一个具体方面。因此，要着力推动休闲农业与乡村旅游融合发展。

### （二）休闲农业与乡村旅游发展现状

首先，从国内旅游业整体发展情况来看，1994~2019年大致呈现快速发展的趋势。国内旅游人数从1994年的5.24亿人次逐步增长到2012年的29.57亿人次，党的十八大以来国内旅游人数快速增长，2019年达到历史最高值60.06亿人次。相应的旅游收入也呈现出类似的发展趋势。2020年由于受到新型冠状病毒肺炎疫情的冲击，旅游业发展遭受巨大冲击。随着国内疫情得到有效控制，旅游业也在逐步恢复，2020年国内的旅游人数仍达到了28.79亿人次（见图1）。

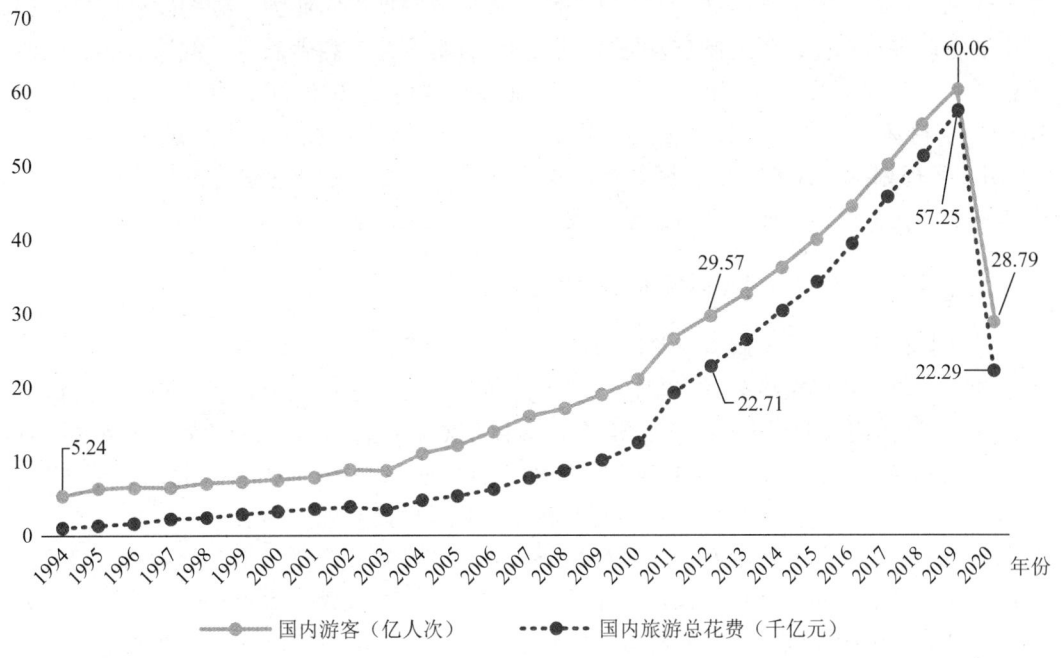

**图1　1994—2020年我国国内旅游业发展基本情况**

资料来源：根据国家统计局网站提供数据绘制 https://data.stats.gov.cn/easyquery.htm?cn=C01。

其次，由于我国农村地区集聚了70%的旅游资源，全国旅游景区和景点超过半数地处乡村，因此，全国旅游业蓬勃发展也就意味着乡村旅游产业有着较快发展。邵琪伟（2007）指出，截至2016年年底，在我国已建成的2万多个旅游景区和景点中，有一半以上分布在广大的农村地区；据测算，全国乡村旅游景区（点）每年接待游客超过3亿人次；"五一""十一""春节"三个旅游黄金周，全国城市居民出游选择乡村旅游的约占70%[3]。2018年，全国休闲农业和乡村旅游接待游客约30亿人次，营业收入超过8000亿元。产业内涵由原来单纯的观光游，逐步拓展到民俗文化、农事节庆、科技创意等方面[5]。

最后，发展休闲农业和乡村旅游是事关乡村全面振兴和农业农村现代化的关键环节，国家高度重视和持续推动休闲农业和乡村旅游发展。2010年中央一号文件《中共中央国务院关于加大统筹城乡发展力度进一步夯实农业农村发展基础的若干意见》提出，积极发展休闲农业、乡村旅游、森林旅游和农村服务业，拓展农村非农就业空间。2015年，原农业部等11部门发布了《关于积极开发农业多种功能大力促进休闲农业发展的通知》，支持农民发展农（林、牧、渔）家乐，鼓励发展以休闲农业为核心的一、二、三产业聚集村；鼓励在适宜区域发展以拓展农业功能、传承农耕文化为核心，兼顾度假体验的休闲农庄；鼓励建设具有科普、教育、示范以及传统农耕文化展示功能的休闲农园；支持各地建设美丽田园，提高农业综合效益[6]。2016年，原农业部等14部门联合发布了《关于大力发展休闲农业的指导意见》，2018年，农业农村部发布《关于开展休闲农业和乡村旅游升级行动的通知》，提出要坚持以农业为基础的发展定位，积极拓展农业多种功能，因地制宜发展休闲观光、体验娱乐、科普教育、健体康养、民俗民宿等特色产业[4]。2020年《全国乡村产业发展规划（2020~2025年）》中提出，到2025年乡村休闲旅游业年接待游客人数将超过40亿人次，经营收入超过1.2万亿元。"十四五"规划指出，要发展县域经济，推进农村一、二、三产业融合发展，延长农业产业链条，壮大休闲农业、乡村旅游、民宿经济等特色产业。

### （三）休闲农业与乡村旅游发展中的用地问题

**1. 乡村旅游用地需求旺盛与旅游用地供给紧张并存**

当前，我国乡村旅游业发展很快。以天津市为例，天津在"十三五"期间培育认定了22个市级休闲农业示范园区和258个市级休闲农业特色村点，休闲农业和乡村旅游接待人数达到1700万人次。"十四五"期间预计增长到2000万人次。天津"十四五"规划中提出，要依托现代都市型农业发展和美丽乡村建设基础，加快休闲农业与乡村旅游产业提档升级，改善休闲农业和乡村旅游基础服务设施。依托天津市山水林田湖海自然资源和古村落、漕运文化、稻耕文化等文化资源，开发集农事体验、休闲、度假、美食、购物为一体的休闲旅游，发展乡村客栈、特色民宿、咖啡厅、氧吧等新业态。乡村产业发展需要在土地上进行建设，因此，随着我国休闲农业和乡村旅游的快速发展，必将形成越来越多的用地需求。由于乡村土地总量在一定时期内是相对固定的，而且随着城市化推进还有所减少。另外，为了保障国家粮食安全，农用地特别是基本农田绝不能随便转化为建设用地。因此，面对日益增多的乡村旅游用地需求，乡村建设用地供给能力在一定程度是较为紧张的。

当然，休闲农业和乡村旅游发展中的用地不一定都需要重新占用新的建设用地，而是可以对原有的建设用地以及之上的建筑进行重新规划设计和利用。如果是这种不占用新的建设用地的情形，关键是要妥善处理好产业用地主体与原有建设用地和建筑所有者之间的利益分配关系。还有这一情形是休闲农业和乡村旅游发展中的农业用地问题，因为休闲农业和乡村旅游中有些是以农事体验和现代农业为内容的观光旅游，因此，在发展中不仅仅涉及建设用地问题，比如旅游道路、停车场、餐厅等旅游设施建设，还涉及农业用地特别是设施农业用地问题。对于这类农业用地问题，需要解决好农地流转过程中的流转形式、利益联结方式、土地经营权权能等问题。

2. 乡村旅游用地供给紧张与农村建设用地闲置并存

在我国，一方面存在着乡村旅游建设用地供给紧张的问题，另一方面又存在着大量农村建设用地闲置的问题。以山东淄博市为例，2020年淄博各区县共上报农村闲散土地1476宗、19761亩。初步统计，通过农村闲散土地盘活，可实现补充增加耕地9510.63亩，保障发展用地3251.92亩，保障生态用地情况1843.77亩，保障文体设施用地情况118.37亩，预留发展用地情况4190.19亩，其他面积354.94亩[7]。由此可见，农村建设用地闲置现象在一定程度上是存在的，通过有效盘活闲置建设用地可以为乡村旅游用地提供有效供给。

3. 乡村旅游用地规范利用与违规改变用途现象并存

在乡村旅游发展过程中，一方面可能是由于当地确实缺少建设用地供给指标无法满足旅游用地需求，另一方面可能是由于一些旅游项目的发展动机存在问题，把发展乡村旅游变成了发展旅游地产，变相搞房地产开发，这种情形必须进行规范和整治。2018年，自然资源部对京津冀地区农业大棚改建"大棚房"联合督查发现，该地区违法建设"大棚房"项目2799个、棚数3.6675万个，涉及土地面积9869亩。京津冀"大棚房"主要有三种表现形态：一是在农业园区或耕地上直接违法违规建设"私家庄园"；二是在农业大棚内违法违规建房；三是违规改扩建大棚看护房。另外，全国其他地区也存在以发展现代农业为名，擅自改变农用地用途，违法占地建设住宿餐饮、休闲旅游等经营性场所的情况[8]。

4. 国家鼓励用地政策创新与各地多种形式探索并存

鉴于休闲农业和乡村旅游在我国乡村发展中的重要作用以及各地发展情况的差异性，我国高度重视乡村旅游用地问题，并鼓励各地根据当地发展实际情况，在确保用地红线和底线的基础上，积极创新建设用地供给模式和土地高效利用方式。

## 二、我国农村土地制度改革以及乡村旅游用地改革进展

### （一）农村土地制度整体改革进展分析

在探讨乡村旅游用地改革进展之前，首先对我国农村土地制度改革的整体情况和改革重点做一分析。

1. 农用地"三权分置"改革

1978年开始的改革最初从农村开始，其中最为重要的改革举措是探索实行家庭联产承包责任制，并逐步发展为以家庭承包经营为基础、统分结合的双层经营体制。党的十八大以来，农村土地制度在改革开放之初将农地所有权和承包经营权分设的基础上，顺应农民保留土地承包权、流转土地经营权的意愿以及在此基础上更好推进现代农

业发展内在要求的情况下，将土地承包经营权分为承包权和经营权，实行所有权、承包权、经营权分置并行，简称农地"三权分置"。2016年，中共中央办公厅、国务院办公厅《关于完善农村土地所有权承包权经营权分置办法的意见》指出，农村土地集体所有权是土地承包权的前提，农户享有承包经营权是集体所有的具体实现形式，在土地流转中，农户承包经营权派生出土地经营权。该文件进一步明确，农民集体是土地集体所有权的权利主体。鼓励采用土地股份合作、土地托管、代耕代种等多种经营方式，探索更多放活土地经营权的有效途径。2019年，《中共中央国务院关于建立健全城乡融合发展体制机制和政策体系的意见》指出，允许土地经营权入股从事农业产业化经营。2021年，《农村土地经营权流转管理办法》指出，受让方应当依照有关法律法规保护土地，禁止改变土地的农业用途。禁止闲置、荒芜耕地，禁止占用耕地建窑、建坟或者擅自在耕地上建房、挖砂、采石、采矿、取土等。禁止占用永久基本农田发展林果业和挖塘养鱼。受让方将流转取得的土地经营权再流转以及向金融机构融资担保的，应当事先取得承包方书面同意，并向发包方备案。

由此可见，农用地"三权分置"改革的制度安排，为进一步规范和促进农地流转提供了基本遵循，有助于休闲农业和乡村旅游发展过程中新型经营主体更规范地流转和使用农地，并在此基础上发展乡村旅游，实现三产融合发展，带动乡村产业振兴。

2. 宅基地"三权分置"改革

2018年，中央一号文件《中共中央国务院关于实施乡村振兴战略的意见》中提出了宅基地"三权分置"改革。该文件指出，扎实推进房地一体的农村集体建设用地和宅基地使用权确权登记颁证。完善农民闲置宅基地和闲置农房政策，探索宅基地所有权、资格权、使用权"三权分置"，落实宅基地集体所有权，保障宅基地农户资格权和农民房屋财产权，适度放活宅基地和农民房屋使用权，不得违规违法买卖宅基地，严格实行土地用途管制，严格禁止下乡利用农村宅基地建设别墅大院和私人会馆。2019年，《中共中央国务院关于建立健全城乡融合发展体制机制和政策体系的意见》指出，加快完成房地一体的宅基地使用权确权登记颁证。探索宅基地所有权、资格权、使用权"三权分置"，落实宅基地集体所有权，保障宅基地农户资格权和农民房屋财产权，适度放活宅基地和农民房屋使用权。鼓励农村集体经济组织及其成员盘活利用闲置宅基地和闲置房屋。在符合规划、用途管制和尊重农民意愿前提下，允许县级政府优化村庄用地布局，有效利用乡村零星分散存量建设用地。2021年，中央一号文件《中共中央国务院关于全面推进乡村振兴加快农业农村现代化的意见》中指出，稳慎推进农村宅基地制度改革试点，探索宅基地所有权、资格权、使用权分置有效实现形式。规范开展房地一体宅基地日常登记颁证工作。

通过实行宅基地"三权分置"改革，有助于我国进一步更好地解决宅基地闲置以及农房闲置的问题，可以为适宜发展乡村旅游等产业的农村地区提供用地供给。

3. 农村经营性建设用地入市改革

2013年11月12日，党的十八届三中全会通过的《中共中央关于全面深化改革若干重大问题的决定》指出，要建立城乡统一的建设用地市场。在符合规划和用途管制前提下，允许农村集体经营性建设用地出让、租赁、入股，实行与国有土地同等入市、同权同价。2014年中央一号文件《关于全面深化农村改革加快推进农业现代化的若干意见》引导和规范农村集体经营性建设用地入市。在符合规划和用途管制的前提下，允许农村集体经营性建设用地出让、租赁、入股，实行与国有土地同等入市、同权同价，加快建立农村集体经营性建设用地产权流转和增值收益分配制度。2015年2月27日，第十二届全国人民代表大会常务委员会第十三次会议决定：授权国务院在北京市大兴区等三十三个试点县（市、区）行政区域，暂时调整实施《中华人民共和国土地管理法》《中华人民共和国城市房地产管理法》关于农村土地征收、集体经营性建设用地入市、宅基地管理制度的有关规定。2018年12月29日，第十三届全国人民代表大会常务委员会第七次会议通过决定，将调整实施有关法律规定的期限延长至2019年12月31日。2019年，《中共中央国务院关于建立健全城乡融合发展体制机制和政策体系的意见》指出，按照国家统一部署，在符合国土空间规划、用途管制和依法取得前提下，允许农村集体经营性建设用地入市，允许就地入市或异地调整入市；允许村集体在农民自愿前提下，依法把有偿收回的闲置宅基地、废弃的集体公益性建设用地转变为集体经营性建设用地入市；推动城中村、城边村、村级工业园等可连片开发区域土地依法合规整治入市；推进集体经营性建设用地使用权和地上建筑物所有权房地一体、分割转让。完善农村土地征收制度，缩小征地范围，规范征地程序，维护被征地农民和农民集体权益。

农村集体经营性建设用地入市改革，为农村更好调整产业结构，发展壮大农村集体经济，提高农民收入水平提供了广阔空间。例如，截至2018年年底，作为全国33个集体经营性建设用地入市制度改革试点县（市、区）之一的吉林长春市九台区集体经营性建设用地入市地块完成33宗，总面积28.12公顷，入市地块总成交价3975万元；入市净收益2703万元，其中上缴国家收益调节金1311万元，集体收益1392万元[9]。

**（二）休闲农业和乡村旅游用地改革进展分析**

随着我国休闲农业和乡村旅游的快速发展，我国高度重视这类产业发展中的用地问题。从整体上看，我国要通过多种方式保障产业发展的合理用地需要，实现休闲农业和乡村旅游健康发展。例如，我国"十四五"规划指出，完善农村用地保障机制，保障设施农业和乡村产业发展合理用地需求。接下来，主要按照时间顺序，从用地指标、用地来源、供地方式、用地方式等方面，对国家有关部门在2015~2021年期间出台的相关文件做一个简要梳理（见表1），以便更好把握国家对休闲农业和乡村旅游用地改革的整体思路和基本要求。

从表1可以看出，在用地指标方面，2016年，国务院办公厅下发的《关于支持返乡下乡人员创业创新促进农村一二三产业融合发展的意见》中指出，县级人民政府可在年度建设用地指标中单列一定比例专门用于返乡下乡人员建设农业配套辅助设施。2017年，《关于深入推进农业供给侧结构性改革做好农村产业融合发展用地保障的通知》中指出，乡（镇）土地利用总体规划可以预留少量（不超过5%）规划建设用地指标，用于零星分散的单独选址农业设施、乡村旅游设施等建设。2020年，中央一号文件《中共中央国务院关于抓好"三农"领域重点工作确保如期实现全面小康的意见》中指出，新编县乡级国土空间规划应安排不少于10%的建设用地指标，重点保障乡村产业发展用地。省级制定土地利用年度计划时，应安排至少5%新增建设用地指标保障乡村重点产业和项目用地。

在用地来源方面，现有文件大都提倡着力盘活农村闲置建设用地资源，例如，乡村闲置集体建设用地、闲置宅基地、村庄空闲地、厂矿废弃地、道路改线废弃地、农业生产与村庄建设复合用地及"四荒地"（荒山、荒沟、荒丘、荒滩）等，还可以利用闲置农房、闲置校舍进行乡村旅游开发。

在供地方式方面，主要是提出了"点供"用地和混合用地方式。2019年，国务院《关于促进乡村产业振兴的指导意见》中提出，探索针对乡村产业的省市县联动"点供"用地。2019年，《中共中央国务院关于建立健全城乡融合发展体制机制和政策体系的意见》中提出，探索实行混合用地等方式。

在用地方式方面，主要是以入股、合作、租赁等形式使用农村集体土地发展休闲农业和乡村旅游。2017年，《关于深入推进农业供给侧结构性改革做好农村产业融合发展用地保障的通知》中提出，鼓励土地复合利用。2018年，《促进乡村旅游发展提质升级行动方案（2018~2020年）》中提出，农村集体经济组织可以依法使用自有建设用地自办或以土地使用权入股、联营等方式与其他单位和个人共同参与乡村旅游基础设施建设。2019年，《关于积极稳妥开展农村闲置宅基地和闲置住宅盘活利用工作的通知》中提出，支持农村集体经济组织及其成员采取自营、出租、入股、合作等多种方式盘活利用农村闲置宅基地和闲置住宅。

表1 2015~2021年我国有关休闲农业与乡村旅游用地的相关文件内容

| 年份 | 文件名称 | 有关用地指标、用地来源、供地方式、用地方式等方面的规定 |
| --- | --- | --- |
| 2015 | 国土资源部（原）等部门《关于支持旅游业发展用地政策的意见》 | 【用地来源】支持通过开展城乡建设用地增减挂钩试点，优化农村建设用地布局，建设旅游设施。乡村居民可以利用自有住宅或其他条件依法从事旅游经营。农村集体经济组织以外的单位和个人，可依法通过承包经营流转的方式，使用农民集体所有的农用地、未利用地，从事与旅游相关的种植业、林业、畜牧业和渔业生产。<br>【用地方式】农村集体经济组织可以依法使用建设用地自办或以土地使用权入股、联营等方式与其他单位和个人共同举办住宿、餐饮、停车场等旅游接待服务企业。 |
| 2016 | 农业部（原）等14部门《关于大力发展休闲农业的指导意见》 | 【用地来源】支持有条件的地方通过盘活农村闲置房屋、集体建设用地、开展城乡建设用地增减挂钩试点、"四荒地"、可用林场和水面、边远海岛等资产资源发展休闲农业。<br>【用地方式】同上。 |

续表

| 年份 | 文件名称 | 有关用地指标、用地来源、供地方式、用地方式等方面的规定 |
|---|---|---|
| 2016 | 国务院办公厅《关于支持返乡下乡人员创业创新促进农村一二三产业融合发展的意见》 | 【用地指标】县级人民政府可在年度建设用地指标中单列一定比例专门用于返乡下乡人员建设农业配套辅助设施。城乡建设用地增减挂钩政策腾退出的建设用地指标，以及通过农村闲置宅基地整理新增的耕地和建设用地，重点支持返乡下乡人员创业创新。<br>【用地来源】允许返乡下乡人员和当地农民合作改建自住房。支持返乡下乡人员与农村集体经济组织共建农业物流仓储等设施。鼓励利用"四荒地"（荒山、荒沟、荒丘、荒滩）和厂矿废弃地、砖瓦窑废弃地、道路改线废弃地、闲置校舍、村庄空闲地等用于返乡下乡人员创业创新。<br>【用地方式】鼓励返乡下乡人员依法以入股、合作、租赁等形式使用农村集体土地发展农业产业，开展创业创新。 |
| 2017 | 国土资源部（原）等《关于深入推进农业供给侧结构性改革做好农村产业融合发展用地保障的通知》 | 【用地指标】乡（镇）土地利用总体规划可以预留少量（不超过5%）规划建设用地指标，用于零星分散的单独选址农业设施、乡村旅游设施等建设。合理保障农业产业园区建设用地需求，严防变相搞房地产开发。安排一定比例年度土地利用计划，专项支持农村新产业新业态和产业融合发展。对利用存量建设用地用于小微创业园、休闲农业、乡村旅游、农村电商等农村二、三产业的市、县，可给予新增建设用地计划指标奖励。<br>【用地方式】鼓励土地复合利用。在充分保障农民宅基地用益物权、防止外部资本侵占控制的前提下，探索农村集体经济组织以出租、合作等方式盘活利用空闲农房及宅基地，按照规划要求和用地标准，改造建设民宿民俗、创意办公、休闲农业、乡村旅游等农业农村体验活动场所。 |
| 2018 | 文化和旅游部会等部门《关于促进乡村旅游可持续发展的指导意见》 | 【用地指标】各地应将乡村旅游项目建设用地纳入国土空间规划和年度土地利用计划统筹安排。<br>【用地来源】盘活农村闲置建设用地资源，开展城乡建设用地增减挂钩，优化建设用地结构和布局，促进休闲农业和乡村旅游发展。支持历史遗留工矿废弃地再利用、荒滩等未利用土地开发乡村旅游。<br>【用地方式】探索农村集体经济组织以出租、入股、合作等方式盘活利用闲置宅基地和农房。 |
| 2018 | 国家发改委等《促进乡村旅游发展提质升级行动方案（2018~2020年）》 | 【用地指标】各地区在编制和实施土地利用总体规划中，乡（镇）土地利用总体规划可以预留少量（不超过5%）规划建设用地指标，用于零星分散的单独选址乡村旅游设施等建设。<br>【用地方式】农村集体经济组织可以依法使用自有建设用地自办或以土地使用权入股、联营等方式与其他单位和个人共同参与乡村旅游基础设施建设。对使用"四荒地"及石漠化、边远海岛建设的乡村旅游项目，优先安排新增建设用地计划指标，出让底价可按不低于土地取得成本、土地前期开发成本和按规定应收取相关费用之和的原则确定。仅在年度内特定旅游季节使用土地的乡村旅游停车设施，自然资源主管部门在相关设施不使用永久基本农田、不破坏生态与景观环境、不影响地质安全、不影响农业种植、不硬化地面、不建设永久设施的前提下，可不征收（收回）、不转用，按现用途管理。 |

续表

| 年份 | 文件名称 | 有关用地指标、用地来源、供地方式、用地方式等方面的规定 |
|---|---|---|
| 2018 | 国务院办公厅《关于促进全域旅游发展的指导意见》 | 【用地指标】将旅游发展所需用地纳入土地利用总体规划、城乡规划统筹安排，年度土地利用计划适当向旅游领域倾斜，适度扩大旅游产业用地供给，优先保障旅游重点项目和乡村旅游扶贫项目用地。<br>【用地方式】鼓励通过开展城乡建设用地增减挂钩和工矿废弃地复垦利用试点的方式建设旅游项目。农村集体经济组织可依法使用建设用地自办或以土地使用权入股、联营等方式开办旅游企业。城乡居民可以利用自有住宅依法从事民宿等旅游经营。在不改变用地主体、规划条件的前提下，市场主体利用旧厂房、仓库提供符合全域旅游发展需要的旅游休闲服务的，可执行在五年内继续按原用途和土地权利类型使用土地的过渡期政策。 |
| 2019 | 自然资源部办公厅《关于加强村庄规划促进乡村振兴的通知》 | 【用地指标】各地可在乡镇国土空间规划和村庄规划中预留不超过5%的建设用地机动指标，村民居住、农村公共公益设施、零星分散的乡村文旅设施及农村新产业新业态等用地可申请使用。探索规划"留白"机制。对一时难以明确具体用途的建设用地，可暂不明确规划用地性质。 |
| 2019 | 国务院《关于促进乡村产业振兴的指导意见》 | 【用地指标】耕地占补平衡以县域自行平衡为主，在安排土地利用年度计划时，加大对乡村产业发展用地的倾斜支持力度。<br>【供地方式】探索针对乡村产业的省市县联动"点供"用地。<br>【用地来源】开展农村集体经营性建设用地入市改革，增加乡村产业用地供给。有序开展县域乡村闲置集体建设用地、闲置宅基地、村庄空闲地、厂矿废弃地、道路改线废弃地、农业生产与村庄建设复合用地及"四荒地"（荒山、荒沟、荒丘、荒滩）等土地综合整治，盘活建设用地重点用于乡村新产业、新业态和返乡入乡创新创业。 |
| 2019 | 农业农村部《关于积极稳妥开展农村闲置宅基地和闲置住宅盘活利用工作的通知》 | 【用地来源】鼓励利用闲置住宅发展符合乡村特点的休闲农业、乡村旅游、餐饮民宿、文化体验等新产业新业态。开展农村闲置宅基地整治，依法依规利用城乡建设用地增减挂钩、集体经营性建设用地入市等政策，为农民建房、乡村建设和产业发展等提供土地等要素保障。<br>【用地方式】在充分保障农民宅基地合法权益的前提下，支持农村集体经济组织及其成员采取自营、出租、入股、合作等多种方式盘活利用农村闲置宅基地和闲置住宅。鼓励有一定经济实力的农村集体经济组织对闲置宅基地和闲置住宅进行统一盘活利用。支持返乡人员依托自有和闲置住宅发展适合的乡村产业项目。 |
| 2019 | 《中华人民共和国土地管理法》 | 【用地来源】非农业建设必须节约使用土地，可以利用荒地的，不得占用耕地；可以利用劣地的，不得占用好地。鼓励农村集体经济组织及其成员盘活利用闲置宅基地和闲置住宅。 |
| 2019 | 《中共中央国务院关于建立健全城乡融合发展体制机制和政策体系的意见》 | 【用地指标】在年度新增建设用地计划指标中安排一定比例支持乡村新产业新业态发展。<br>【供地方式】探索实行混合用地等方式。 |

续表

| 年份 | 文件名称 | 有关用地指标、用地来源、供地方式、用地方式等方面的规定 |
|---|---|---|
| 2020 | 《中共中央国务院关于抓好"三农"领域重点工作确保如期实现全面小康的意见》 | 【用地指标】通过村庄整治、土地整理等方式节余的农村集体建设用地优先用于发展乡村产业项目。新编县乡级国土空间规划应安排不少于10%的建设用地指标，重点保障乡村产业发展用地。省级制订土地利用年度计划时，应安排至少5%新增建设用地指标保障乡村重点产业和项目用地。<br>【用地方式】农村集体建设用地可以通过入股、租用等方式直接用于发展乡村产业。 |
| 2021 | 《中共中央国务院关于全面推进乡村振兴加快农业农村现代化的意见》 | 【用地来源】完善盘活农村存量建设用地政策，实行负面清单管理，优先保障乡村产业发展、乡村建设用地。加强农村资源路、产业路、旅游路和村内主干道建设。<br>【供地方式】根据乡村休闲观光等产业分散布局的实际需要，探索灵活多样的供地新方式。 |
| 2021 | 《中华人民共和国乡村振兴促进法》 | 【用地来源】县级以上地方人民政府应当保障乡村产业用地，建设用地指标应当向乡村发展倾斜，县域内新增耕地指标应当优先用于折抵乡村产业发展所需建设用地指标。<br>【供地方式】探索灵活多样的供地新方式。 |
| 2021 | 自然资源部等《关于保障和规范农村一二三产业融合发展用地的通知》 | 【用地来源】依据国土空间规划，以乡镇或村为单位开展全域土地综合整治，盘活农村存量建设用地，腾挪空间用于支持农村产业融合发展和乡村振兴。探索在农民集体依法妥善处理原有用地相关权利人的利益关系后，将符合规划的存量集体建设用地，按照农村集体经营性建设用地入市。鼓励对依法登记的宅基地等农村建设用地进行复合利用，发展乡村民宿等农村产业。<br>【供地方式】可根据休闲观光等产业的业态特点和地方实际探索供地新方式。 |

资料来源：根据国家各部门相关文件内容整理所得。

## 三、部分省市休闲农业和乡村旅游供地的创新实践与政策

### （一）浙江广东等地的"点状供地"模式

由于乡村旅游大部分是依托乡村的成片农田、秀美山水等资源发展起来的，对于这些方面的用地并不是旅游企业急需要的，旅游企业更多是需要建设相应的住宿、餐饮、停车场等设施。对于这一情形，我国浙江、四川、广东、广西、海南等地开展的"点状供地"模式能够较好满足乡村旅游的建设用地需求。所谓"点状供地"是相对于原有的"块状供地"而言的，"点供"用地是指在土地利用总体规划确定的城市建设用地规模范围外，根据资源环境承载能力、区位条件、项目区块地形地貌特征和项目建设用地需求，按照建（构）筑物垂直投影占地面积点状布局，以"建多少、转多少、供多少"的原则进行点状报批和供应的项目用地方式[10]。这样可以大大减低旅游企业的用地成本，其他类型的旅游用地大都可以采用租赁的方式来解决[11]。以山西晋城阳城县蟒河镇开展"点供用地双平衡"改革试点为例，"点供用地"改变过去"片式供地"模式，按建

多少、转多少、征多少的原则点状报批,其他农用地采取租赁、只征不转和不征不转的方式。蟒河镇邢西花开了·甜蜜小镇,项目范围2980亩,点供用地仅报征转5.77亩;蟒河镇盘龙古硒农场项目用地520亩,点供用地仅报征转1.09亩[12]。这样做,也助于旅游企业和农村集体以及当地村民之间形成良好的乡村旅游开发利益联结机制。

"点状供地"最早来自浙江省2015年开始的"坡地村镇"建设用地试点工作。这一试点是将具备开发建设条件的山坡地块作为城镇建设用地、农村建设用地、旅游观光建设用地及绿色产业建设用地。2018年,浙江省人民政府办公厅《关于做好低丘缓坡开发利用推进生态"坡地村镇"建设的若干意见》指出,实行点状布局、垂直开发。建设用地原则上按建筑落地面积进行开发。对未纳入建设用地开发的,可作为生态保留用地。对交通便利、紧邻城镇周边、纳入城镇建设用地开发的区块,可以实行单个地块开发,也可以实行点状布局多个地块组合开发。对充分依托山林自然风景资源,进行生态(农业)旅游、休闲度假等项目开发的区块,可以实行点状布局多个地块组合开发。实行征转分离、分类管理。对开发项目区内建设占用的土地,按照建多少、转多少的原则,依法办理农用地转用和土地征收手续(单独组件,实施专项管理),按建设用地管理。对生态保留用地,可根据项目开发需要,在严格控制用地范围和规模的前提下,依法办理土地征收手续(不得涉及永久基本农田),按国有农用地管理;或依法办理集体土地流转手续,仍按集体农用地管理[13]。

2019年,广东省自然资源厅发布的《关于实施点状供地助力乡村产业振兴的通知》中指出,对乡村休闲旅游业等产业确需在城镇开发边界外使用零星、分散建设用地,且单个项目建设用地总面积不超过30亩的,可实施点状供地。各地可在乡镇国土空间规划和村庄规划中预留不超过5%的城乡建设用地规模,优先用于保障点状供地项目建设;对一时难以明确具体用途的建设用地,可暂不明确规划用地性质,待建设项目规划审批时再落实建设用地规模、明确规划用地性质,并于项目批准后更新国土空间规划、村庄规划数据库。涉农市县应将乡村产业用地纳入年度用地计划,每年安排不少于10%的新增建设用地计划指标专项用于保障乡村振兴用地需求,并优先保障点状供地项目建设用地需求。根据实际用地需求按征转合一、征转分离、不征不转进行分类审批管理。

2019年,广西壮族自治区发布的《关于实施点状供地助推乡村振兴的通知》中提出,土地利用年度计划要单列一定比例的新增建设用地计划指标用于保障点状供地项目建设。鼓励预留10%本县域范围内城乡建设用地增减挂钩项目节余指标用于安排点状供地项目建设。2020年,海南省自然资源和规划厅发布的《关于实施点状用地制度的意见》中指出,点状用地项目建设用地总面积不超过30亩,单个点建设用地面积一般不低于1亩,位于山区等受特殊条件限制的区域单个点的用地面积可适当压缩,但一般也不得低于0.5亩。

## (二)安徽浙江等地的"闲置农房激活"模式

2017年,安徽省人民政府办公厅发布的《关于支持利用空闲农房发展乡村旅游的意见》中指出,支持利用空闲农房,兴办农家乐、民宿客栈、乡村酒店、休闲农庄等,配套开发山水人家、采摘篱园、欢乐粮田等形式多样的乡村旅游产品。鼓励农民利用自有住宅经营乡村旅游或将空闲房屋以入股、出租等方式，长期委托第三方统一经营，获得经营性或财产性收入。鼓励市民、返乡农民工、大学毕业生、退伍军人租赁空闲农房，创办乡村合作社、农民合作社、家庭农场、休闲农业、乡村酒店、创客中心等新型经营主体。支持社会资本与农村集体经济组织或农户合作与联合，发展乡村旅游共同体和农产品、手工艺品生产加工联合体，带动农民增收。鼓励国内外品牌管理公司进驻农村，实施连锁经营。引导乡镇、村利用空闲农房开办文化、体育、旅游、教育、医疗等公共配套服务。

2018年，中共绍兴市委办公室、绍兴市人民政府办公室《关于实施"闲置农房激活计划"的指导意见》指出，全市要用3年时间吸引100亿元社会资本，实施1000个改造项目，激活10000幢闲置农房，农民人均住房财产性收入增加40%以上，乡村旅游、农业体验、健康养老、休闲度假等产业规模总量增加50%以上。要按照市场化原则，采用议价、竞价、挂牌、拍卖等方式流转闲置农房。允许集体经济组织合法处置"一户多宅"农户退出的农房和宅基地，鼓励有一定经济实力的村集体对闲置农房进行收储和统一开发利用，村集体可以采取合作、合资、合股的方式，与社会资本共同开发闲置农房。

2018年，浙江诸暨市出台《关于开展农村闲置农房激活工作的实施意见》，明确规定农村范围内在集体土地上建造、产权合法清晰、处于闲置状态且能够安全使用的房屋及其配套设施，主要包括农户闲置住宅房、村集体闲置用房和原卫生院、学校、站所等闲置房屋，实施加固、修缮后可进行旅游、休闲等三产开发利用。岭北镇率先试点运行闲置农房储备平台，对可利用的闲置农房预收预储，由镇村统筹引进投资，综合开发利用[14]。

**（三）对已有乡村旅游用地实践模式的简要评论**

从我国乡村旅游用地实践看，现有用地创新模式具有以下特点：第一，在国家相关政策指导下，因地制宜推进供地方式改革；第二，在充分了解产业用地主体、当地农户和村集体利益诉求的基础上，探讨新的供地形式；第三，为了更好地保护耕地，现有用地模式改革更为注重在农村存量建设用地上下功夫，探索存量建设用地以及农房的重新配置和高效利用；第四，当某一个地区探索出一条可行用地供给路径和模式之后，这一模式会在全国范围内迅速推广，各地积极效仿以更好满足产业用地需要。

## 四、休闲农业和乡村旅游用地制度改革中的基本理论问题

**（一）休闲农业和乡村旅游用地中的核心问题与矛盾**

为了更好解决乡村休闲农业和乡村旅游用地问题，首先要找到其中的主要矛盾是什么，进一步弄清楚这一矛盾背后的内在逻辑。

从前文的分析中可以看出，我国休闲农业和乡村旅游用地中最为突出的问题和矛盾是土地供应紧张与土地闲置并存的矛盾。那么，究竟是什么原因导致了在乡村旅游用地过程中出现了这一矛盾呢？农村建设用地是被动闲置还是主动闲置？究竟是乡村旅游用地约束，还是产业自身发展能力约束，抑或是乡村旅游产业发展中的利益联结机制约束？

接下来将对休闲农业和乡村旅游用地中的土地闲置与土地供给紧张并存的内在理论逻辑做出进一步分析。

### （二）休闲农业和乡村旅游发展中土地闲置现象的内在逻辑

#### 1. 产业自身发展约束与土地闲置

休闲农业和乡村旅游是推进乡村产业振兴中的一个主要发展方向。通过推进休闲农业和乡村旅游发展可以拉动当地就业，可以带动特色农产品加工、销售以及住宿、餐饮业等发展。但是，从实际情况看大多数农村并不是都有条件和能力去发展休闲农业和乡村旅游。

农村要发展休闲农业和乡村旅游至少具备以下三个基本条件。首先，从供给方面来看，农村要具有独具特色的自然风光、文化民俗、特色产品等资源和条件，要有具备一定实力和经验的乡村旅游开发人才团队、资金实力等方面的共同合作才能够更好形成有效供给，把好的旅游资源真正转化为好的旅游产品和服务。其次，从需求条件来看，好的旅游产品和服务要有大量持续的旅游需求来支撑才行。进一步说，由于某一地区农村的资源禀赋大致相同，因此，乡村旅游项目往往会面临着很强的同业竞争问题。最后，从道路交通、住宿餐饮等基础设施条件来看，成熟的农村旅游景区往往配套设施较为齐全，已经成为大多数游客的首选目的地，作为新开发的乡村旅游景区，由于道路等基础设施等方面的限制，使得新建的乡村旅游景区在发展过程中面临很大挑战。

总之，不少农村地区虽然存在着大量闲置宅基地、闲置农房，但是由于缺乏产业项目的支撑，特别是缺少发展休闲农业和乡村旅游的可能性，因此，这些闲置的农村建设用地很难在短期内得以有效利用。

#### 2. 产业发展利益联结机制约束与土地闲置

在一些不具备发展乡村旅游等产业项目的村庄，存在土地闲置问题的逻辑是显而易见的。但是，在一些具有发展乡村旅游条件的村庄，为什么仍然有可能存在土地闲置问题呢？其中最为重要的原因就在于乡村旅游发展过程中的利益联结机制存在问题。

一般而言，休闲农业和乡村旅游发展过程中往往涉及地方政府、旅游企业、农村集体组织、个体农户等一系列经济主体。以休闲农业发展为例，我国已经初步形成了以农家乐为基础、休闲农庄为主体，农业观光采摘园和民宿民居经营者、农业科技体验园等新型经营主体[2]。徐林强和童逸璇（2018）研究指出，浙江乡村旅游的资本构成正逐步从单一农户自主投资的格局转变为乡村集体经济、农业龙头企业、工商企业、个私经营户和众筹资金共同经营投资的多元格局[15]。在发展过程中如何妥善处理好这几个经济主体之间的利益联结和分配机制是至关重要的，特别是如何妥善处理好旅游企业与村集体和个体农户之间的关系尤为重要。由于休闲农业和乡村旅游产业发展是在乡村范围内展开的,因此,相关经济活动都离不开农村集体和个体农户的参与。而作为旅游企业,其之所以投资休闲农业和乡村旅游产业项目往往是以获得一定的利润率为目标的。因此,旅游企业在投资乡村旅游项目发展过程中,必须处理好与当地村集体和村民的利益分配关系,否则,虽然存在具备发展乡村旅游的基本条件,也可能由于利益分配难以协调而导致计划搁浅。

总之,妥善处理好资本利益与集体利益和个人利益,构建并完善农户、农村集体与社会资本的合作联营机制是其中的关键所在。如果村集体自身具备发展休闲农业和乡村旅游的条件,或者能够以村集体为主导来发展,就能够很好地解决这一问题。

3. 用地制度改革进展迟缓与土地闲置

除了前面两种情形所导致的农村土地资源闲置之外,还有一种情形是由于乡村用地制度改革难以跟上乡村旅游产业发展的实践进展。在一些村庄,虽然具备发展休闲农业和乡村旅游的条件,企业、集体和农户的利益分配关系也能够得到妥善安排,但是,由于乡村发展用地需要在国家和地方各类法律法规允许的框架下才能具体实施。由于各类政策的一般性规定与各地发展实际的特殊性要求存在冲突,导致有些比较好的休闲农业和乡村旅游项目如果要发展,就可能会违反规定,从而导致项目进展缓慢,甚至最终导致项目终止的情况。

法律法规和制度安排是实现规范发展所必需的,同时也是为了更好促进发展所设立的。因此,国家和地方在乡村旅游用地方面的规定,要既考虑到设立底线和红线,与此同时,也要为各地根据发展需要实现创新发展提供空间和可能。

### (三)休闲农业和乡村旅游发展中土地供给紧张的内在逻辑

1. 偏离乡村旅游核心业务形成了虚假的用地需求

休闲农业和乡村旅游发展会产生一定的用地需求,但是,在这一过程中有时还伴随一些虚假的乡村旅游用地需求。这些项目往往假借发展休闲农业和乡村旅游的名义,变相进行房地产开发等触碰相关法律法规的行为。有报道指出,有个别地方搞农地非农化,农业园异化为工业园,农业大棚变成"大棚房",成为"穿农业马甲"的工业项目、房地产项目[16]。万宇(2017)指出,旅游投资者和旅游地产投资者之间最大的不同在盈利方式上,旅游投资者做的产品是要最大程度保持景观资源的公共属性,并通过持续的客源实现整个资产的持续盈利,而非建成住宅直接销售[17]。因此,在发展过程中要区别对待这类用地需求,避免对其盲目供地,从而避免对正常乡村旅游发展用地产生挤出效应和造成的用地供给紧张。

2. 对土地复合功能与土地分类的认识偏差

土地的功能有多少取决于土地之上产业功能的多寡。在休闲农业和乡村旅游业发展过程中,农村土地具有了多重复合功能,这是因为休闲农业和乡村旅游产业发展具有多重功能。以休闲农业为例,全国休闲农业发展"十二五"规划中就曾指出,休闲农业能够融合一、二、三产业,将农业从单一的食品保障功能向原料供给、就业增收、生态涵养、观光休闲、文化传承等多功能拓展，带动农产品加工业、服务业、交通运输、人文创意等相关产业的发展，满足城乡居民休闲消费需要。由此可见，在原有以农业生产为主的土地之上，还可以承载着休闲旅游、文化传承等多种与乡村旅游有关的多重功能。于是，农地由单一的生产功能，逐步发展为多重功能。由于休闲农业和乡村旅游发展过程中，土地具有多重功能，相应地在满足该产业发展用地需求中，就可以对用地分类有所调整，以适应农地的多重功能。例如，发展"稻田画"这类休闲农业旅游，就不需要改变原有土地功能，只需要改变种植的品种就行。再如，农村的休闲广场，在发展乡村旅游时可以临时作为停车场等。对于土地复合功能的重新认识，可以减少休闲农业和乡村旅游发展过程中对土地的征用，可以减轻用地的供给紧张。

3. 用地供给中的流转和征用关系影响土地供求

前文谈到，休闲农业和乡村旅游发展过程中会涉及多个经济主体，特别是会涉及村集体和农户，重点探讨了旅游企业与村集体和农户的利益分配机制设计在一定程度上会影响乡村旅游项目的落地问题。事实上，乡村旅游企业与村集体和农户的利益分配关系，直接与他们之间的合作关系和合作方式有关。由于村集体和农户往往只是拥有土地资源，他们之间的合作主要是针对土地利用关系所展开的。在他们之间的合作关系中，主要包括对农村土地直接征用、租用、入股等形式。如何处理休闲农业和乡村旅游发展中的流转与征用关系，在一定程度上会影响土地供求关系。如果是采用土地征用的方式来提供用地，需要办理的各类手续比较多，耗时比较长，各方关系也较难协调，由此也会导致乡村旅游用地供给紧张的局面。如果是以租用或入股的形式流转农户或村集体的土地，就相对好一些。为了让休闲农业和乡村旅游发展能够更好惠及当地农民，国家和各地政府也鼓励和支持采用土地租用、入股等方式开展合作共建。这样做，从长远来看，对于旅游企业和当地群众的发展都是有利的。这种合作方式，能够较好地缓解乡村旅游用地供给紧张的局面。

4. 用地供给中的当前与长远关系影响土地供求

乡村旅游业的发展是随着时代的发展在不断发展变化的，因此，在讨论当前乡村旅游用地供给过程中，还必须考虑该产业在未来一段时期的发展波动情况。对休闲农业和乡村旅游未来发展的预期，直接影响对土地的需求，从而影响用地的供求关系问题。

由于农村集聚了大多数的旅游资源，因此，我国的乡村旅游发展是与国家旅游产业发展的基本情况大致相同的。下面就以全国旅游业发展情况来探究乡村旅游业发展可能面临的波动问题。表2展示了1996年以来我国国内游客的增长变动的基本情况。整体上看，我国旅游人数和增速呈现上升的趋势，但是不同时期增速不同，比如，1996~2003年游客人数平均增速为4.21%，2004~2011年，这一指标增长为15.09%，2012~2019年，这一指标又减少至10.82%。除此之外，1994年至今，我国国内旅游人数增速曾出现过几次大的变动，比如，1995年比上年增长20%，2003年比上年下降0.91%，2004年比上年增长26.67%，2020年比上年下降52%。由此可见，我国旅游业发展曾经历快速增长，当前增速又有所回落，但是整体上仍然呈现增长态势。2003年受"非典"疫情影响和2020年受新型冠状病毒肺炎疫情影响，我国旅游业发展都遭受

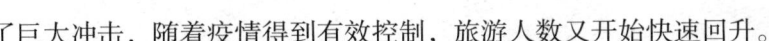

了巨大冲击，随着疫情得到有效控制，旅游人数又开始快速回升。

表2 1996~2019年我国国内游客人数与年均增速变化情况

| 年份（年） | 国内游客（亿人次） | 增速（%） | 年份（年） | 国内游客（亿人次） | 增速（%） | 年份（年） | 国内游客（亿人次） | 增速（%） |
| --- | --- | --- | --- | --- | --- | --- | --- | --- |
| 1996 | 6.39 | 1.59 | 2004 | 11.02 | 26.67 | 2012 | 29.57 | 11.97 |
| 1997 | 6.44 | 0.78 | 2005 | 12.12 | 9.98 | 2013 | 32.62 | 10.31 |
| 1998 | 6.94 | 7.76 | 2006 | 13.94 | 15.02 | 2014 | 36.11 | 10.70 |
| 1999 | 7.19 | 3.60 | 2007 | 16.10 | 15.49 | 2015 | 39.90 | 10.50 |
| 2000 | 7.44 | 3.48 | 2008 | 17.12 | 6.34 | 2016 | 44.35 | 11.15 |
| 2001 | 7.84 | 5.38 | 2009 | 19.02 | 11.10 | 2017 | 50.01 | 12.76 |
| 2002 | 8.78 | 11.99 | 2010 | 21.03 | 10.57 | 2018 | 55.39 | 10.76 |
| 2003 | 8.70 | -0.91 | 2011 | 26.41 | 25.58 | 2019 | 60.06 | 8.43 |
| 1996~2003 | 7.47 | 4.21 | 2004~2011 | 17.10 | 15.09 | 2012~2019 | 43.50 | 10.82 |

数据来源：根据国家统计局网站提供数据整理，https://data.stats.gov.cn/easyquery.htm?cn=C01。

既然乡村旅游发展具有一定的波动性，因此，要从长远的视角来把握该产业的发展及其用地问题。在研究乡村旅游供地问题时，更为根本是要考虑到乡村旅游项目发展的可持续性问题、人们对于旅游产品和服务的偏好变化等问题，要避免在乡村旅游产业发展过程中出现盲目跟风现象。否则，从短期看，乡村旅游产业表面上发展非常迅猛，用地需求大，供给非常紧张，但是，由于盲目跟风和产业竞争会导致大量项目难以实现可持续发展，进而造成土地低效利用和浪费闲置。

5.用地供给中的本地与外地关系影响土地供求

当前，我国乡村旅游发展正处在发展壮大时期，但是，并不是全国所有农村或者某一个地区的所有农村都适合发展乡村旅游产业，因此，这就涉及一个旅游用地的跨区配置问题。因此，在讨论用地供求问题时，还需要考虑本地与外地关系，也就是说，既需要考虑本地的土地供求情况，还需要考虑全国土地其他地区的土地供求情况，以及不同地区之间的用地指标是否可以调剂使用的问题。用地的跨区配置，表面上是土地资源或者土地指标的配置，实际上更为重要的是，这将涉及流转土地指标地区农民的长远生计问题，以及流转地区对用地供求的长远考虑等问题。一般情况下，村集体和农户出于农民长远生计的考量，往往不愿意将本地的用地指标配置到其他地区使用，除非用地指标的跨区配置价格比较高，能够与当地农民的预期价格要求相一致。总之，在用地指标跨区配置过程中，一定要把农民的利益放在首位，不能影响农民发展的长远生计，在这一过程要充分发挥市场在资源配置中起决定性作用，更好地发挥政府作用。

## 五、推动休闲农业和乡村旅游高质量发展的用地政策建议

### （一）国家政策、精准落地

在推动休闲农业和乡村旅游发展过程中，面对各类用地难题，首先，需要从国家层面给予一定的政策支持和制度安排。其次，再好的政策也需要根据当地农村旅游产业发展的实际实现精准落地才行。而实现国家用地政策精准落地是具有一定的难度的。杨骁（2020）研究认为，制约国家用地政策落地的原因有三点：一是办理建设用地手续实行立项审批制，必须有项目才能配套建设用地，与国家要求的预留用地指标形成悖论；二是由于休闲农业和乡村旅游项目大都经济效益不高且投资回收周期较长，一些地方政府不愿意将更多的用地指标用于乡村旅游项目；三是农村土地用途管制规则与产业复合用地需求不相匹配[18]。为此，建议各地在实现国家用地政策精准落地过程中重点做好以下几点。第一，全面掌握国家在休闲农业和乡村旅游发展用地方面的基本要求和指导意见，比如，预留乡村产业发展机动用地的做法。第二，灵活借鉴全国各地用地政策的创新做法和思路，比如，探索如何通过点状供地方式，经营性建设用地入市方式，宅基地流转和农房出租方式，集地券、地票以及其他城乡建设用地增减挂钩方式来满足产业用地需求的方式等。第三，在探索用地政策精准落地方式的同时，从财政、金融、人才等多个方面对休闲农业和乡村旅游产业发展给予配套支持，以最终实现休闲农业和乡村旅游实现高质量发展。

### （二）人民中心、多维并进

创新休闲农业和乡村旅游发展中的用地政策，离不开对这一产业发展对农业农村农民发展重要性的认识，离不开始终以人民为中心的发展理念的指导。只有认识到位，才会更好地推进该产业的健康发展，更好满足产业用地需求。休闲农业和乡村旅游发展，从需求端来看是满足城乡居民对美好生活向往，对更好体验农耕文明、乡村风貌、特色农产品的现实需要；从供给端来看是推进农业供给侧结构性改革，实现农村三产融合发展和高质量发展，推动乡村全面振兴的内在要求。无论从供给端，还是从需求端，发展休闲农业和乡村旅游发展都是以人民为中心发展理念的一种体现。为了更好推动这一产业发展，可以从多个维度进行。一是从农村土地资源改革入手，实现乡村各类资源向资产、资本的转变，进而带动农民增收致富；二是从休闲农业和乡村旅游产业发展入手，实现乡村生产、生活、生态的全面提升；三是从农村组织方式入手，通过出租、入股等多种合作方式，实现乡村治理能力和带动引领能力的全面提升。

### （三）分类支持、因地制宜

休闲农业和乡村旅游发展中的用地情况可以分为多种类型。从土地来源看，可以分为农业用地、建设用地、宅基地、未利用地等；从用地主体来看，可以分为旅游企业、村集体、农户等不同的主体；从土地用途来看，可以分为农业设施用地、食宿餐饮用地、道路和停车场用地等类型。正是由于乡村用地存在多种不同类型，2020年中央一号文件《中共中央国务院关于抓好"三农"领域重点工作确保如期实现全面小康的意见》中指出，完善乡村产业发展用地政策体系，明确用地类型和供地方式，实行分类管理。陈晓华（2019）针对不同类型用地需求，提出对于发展休闲农业所需的观光采摘、农业科普、农事体验等兼具生产功能的用地，应作为生产设施农用地管理。对休闲农业配套设施用地的比例可明确不超过项目用地的5%，面积上限不超过20亩。各地应给休闲农业乡村旅游发展预留足够空间，重点支持建设用地指标优先用于道路、停车场、服务接待中心、公共厕所等基础设施建设。支持农村集体经济组织以出租、合作等方式盘活利用空闲农房和宅基地，用于发展民宿、康养、休闲农业和乡村旅游[19]。2019年，自然资源部关于政协十三届全国委员会第二次会议第1183号提案答复的函中指出，关于休闲农业中的生产用地部分，存在设施建设的，可纳入设施农用地范围；至于其中的农业科普、体验等教育展览用地，不属农业生产领域，不在设施农用地政策保障范围内[20]。总之，在休闲农业和乡村旅游用地改革过程中，要根据这一产业发展自身的特点、农村土地的不同类型特征、乡村经济发展的一般规律以及不同乡村的特点，因地制宜，分类支持各类用地需求。

### （四）规划先行，多规合一

为了能够更好利用有限的农村土地资源发展休闲农业和乡村旅游产业，做好规划是前提。这一规划，既包括产业发展本身的规划设计，更要包括基于产业发展需要以及与产业发展密切关联的各类规划。2018年颁布的《中华人民共和国旅游法》指出，旅游发展规划应当与土地利用总体规划、城乡规划、环境保护规划以及其他自然资源和文物等人文资源的保护和利用规划相衔接。2016年，原农业部等《关于大力发展休闲农业的指导意见》指出，积极推进"多规合一"，注重休闲农业专项规划与当地经济社会发展规划、城乡规划、土地利用规划、易地扶贫搬迁规划等的有效衔接[1]。2019年，中共中央国务院《关于建立国土空间规划体系并监督实施的若干意见》指出，建立国土空间规划体系并监督实施，将主体功能区规划、土地利用规划、城乡规划等空间规划融合为统一的国土空间规划，实现"多规合一"，强化国土空间规划对各专项规划的指导约束作用。2019年，自然资源部办公厅《关于加强村庄规划促进乡村振兴的通知》指出，要整合村土地利用规划、村庄建设规划等乡村规划，实现土地利用规划、城乡规划等有机融合，编制"多规合一"的实用性村庄规划。总之，要解决好休闲农业和乡村旅游发展中的用地问题，规划环节至关重要，要注重将乡村产业发展和用地规划与各类规划有机衔接，多规合一，从而确保产业项目能够顺利落地。

### （五）守住底线、模式多元

改革需要创新精神，更需要底线思维。在休闲农业和乡村旅游用地改革过程中，同样必须树牢底线，在此基础上开拓创新，形成多种多样的供给模式。总体来讲，这一底线主要包括在乡村用地改革过程中要坚守土地公有制性质不改变、耕地红线不突破、农民利益不受损这三条底线。国家相关文件中制定了更为具体的土地利用改革过程中不能触碰的底线和红线。比如，2019年农业农村部《关于积极稳妥开展农村闲置宅基地和闲置住宅盘活利用工作的通知》指出，不得违法违规买卖或变相买卖宅基地，严格禁止下乡利用农村宅基地建设别墅大院和私人会馆。要切实维护农民权益，不得以各种名义违背农民意愿强制流转宅基地和强迫农民"上楼"，不得违法收回农户合法取得的宅基地，不得以退出宅基地作为农民进城落户的条件。2021年，自然资源部、国家发展和改革委员会和农业农村部联合发布的《关于保障和规范农村一二三产业融合发展用地的通知》指出，坚决制止耕地"非农化"行为，严禁违规占用耕地进行农村产业建设，防止耕地"非粮化"，不得造成耕地污染。农村产业融合发展用地不得用于商品住宅、别墅、酒店、公寓等房地产开发，不得擅自改变用途或分割转让转租。《关于保障和规范农村一二三产业融合发展用地的通知》还指出，利用农村本地资源开展农产品初加工、发展休闲观光旅游而必需的配套设施建设，可在不占用永久基本农田和生态保护红线、不突破国土空间规划建设用地指标等约束条件、不破坏生态环境和乡村风貌的前提下，在村庄建设边界外安排少量建设用地，实行比例和面积控制，并依法办理农用地转用审批和供地手续。2021年颁布的《中华人民共和国乡村振兴促进法》中指出，发展乡村产业应当符合国土空间规划和产业政策、环境保护的要求。严格规范村庄撤并，严禁违背农民意愿、违反法定程序撤并村庄。县级以上地方人民政府应当采取措施促进在城镇稳定就业和生活的农民自愿有序进城落户，不得以退出土地承包经营权、宅基地使用权、集体收益分配权等作为农民进城落户的条件。国家鼓励社会资本到乡村发展与农民利益联结型项目，鼓励城市居民到乡村旅游、休闲度假、养生养老等，但不得破坏乡村生态环境，不得损害农村集体经济组织及其成员的合法权益。

在坚守底线红线的基础上，要鼓励用地制度创新。例如，2021年发布的《天津市推进农业农村现代化"十四五"规划》中提出，鼓励农村集体经济组织以自主开发、合资合作、出租入股等方式，盘活利用未承包到户的集体"四荒地"、果园、养殖水面以及各类房产设施、集体建设用地等资产资源，发展现代农业、休闲农业和乡村旅游、物业租赁等项目。探索推进农村集体建设用地整合利用，鼓励农村集体经济组织依法以集体经营性建设用地使用权租赁、入股、联营等形式与其他单位、个人共同开发经营。鼓励企业采取租赁、入股等方式盘活闲置农房，发展乡村民宿、乡村客栈。改革农民住宅用地取得方式，探索宅基地资源有偿退出新机制。

**（六）两跟两走，共享发展**

休闲农业和乡村旅游发展中的用地问题，更为深层的原因在于产业自身的发展。产业能否实现可持续发展，既要看市场是否认可，更要看当地农民和村集体能否在发展中共享收益。因此，为了更好推动休闲农业和乡村旅游产业发展，需要坚持"两跟两走"，共享发展的理念：供地跟着产业走，产业跟着市场走；产业盈利要共享，集体经济要加强。对此，国家相关文件中也做出了规定。例如，《全国乡村产业发展规划（2020~2025

年）》中指出，乡村休闲旅游要保持持久生命力，要走多轮驱动、多轨运行的发展之路。推进业态多样，统筹发展农家乐、休闲园区、生态园、乡村休闲旅游聚集村等业态，形成竞相发展、精彩纷呈的格局。推进模式多样，跨界配置乡村休闲旅游与文化教育、健康养生、信息技术等产业要素，发展共享农庄、康体养老、线上云游等模式。推进主体多样，引导农户、村集体经济组织、农业企业、文旅企业及社会资本等建设乡村休闲旅游项目。2021年颁布的《中华人民共和国乡村振兴促进法》指出，县级以上人民政府应当采取措施促进城乡产业协同发展，在保障农民主体地位的基础上健全联农带农激励机制，实现乡村经济多元化和农业全产业链发展。

### （七）省域联动、县域统筹

由于不是所有的村庄都适合发展休闲农业和乡村旅游，因此，为了更好满足旅游用地需要，用地指标在一定范围内的统筹联动都很有必要。根据现有的实践经验，需要实现省域联动、县域统筹、村镇协调的省市县用地供给联动机制。在天津有专家提出，市、区两级政府在总量控制的前提下，预留一定的机动用地指标，对符合用地条件的项目实行点状供应；各涉农区可在总量指标不突破的情况下自主调剂，保证项目用地[21]。2021年自然资源部等部门联合发布的《关于保障和规范农村一二三产业融合发展用地的通知》中也指出，市县要优先安排农村产业融合发展新增建设用地计划，不足的由省（区、市）统筹解决。

### （八）交易市场、公开透明

在休闲农业和乡村旅游产业发展用地改革中，土地流转是其中的核心环节。为更好实现土地流转过程的公开、透明、公正、有效，通过建立各类农村产权交易所能够实现这一目标。为此，建议将休闲农业和乡村旅游发展过程中的农地流转都在农村产权交易所进行，以更好明确和规范土地流转双方的权责关系，进而有利于各类经济主体能够形成稳定的发展预期。当前，天津、重庆、武汉等多地都建立了农村产权交易所。天津市在推进农业农村现代化"十四五"规划中就指出，天津要在"十四五"期间实现数字产权交易平台全覆盖，要完善延伸原有"市区镇"三级服务层级，完善"市区镇村"四级服务网络，实现产权服务"村村通"。全国各地也要更好发展农村土地产权交易中心，以促进乡村产业用地的有序配置和高效利用。

## 参考文献

［1］中华人民共和国农业农村部.关于大力发展休闲农业的指导意见［EB/OL］.（2017-11-28）. http://www.moa.gov.cn/nybgb/2016/dijiuqi/201711/t20171128_5921921.htm.

［2］中华人民共和国农业农村部.促进休闲农业持续健康发展研究报告（摘编）［EB/OL］.（2020-03-16）. http://www.xccys.moa.gov.cn/xxny/202003/t20200316_6338964.htm.

［3］邵琪伟.发展乡村旅游 促进新农村建设［J］.求是，2007（1）：42-44.

［4］中华人民共和国农业农村部.关于开展休闲农业和乡村旅游升级行动的通知［EB/OL］.（2018-05-20）.http://www.moa.gov.cn/nybgb/2018/201805/201806/t20180620_6152706.htm.

［5］国家统计局.农村经济持续发展 乡村振兴迈出大步——新中国成立70周年经济社会发展成就系列报告之十三［EB/OL］.（2019-08-07）.http://www.stats.gov.cn/ztjc/zthd/sjtjr/d10j/70cj/201909/t20190906_1696322.html.

［6］中华人民共和国农业农村部.农业农村部等11部门关于积极开发农业多种功能大力促进休闲农业发展的通知［EB/OL］.（2017-12-02）.http://www.moa.gov.cn/nybgb/2015/shiqi/201712/t20171219_6103877.htm.

［7］淄博市自然资源和规划局.关于激活农村土地资源推动乡村振兴的提案办理答复［EB/OL］.（2020-07-29）.http://gtj.zibo.gov.cn/gongkai/channel_c_5f9fa491ab327f36e4c1305c_5fb3bcd6dd0092b848bb988a/doc_5fb3f16e0eded8c7740daa3d.html.

［8］焦思颖.全国"大棚房"问题专项整治行动启动［N］.中国自然资源报，2018-8-22.

［9］吉林省农业农村厅.28.12公顷"沉睡"的土地这样活起来——九台区农村集体经营性建设用地入市改革调查［EB/OL］.（2019-02-11）.http://agri.jl.gov.cn/xwfb/sxyw/201902/t20190211_5583568.html.

［10］云南省自然资源厅.云南省自然资源厅关于实施"点供"用地助力乡村振兴的意见［EB/OL］.（2020-09-14）.http://dnr.yn.gov.cn/html/2020-09/98339.html.

［11］杨振之.旅游规划用地问题与用地创新［J］.旅游学刊，2017，32（8）：1-4.

［12］晋城市人民政府.激活乡村振兴的动力——我市开展"点供用地双平衡"改革试点工作综述［EB/OL］.（2019-12-16）.http://www.jcgov.gov.cn/dtxx/jcdt/201912/t20191216_678425.shtml.

［13］浙江省人民政府.浙江省人民政府办公厅关于做好低丘缓坡开发利用推进生态"坡地村镇"建设的若干意见［EB/OL］.（2018-06-29）.http://www.zj.gov.cn/art/2018/6/29/art_1229017139_56634.html.

［14］江南.闲置农房这样被盘活［N］.人民日报，2020-11-6.

［15］徐林强，童逸璇.各类资本投资乡村旅游的浙江实践［J］.旅游学刊，2018，33（7）：7-8.

［16］撬动"两山"转化的"金杠杆"——大力挖掘休闲农业和乡村旅游价值［N］.农民日报，2019-2-19.

［17］万宇.景区投资者眼中的旅游地产及对用地需求的分析［J］.旅游学刊，2017，32（8）：6-7.

［18］杨骁.对休闲农业与乡村旅游设施用地供给困境的思考［J］.农村工作通讯，2020（18）：21-23.

［19］陈晓华.中国经济网.保障乡村旅游用地［EB/OL］.（2019-01-24）.http://views.

ce.cn/view/ent/201901/24/t20190124_31344317.shtml.

［20］中华人民共和国自然资源部.关于政协十三届全国委员会第二次会议第1183号提案答复的函［EB/OL］.（2019-08-26）. http://gi.mnr.gov.cn/201910/t20191029_2477684.html.

［21］中国人民政治协商会议天津市委员会.关于出台农村产业发展用地具体指导意见的建议［EB/OL］.（2020-11-02）. http://www.tjszx.gov.cn/yzjy/system/2020/11/02/030001508.shtml.

# 乡村旅游资金融通情况与创新研究

张行发

## 一、研究背景

党的十九届五中全会提出，优先发展农业农村，全面推进乡村振兴，繁荣新型工农城乡关系，乡村旅游作为乡村振兴的重要产业模块，在繁荣新型工农城乡关系和推动乡村发展中担负着重要责任。乡村旅游发展问题已被关注多年，我国乡村旅游也在近十年来由政策引导进入快速发展阶段[1]，成为当下中国乡村振兴的重要推动力量，在传承中华传统文化方面发挥了重要的作用[2]。当下我国已经完成了脱贫攻坚的重任，从脱贫攻坚迈向乡村振兴成为下一步工作的重点内容，各地依托"绿水青山"的自然资源优势，整合当地风景秀丽的自然旅游资源和淳朴的民风民俗等文化资源，不仅带动了贫困农民的脱贫致富，更是切实走出了一条旅游带动乡村产业兴旺发展的乡村振兴之路。但是在全面建成小康社会进程中，最薄弱的环节仍然是在广大的乡村地区，乡村的发展资金缺乏和投资不足也成为阻碍乡村产业兴旺发展的桎梏[3]，乡村在依托本地优势的自然资源条件、地方特色文化发展旅游业的同时，更需要一些丰富的资金进行产业基础设施建设，比如一些道路建设、环境美化等都需要一些资金的投入。

因此，随着乡村旅游客流量的迅速增多和乡村旅游市场前景越来越明朗，乡村旅游目的地也吸引了各类资本的眼球，各类社会资本投资乡村旅游已经成为重要的趋势[4]。国家各部门也出台了一系列政策扶持乡村旅游的融资等问题，如《关于实施乡村振兴战略的意见》和《社会资本投资农业农村指引（2021年）》等系列文件都强调鼓励社会资本与政府、金融机构开展合作，充分发挥社会资本市场化、专业化等优势，加快投融资模式创新应用，为社会资本投资农业农村开辟更多有效路径，探索更多典型模式。农业农村部和中国农业银行办公室发布的《关于加强金融支持乡村旅游业发展的通知》也指出，要加大对乡村休闲旅游业重点领域信贷支持、支持重点区域内的农户、农村集体经济组织、农业企业、文旅企业、农民合作社等经营主体发展乡村休闲旅游业。支持重点区域内的各类乡村休闲旅游经营主体发展田园观光、农事体验、休闲度假、科普教育、健康养生、红色旅游等多种业态。可见，不管是从乡村自身发展需要角度出发，还是国家政策的指引，金融资本的支持成为乡村旅游产业发展和乡村振兴的重要路径选择。

乡村旅游在实际发展进程中，一些民间外来资本的入驻确实在一定程度上也带动了当地产业的发展，带动了居民的就业，催生了民宿等新型业态的发展，但是资本的逐利性使其往往追求利益的最大化,在产业运作过程中缺乏对当地居民利益的保护,并在一定程度上对生态环境造成了破坏[5]。虽然乡村中的民间外来资本为乡村旅游产业的发展注入了雄厚的发展基金,但是资本入驻和冲击却出现了乡村旅游地与外来资本矛盾激化的现象,各地乡村旅游地居民与外来资本之间的矛盾冲突层出不穷。本研究系统梳理了国内乡村旅游资金融通的相关政策文件,并探讨了金融支持乡村旅游发展面临的困境,并且选取了两个典型案例地,剖析他们发展过程中的区别,并提出未来乡村资金融通的研究展望,以期为乡村旅游资金融通的研究与实践探索提供一定的借鉴。

## 二、文献梳理

乡村旅游产业的快速发展,已经成为引导乡村产业发展和乡村振兴的重要力量,引发了学者的高度关注。国内学者在乡村旅游的概念界定[6,7,8]、乡村旅游规划与开发[9,10,11]、乡村旅游发展模式[12,13,14]、乡村旅游社区参与[15,16,17]、乡村旅游可持续发展[18,19,20]、乡村旅游与乡村振兴二者的关系[21,22,23]、乡村旅游扶贫[24,25,26]、乡村文旅产业融合[27,28,29,30]等方面进行了充分的探讨,并且取得了丰硕的研究成果,但是在乡村旅游资本金融领域的相关研究还是较为欠缺,仅有为数不多的学者对其进行了一定的探讨。

国内学者钟真等探索了外来资本对休闲农业与乡村旅游发展所带来的重要作用。研究结果表明,外来投资者的比重对村级休闲农业与乡村旅游经营效益提升有明显的正向促进作用,但如果不剥离本地乡村振兴程度的叠加影响,外来投资者比重的作用将被高估,并且该促进作用与区域休闲农业与乡村旅游发展水平呈负相关关系[31]。该研究也证实了外来投资和内部发展一样重要,不能过度重视外来资本的作用而忽视自身的发展。学者高晓燕在共享经济背景下探索了乡村旅游企业的融资模式,通过利用项目与利益相关者之间的共享共建关系进行投资,不失为一种有效的融资方式,并剖析了彭山旅游有限公司融资模式,该融资方式突破了传统融资方式的不足,与利益相关者实现了价值共创。并提出在当下共享经济乡村旅游企业融资应该完善旅游项目信用担保体系、控制融资风险、搭建第三方平台等措施[32]。学者马晓龙等探索了政府在乡村旅游要投资中的作用,并且构建了不完全信息动态模型,其认为在乡村旅游发展的初期,地方政府向企业传达的信息对于企业是否愿意投资产生了重要的作用,并且认为中国大多数乡村旅游难以获得外来投资的主要原因在于外部资本不足或者资本市场不活跃所导致的[33]。学者李涛总结了中国乡村旅游主体投资的过程及其特征,将中国乡村旅游投资划分为产业萌芽阶段、产业发展阶段、快速扩张阶段和提质增效阶段4个阶段,中国的乡村旅游也存在自主经营、合作经营、股份合作经营和市场混合经营四种模式。在当下互联网等跨界融合的发展背景下,乡村旅游的融资可以积极提升市场主体投资的积极性,探索多主体合作的模式和运营机制等,该研究系统梳理了中国乡村旅游投资的脉络和特征等,具有重要的价值和意义[34]。学者姚旻等认为基础设施问题是乡村旅游产业发展的短板,制约着乡村旅游的发展,吸纳资金是乡村旅游发展的难点问题,虽然近年来国家在政策上鼓励社会资本等支持乡村旅游产业的发展,但是乡村中的土地问题等导致农户抵押物缺乏、资产流动性差等,是乡村旅游发展的薄弱环节[35]。学者鲁明勇研究了乡村旅游地的区位结构和投融资的关系,认为乡村的区位结构决定了投融资的流向,投融资也引发了乡村旅游地产权等一系列的改变。根据投资主体的不同,形成了政府主导的投资、企业主导的投资、村民或者集体合作的投资等形式,并且出现了买断经营、村民自主经营和股份制等乡村旅游产权制度形式,该研究清晰明了地对投资主体和产权制度等进行了分析,具有一定的实践意义与价值[36]。

在乡村旅游融资路径研究上,梁勤认为随着乡村旅游市场需求的扩大,在中央和地方政策的推动下,金融支持乡村旅游发展已经是现实需求,但金融支持乡村旅游发展也面临一些困境,包括政策支持的不够完善、融资需求匹配度较差、资源利用程度低等。为更好地实现金融支持乡村旅游发展,应加快补足政策框架,全面提升政策覆盖广度,加快融资服务体系建设等,提升金融利用效率等路径[37]。吴焱等分析了金融支持乡村旅游发展存在的一些困境,地区乡村旅游发展财务管理落后、担保抵押物缺失、缺乏长远的可持续发展规划阻碍了金融领域投资乡村旅游[38]。贾薇分析了民间金融资本支持乡村旅游发展的必要性和策略等,认为应该不断加强信用体系建设、不断加强对民间金融资本的监管、创新民间金融产品与服务等,比如在当下互联网发展的时代背景下,可以创新一些新的金融产品等[39]。

总体来看,国内乡村旅游各主题相关研究较为丰富,研究视角也进一步拓宽,研究方法也更加多元,在乡村振兴背景下取得了丰硕的研究成果。但是国内乡村旅游资本和金融的相关研究相对较少,只有为数不多的研究者对其进行了相关研究,研究的深度有待加深,研究的视角也有待进一步拓宽,伴随着乡村旅游的快速发展和对金融支持的需求,应当加强对国内一些知名乡村旅游目的地的案例研究,探索它们在乡村旅游融资方面的路径和模式创新。

## 三、金融机构支持乡村旅游发展困境分析

### (一)产业整体规模小,脆弱性明显

乡村旅游地区的产业多为分散的农家乐和乡村民宿等,产业规模整体不大。虽然乡村振兴战略将乡村旅游作为产业兴旺发展的重要突破口,各地也将乡村旅游作为脱贫致富的重要路径选择,但是在各地的具体实践中,乡村旅游相较于其他产业发展仍存在产业规模小、产业脆弱性明显等弊端,并且乡村旅游产业的季节性较强,国内大部分的乡村旅游目的地冬季为淡季,游客数量急剧下降。以新型冠状病毒肺炎疫情发生为例,整个旅游产业链停摆,资源、渠道、服务、销售端无一幸免,疫情期间的旅游业收入几乎归零,乡村旅游业也基本处于停摆状态,农家乐和民宿等都关停休业,导致了农户收入的急剧下降。疫情期间农户也无法外出务工赚取收入来偿还贷款等,从而导致金融机构放贷给农户的一些发展基金难以按时偿还,致使金融机构在放贷过程中选择不放贷或者

少给乡村旅游地的农户放贷,影响了乡村旅游产业的发展。

**(二)产业同质化严重,恶性竞争频发**

各地乡村旅游目的地充分利用自身资源禀赋良好的生态环境和独具特色的民风民俗等文化资源大力发展乡村旅游,但是总体来看,很多乡村旅游目的地没能实现差异化发展,旅游产品项目同质化和恶性竞争较为严重。很多乡村旅游地居民由于自身知识文化水平低和个人眼界局限等,对乡村旅游产品的缺乏正确的认识,对乡村旅游消费市场更是缺乏深入的调研,急功近利地上马一些重复性的旅游产品和项目,导致了产品的同质化严重,乡村旅游的乡土气息和乡土风格丢失,纯真、质朴的风格也不复存在,产品特色不明显,内部的恶性竞争也比较严重。以笔者持续调研关注的沂蒙山区S村为例,起初村内仅有少数农家乐和民宿等,随着游客的增多,家家户户做起了农家乐的生意,并且村内每家每户农家乐的装饰风格和农家菜品大同小异,乡村旅游项目的打造也未能充分挖掘地域文化元素,突出地域文化特色卖点,致使村民之间的恶性竞争较为严重,游客数量越来越少,影响了乡村旅游业的可持续发展。银行等金融机构考虑到乡村旅游产业市场的混乱,并且旅游业的资金回报周期较长,在资金支持方面都持谨慎态度,导致乡村旅游的发展资金较为短缺。

**(三)居民自身能力缺乏,难以实现较大盈利**

乡村旅游地居民受自身知识文化水平和个人阅历等影响,在发展民宿和农家乐的过程中创新性不足,并且以单独的家庭式个体户为主,很多农户都是盲目跟风去开办农家乐等,看到周边的邻居和村民做起了农家乐,就和别人做起了一样的生意。但是由于没有经过严格的培训和外部市场的考察,不管是农家乐的菜品,还是居住条件等,都与一些成熟乡村旅游地有一定的差别,这也就导致了游客的满意程度不是很高,游客的重游意愿也不断降低,久而久之,乡村的游客越来越少,不得不选择关门。以笔者调研的山西省盂县X村为例,村内优美的自然环境吸引了诸多摄影者前来拍照等,地方居民似乎也看到了发展的机遇,搞起了农家乐等,但是不管是产业规模还是产品特色都难以吸引游客入住,卫生条件和居民条件难以达标,山区的道路交通通达性也很差。但是从当地居民自身来看,他们已经尽自己最大的努力来满足游客的需求,包括在村内修筑水泥小道等,这种内部供给质量不足与外部需求错位的矛盾也影响着这个村的乡村旅游业的发展,从最初的游客络绎不绝到现在的星星点点,游客的数量也越来越少,导致了当地的居民在乡村旅游产业发展中并没有实现大的盈利。究其原因,在于当地居民在旅游发展远见和个人能力等方面都有所欠缺,虽然守着优质的乡村旅游资源,却没能够实现将资源转化为经济效益,旅游产品的配套基础设施难以达标。因此,对于一些银行等金融机构来说,在支持农民发展乡村旅游发展方面也有所慎重。

总之,乡村旅游作为推动乡村产业绿色发展的重要产业形态,其存在产业的脆弱性、同质化经营、农民自身能力缺乏等弊端,这也影响了金融机构对乡村旅游的支持度,进而导致乡村旅游在发展中出现资金短缺的现状。

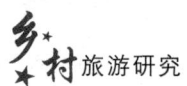

## 四、乡村旅游资金融通政策文件分析

为更好地推进乡村振兴战略的开展,推进乡村地区的三产融合,大力发展休闲农业和乡村旅游,使其成为繁荣乡村、带动农民脱贫致富、地方产业发展的重要力量,国家和地方也相继颁布了相关政策文件推动金融资本进入乡村,进一步改善乡村旅游企业融资的瓶颈问题,助推乡村旅游的快速发展。本研究梳理了近几年国家相关部门颁布的资金支持乡村旅游发展的政策文件,以便能准确发现政策领域对乡村旅游发展支持的侧重点(见表1)。

表1 乡村旅游资金融通主要政策文件

| 政策文件 | 颁布部门 | 内容摘要 | 发布时间 |
| --- | --- | --- | --- |
| 《全国休闲农业发展"十二五"规划》 | 原农业部 | 要将休闲农业的公共基础设施建设,纳入当地基础设施建设计划予以支持…… | 2011年 |
| 《关于积极开发农业多种功能 大力促进休闲农业发展的通知》 | 原农业部 | 要将中央有关乡村建设资金适当向休闲农业集聚区倾斜。鼓励各地加大对休闲农业创业发展和基础设施建设的支持力度…… | 2015年 |
| 《关于促进农村一二三产业融合发展的通知》 | 国务院 | 能够商业化运营的农村服务业,要向社会资本全面开放。积极引导外商投资农村产业融合发展。 | 2015年 |
| 《关于大力发展休闲农业的指导意见》 | 农业部 | 金融机构要创新担保机制和信贷模式,扩大对休闲农业和乡村旅游经营主体的信贷支持…… | 2016年 |
| 《关于进一步促进休闲农业健康发展的通知》 | 原农业部 | 鼓励中小休闲农业企业和经营户以互助联保方式实现小额融资,鼓励农民以资产、资金、技术等要素入股参与经营…… | 2017年 |
| 《关于推动落实休闲农业和乡村旅游发展政策的通知》 | 原农业部 | 在财政政策上,要鼓励各地整合财政资金,将中央有关乡村建设资金向休闲农业集聚区倾斜……要创新融资模式,鼓励利用PPP模式、众筹模式、"互联网+模式"、发行私募债券等方式,引导社会各类资本投资休闲农业和乡村旅游。 | 2017年 |
| 《关于加强金融支持乡村旅游业发展的通知》 | 农业农村部办公厅 中国农业银行办公室 | 在中国美丽休闲乡村和重点县范围内,积极推广"景区开发贷""景区收益权贷""惠农e贷"和"农家乐贷"等中国农业银行特色产品…… | 2021年 |
| 《社会资本投资农业农村指引(2021年)》 | 农业农村部办公厅 国家乡村振兴局综合司 | 鼓励社会资本发展休闲农业、乡村旅游、餐饮民宿、创意农业、农耕体验、康养基地等产业…… | 2021年 |

资料来源:作者整理政策文件。

综上可见,随着乡村旅游的产业的快速发展,从中央各部门到地方都相继出台了多个金融政策文件来支持乡村旅游的发展。从政策颁布的部门来看,主要集中于农业农村部和国务院等;从政策颁布的时间来看,自乡村振兴战略实施以来,相关政策在近几年迅速出台，从政策颁布的内容来看，都强调对乡村基础设施的投资，并且鼓励社会资本投资休闲农业与乡村旅游，中央建设地方的乡村基金也向着休闲农业与乡村旅游倾斜，并且鼓励多种融资模式，强调要不断创新融资的模式和路径，创新政府和社会资本的合作方式等。随着政策的大力扶持，未来乡村旅游的资金融通问题将会是产业发展的重要领域，乡村旅游资金融通的模式创新和路径选择也是值得研究者深入探索的现实问题。

## 五、民间社会资本进入乡村旅游案例：沂蒙山区 S 村案例

随着乡村振兴政策的持续跟进和各部门颁发的推动乡村旅游发展的政策文件，休闲农业和乡村旅游成为民间资本投资的重要领域，乡村旅游也凭着自身的产业优势受到了一些民间资本的青睐。外来的一些民间资本为乡村旅游的开发提供了雄厚的发展资金，实现了对优势资源的开发利用，促进了乡村旅游地产业的提质增效和产品的优化升级，为一些偏远贫困乡村的发展注入了新的发展动力，为曾经"养在深闺人未识"的乡村打开了知名度，吸引了众多游客前往，带动了贫困地区居民的脱贫致富和农民思想眼界的开阔。与此同时，民间一些资本的进入也垄断了乡村旅游发展的大多数旅游经营利益，对乡村经济造成了一定的冲击和破坏。资本凭着自身优势独享甚至垄断乡村旅游发展的利益，对乡村旅游地居民的可持续生计造成了伤害。这种发展存在的不公平和利益分配不均衡的问题严重影响了乡村旅游业的可持续发展和当地居民参与乡村旅游发展的积极性，也引发了居民与开发商激烈的矛盾冲突。本研究选择的第一个案例地为笔者长期关注的沂蒙山区 S 村，外来资本与本地居民的冲突也在利益的驱动下变得愈演愈烈，通过分析该案例，希望给研究与实践者一些启发。

S 村位于山东省沂蒙山区腹地，景区依托本地的优势自然资源资源建成了一处以生态观光、休闲度假、商务会议为核心，集观光、休闲、住宿、餐饮、会议、度假、娱乐、拓展于一体的综合性旅游度假区。景区凭着自身独特的乡土资源优势和民风民俗等等吸引了外来开发商的投资。开发商为获取更大的经济效益，将村民从原来村落整体搬迁到村子相邻处并投入大量的资金对原有的传统民居等进行改造，打造成了兼具沂蒙山区特色的民宿。虽然开发商为居民修建了新的房屋，但是也引发了部分居民的不满情绪：村民可以在景区内工作，但主要是从事一些保洁和安保工作，整体收入不高，青壮年群体也逐渐离乡去更大的城市务工。景区的迅速发展吸引了国内诸多游客，而普通村民只能眼睁睁看着开发商通过自己的资源赚钱，却无能为力。当然，旅游业的快速发展也带动了当地农副土特产品的销售，曾经贫瘠的乡村也在外来游客的进入下呈现出一片欣欣向荣的发展态势，当地政府为支持旅游业的发展，也进一步完善了交通等基础设施建设。最初的乡村泥泞不堪，道路也不方便，居民的生计来源也比较单一，主要是通过一些种植业来获得收入，年轻人都外出去务工，但是乡村旅游的发展给这个原本贫瘠的村子带来了重要的变化。

当地的乡村精英也在旅游的发展中迅速把握住发展的机遇，通过开办大型的农家乐和乡村民宿等实现了脱贫致富。但是对于绝大多数的普通居民来说，由于本身缺乏活动

基金且没有广泛的社会资本,没能从乡村旅游发展中获取较大的利益。开发商也没有和本地居民分享景区的收益,居民也只能获取一定的土地租金收入。在实地调研中发现,部分村民对乡村旅游的发展也表达了不满的情绪,认为自己受益并不大,而且每天村内外来游客的进入,严重影响了自己安静的生活状态。乡村旅游的发展使得很多居民开始开办农家乐等,恶性竞争也使得原来乡村中居民的情谊有所变质。中国乡村的熟人关系网络是支撑乡村和谐发展的一个重要因素,一旦打破了这种平衡,就会引发一系列的问题。乡村旅游发展中利益相关者的利益均衡和矛盾调和问题一直是学界和业界长期关注的重点话题,也是解决的难点问题,乡村振兴战略的开展更是引发了学者们对其相关的思考。乡村旅游到底该如何调和矛盾,实现目的地的可持续发展也一直是难点问题。单纯地依靠农民自身的力量难以实现乡村旅游的开发和品牌化的打造,但是一些民间资本的入驻却摒除不了资本短期逐利性带来的弊端。

在乡村旅游利益相关者矛盾冲突的研究方面,学者们也提出了不同的观点和看法。有学者认为旅游企业可通过适当提高土地租金、吸引居民入股、增加居民就业等方式与当地居民建立良好的合作关系,提高当地居民的积极性,建立共同体关系,增加旅游开发给双方带来的收益,有效缓解其与当地居民之间的矛盾[40]。学者唐献玲认为,为更好地缓解乡村利益相关者的矛盾冲突,可以从治理机制入手,构建较为合理的沟通机制、参与机制、分配机制和保障机制,实现利益主体之间的共生[41]。武晓英等以西双版纳社区参与旅游为例,认为调和旅游目的地的矛盾应该进一步建立环境补偿机制和土地使用补偿机制,要让更多的居民参与到旅游当中获取收益,可以通过居民入股分红等形式和路径[42]。学者徐凤增从社会创业的视角来研究乡村旅游的利益分配,认为社会创业导向优化了山东淄博郝峪村乡村旅游利益分配模式,社会创业中的社会属性使郝峪村全体村民在乡村旅游利益分配中获得更多利益,在很大程度上解决了郝峪村乡村贫困的现状,创造了社会价值[43]。山东大学王德刚认为农村产权制度的改革和国家对新型集体经济发展的方向的支持,也催生了一些新型的乡村旅游地经营发展模式,其对近几年来国内乡村旅游地出现的新型集体经济模式进行了细致分析,包括山东淄博郝峪村的全员股份制模式,该模式实现了农民变股民等,有效地保障了农民的利益。还有浙江鲁家村的"村集体+公司"合作股份模式,有效调动了农民参与的积极性和主动性。作者将农民股份制组织分为了内生式和外来式,该研究为系统梳理了新型农村集体经济的发展模式,为乡村旅游利益相关者矛盾冲突的解决和农民利益的保护提供了重要的价值和经验探索[44]。学者陆林以云南的一个特色旅游小镇为案例,研究发现旅游公司的发展与村集体经济发展完全不平衡,同时也造成了村民之间的收入差距,其认为乡村旅游的开发应该是以村民的利益去考虑相关的问题,可以通过村民能力的提升、社区的赋权和乡村治理结构的优化等来进一步改善和解决[45]。学者丹巴等从利益相关者的博弈视角分析了政府、当地居民、旅游企业之间的博弈问题[46]。乔磊针对乡村旅游利益相关者矛盾冲突问题,构建了"政府+股份公司+社区农民+乡村旅游协会"四位一体的开发模式。

总之,乡村旅游利益相关者涉及政府、当地居民、外来资本等多个利益主体,实践中各地也在摸索较好的方式实现各方利益之间的均衡和调和,减少矛盾和摩擦,包括各地出现的农民股份制新型集体经济等,也是对乡村旅游利益相关者矛盾调和的有益探索。学者对乡村旅游中利益相关者的矛盾冲突进行了深入探讨,利益相关者理论、共生理论、社区参与理论也是常用的理论视角,乡村旅游的分配模式、分配原则等是关注的重点话题。但是总体来看,国内的乡村旅游利益相关者方面的研究创新性不足,诸多研究的核心内容没有实现大的突破和创新,未来的相关研究可以借鉴国外成熟乡村旅游地的经验和做法,并且根据国情因地制宜地加以运用。

### 六、乡村精英带动的村集体经济发展案例:陕西袁家村

伴随着我国乡村振兴战略的开展,农村产权制度改革和各项法律法规制度的不断完善,股份制新型农村经济也成为当下发展的重要方向和主流。新型集体经济模式是有法律依据、有制度设计和政策体系保障、以农村和农民资产入股分红为主要形式的现代农村集体经济发展模式,其基本形态是农村股份制企业或股份制合作社[44]。乡村旅游地的集体经济发展模式,村民可以通过参股而获得公平的分红收益,可以更好地维护底层农民的利益,防止出现精英俘获的现象。村集体经济发展模式也可以实现对乡村闲置资源进行有效的利用,提高土地等资源的利用效率,推动乡村产业的兴旺发展。本研究的第二个案例选择了陕西省袁家村,该案例地在村内乡村精英的带领下,通过发展新型股份制村集体经济等形式,实现了脱贫致富,有效地化解了村民因利益之间的矛盾冲突,是当下乡村振兴的样板和典范,具有研究的重要价值与意义,研究团队也对该案例地进行了多次实地调研,获取了丰富的研究资料支撑等。

袁家村本是关中地区一个贫困落后的村落,却在乡村精英郭裕禄的带领下走出了一穷二白的困境,形成了自身的产业特色,依靠村集体经济的力量变成了在全国具有一定知名度的富裕乡村。1993年,袁家村成立了农工贸为一体的集团型企业——袁家农工商联合总公司,下辖12个子公司。当下的陕西袁家村又成为乡村振兴的一面旗帜,依托周边丰富的历史文化资源,袁家村现已形成以昭陵博物馆等历史文化遗迹为核心的点、线、带、圈一体化旅游体系,形成了以关中民俗为核心特色的乡村旅游地品牌,为中国的乡村振兴提供了极具价值的基层探索经验。

通常情况下,对于国内的大多数乡村旅游景点采用外来资本投资、公司化统一管理的模式,即通过征地方式,把农民从乡村旅游景点搬迁出去,这个过程也会引发政府、开发商和农民三者之间的矛盾冲突,然后组建专业化、职业化团队统一规划建设景区,形成门票、民宿住宿、餐饮娱乐等多元化的盈利模式。但是居民迁出去后无法享受景区发展带来的收益和分红等,当农民看到景区赚得盆满钵满的时候,通过各种方式来争取利益,这也影响了乡村旅游景区的正常运营和可持续发展,比如上文介绍的案例地。村民和外来开发商的矛盾不断,究其原因,主要在于利益的分配问题,农民得不到有效的利益,注定会引发一定的冲突。袁家村经积累的大量建设用地指标是袁家村重要的村集体资产,袁家村的乡村精英从村民利益出发,把属于村集体的建设用地盘活,变为资产,村民也通过村集体资产获取到了一定的收益。袁家村现有20多家经济合作组织,

都是农民自发、自愿,以土地经营权和现金入股的形式成立的,这些合作社里的农民就是由袁家村村民和周边其他村民共同组成的。农民的入股由基本股、混合股、交叉股、调节股、限制股五种类型构成[44]。袁家村的农村集体经济的股份制合作模式有效实现了村内村民之间的矛盾冲突,村民把村内的产业都当作自己的事业来做,村民之间形成了利益合体,提高了村民干事创业的积极性和主动性,同时也防止了村内贫富差距的进一步拉大等,实现了利益分配的均衡。

袁家村的村集体经济发展模式不仅实现了利益的公平分配和农民的贫富差距的缩小,其重要的一点还在于将村子发展的方向牢牢把握到了村民自己的手中。这种发展方式形成了良性循环,村内的大事都会通过村民大会等来决定,对于损害村集体利益的事情也不会被通过,只有符合村民发展愿景、能够助推乡村可持续发展的规划等才能获得村民的认可和同意,并且通过股份制可以改变原来农民的分散经营的弊端,形成一定的规模和标准。每家每户的小商贩都能够按照诚信原则来经营,待客热情,因为他们与整个村的产业发展存在荣辱与共的利益关系,这也极大提升了袁家村的知名度,打响了自己在全国的乡村旅游目的地品牌。

## 七、研究结论与展望

### (一)研究结论

本研究分析了国内乡村旅游目的地在资金融通方面的相关问题,随着乡村旅游市场规模的扩大和乡村振兴战略的有效开展,乡村旅游地的资金融通问题成为当下重要的现实问题,从中央到地方,各级部门也相继出台了各项金融扶持政策来推动乡村旅游地的基础设施建设,本研究系统梳理了近几年的金融政策内容,并提出了金融扶持乡村旅游产业发展的困境所在,并且选择了两个不同的典型案例地,探索不同资本形式对乡村旅游目的地的发展所带来的变化。通过案例分析可以发现,民间资本的逐利性特征可能会导致对经济利益的过多追逐,而忽视了农民利益和地方的可持续发展,造成了当地居民与外来开发商激烈的矛盾冲突,这也是国内许多乡村旅游目的地经常出现的一种现象。

而新型的村集体经济的发展模式允许农民入股,将发展的利益紧紧地握在了农民的手中。当然目前各地也出现了一些社会企业,其在资本入驻乡村旅游地的过程中并非只是考虑到自己的利益,而且兼顾社会责任,将农民的利益放在重要的位置,并且对区域经济的发展给予大力的支持。随着国家对新型农村集体经济的重视,乡村旅游的发展也迎来了重要的发展契机,各地也在探索农村集体经济发展的模式等,比如陕西省袁家村的"村集体+农户"的股份制模式等,这些模式的探索有效调动了乡村农民的积极性和干事热情,农民也可以从产业的发展中获取经济收入,获得可持续生计的来源,并且更好地解决了矛盾冲突问题,这也是乡村振兴的成功探索,不仅可以实现对当地优势资源的有效利用,又有效解决了当地居民的就业问题,而且在利益的分配上实现了公平,在资金的融通上实现了村民的入股,其发展模式对于国内许多乡村旅游目的地具有重要的借鉴意义和价值。

因此，在乡村旅游的发展过程中，实践中出现的一些问题推动着业界去创新办法解决，要敢于创新思路和办法，要独辟蹊径，才能更好地推动乡村的发展。而作为乡村旅游的研究者，更应该真正立足中国乡村发展的实际问题，找到乡村旅游发展的痛点和难点，真正提出具有价值和意义的学术问题。

### （二）研究启示

#### 1. 正确处理外来资本和本地居民两者的关系

国内的一些乡村旅游目的地因为处于欠发达状态，因此，在政府无力投资的时候更多是通过一些民间的外来资本进行旅游开发，外来企业和资本的入驻常常会因为利益的分配问题产生较大的矛盾。如何处理居民和开发商的关系，也是地方旅游实现可持续发展的重要的环节。从企业的角度来说，要担负起一定的社会责任，企业占据了当地优势的资源、产生了巨大的经济效益，就应该将一定的经济效益回馈到当地的发展中去，同时可以关注当地居民的生活质量的提升，通过为当地居民提供一些生活便利来进一步获得当地居民的认同；而作为当地居民，也应该进一步与外来企业搞好关系，毕竟在乡村旅游的发展下，当地居民实现了本地就业，并且获得了一定的收入，而且自己的眼界也进一步的拓宽，在外来企业的旅游营销下，当地也提升了知名度，为当地的发展无形当中带来了许多好处和资源，在有分歧的问题上可以通过合理的渠道与外来资本进行协商沟通，而不能通过一些暴力的行为去解决，避免事态的扩大化。如前些年一些景区出现的当地居民堵路等现象，造成了当地游客数量的下降，也对居民自身的利益造成了损害。从政府的角度来说，应该加强对外来企业和资本的监管，要始终以本地居民的利益为核心，充分发挥服务者的角色，为景区的发展和农民的致富提供优质的服务。在利益的分配上，可以创新探索利益联结机制，只有正确处理好居民与外来资本之间的关系，让外来社会资本与当地农民形成利益共生体，才能够实现两者之间的和谐共生，推动乡村旅游目的地的可持续发展。

#### 2. 乡村旅游地要不断创新融资方式

随着乡村旅游的快速发展，国家和地方在资金上也加大对乡村旅游发展的支持，但是对于乡村旅游地的发展来说，资金的短缺的问题依然存在，许多优质的乡村旅游地因为没有雄厚的资金进行旅游开发，也使得游客的进入性很差，没能够将旅游产业发展起来。农业和农村部等颁布的《社会资本投资农业农村指引（2021年）》也特别强调要聚焦乡村振兴重点领域，创新投融资机制，并且提出了创新政府和社会资本的合作模式、探索设立乡村振兴投资基金等，鼓励信贷和金融机构投资乡村，推广政府和社会资本合作的PPP模式。可见，乡村振兴需要社会资本的广泛介入，而乡村旅游产业的发展不仅需要地方财政支持，也需要社会资本的扶持发展。但是社会资本的进入和退出渠道，以及如何对社会资本进行有效利用等，都是需要深入探讨的问题，各地应该根据自己发展的实际情况，创新社会资本的进入方式，并且探索与社会资本的有效合作方式，能够把优质的社会资本引入乡村旅游产业的发展中去，推动乡村旅游地基础设施的建设，实现双方之间的互利共赢。

3. 乡村旅游地发展要实现对农民利益的保护

不管是民间社会资本进入乡村还是政府财政支持乡村旅游发展，都不能违背发展的初衷，要把农民的利益放在重要的位置。乡村旅游发展的目标应该是带动区域经济的发展，助推农民实现增收，因此在利益联结机制的构建上以及利益的分配上，都要考虑到本地农民的收益问题。由于农民的知识文化水平低，在保护自己权益的意识上有所欠缺，但是即便是这样，仍然要主动考虑在利益分配上实现公平，能够让农民获得经济收入，改变贫困落后的面貌，获得可持续发展的生计来源，只有农民获得了公平的利益，才会激发自身的干事热情，切实推动乡村旅游产业的发展。

## 参考文献

[1] 史玉丁, 李建军. 乡村旅游多功能发展与农村可持续生计协同研究 [J]. 旅游学刊, 2018, 33 (2): 15-26.

[2] 孙九霞. 中国旅游发展笔谈——乡村旅游与乡村文化复兴 [J]. 旅游学刊, 2019, 34 (6): 1.

[3] 赵洪丹. 政府支出、农村市场化与农村金融发展 [J]. 华南农业大学学报 (社会科学版), 2016, 15 (6): 10-17.

[4] 徐林强, 童逸璇. 各类资本投资乡村旅游的浙江实践 [J]. 旅游学刊, 2018, 33 (7): 7-8.

[5] 胡文海. 基于利益相关者的乡村旅游开发研究——以安徽省池州市为例 [J]. 农业经济问题, 2008 (7): 82-86.

[6] 何景明, 李立华. 关于"乡村旅游"概念的探讨 [J]. 西南师范大学学报 (人文社会科学版), 2002 (5): 125-128.

[7] 肖佑兴, 明庆忠, 李松志. 论乡村旅游的概念和类型 [J]. 旅游科学, 2001 (3): 8-10.

[8] 林刚, 石培基. 关于乡村旅游概念的认识——基于对20个乡村旅游概念的定量分析 [J]. 开发研究, 2006 (6): 72-74.

[9] 熊凯. 乡村意象与乡村旅游开发刍议 [J]. 地域研究与开发, 1999 (3): 70-73.

[10] 郑群明, 钟林生. 参与式乡村旅游开发模式探讨 [J]. 旅游学刊, 2004 (4): 33-37.

[11] 张艳, 张勇. 乡村文化与乡村旅游开发 [J]. 经济地理, 2007 (3): 509-512.

[12] 邹统钎. 中国乡村旅游发展模式研究——成都农家乐与北京民俗村的比较与对策分析 [J]. 旅游学刊, 2005 (3): 63-68.

[13] 李德明, 程久苗. 乡村旅游与农村经济互动持续发展模式与对策探析 [J]. 人文地理, 2005 (3): 84-87.

[14] 马勇, 赵蕾, 宋鸿, 郭清霞, 刘名俭. 中国乡村旅游发展路径及模式——以成都

乡村旅游发展模式为例［J］.经济地理，2007（2）：336-339.

［15］杜宗斌，苏勤.乡村旅游的社区参与、居民旅游影响感知与社区归属感的关系研究——以浙江安吉乡村旅游地为例［J］.旅游学刊，2011，26（11）：65-70.

［16］郭文.乡村居民参与旅游开发的轮流制模式及社区增权效能研究——云南香格里拉雨崩社区个案［J］.旅游学刊，2010，25（3）：76-83.

［17］汪芳，郝小斐.基于层次分析法的乡村旅游地社区参与状况评价——以北京市平谷区黄松峪乡雕窝村为例［J］.旅游学刊，2008（8）：52-57.

［18］杜江，向萍.关于乡村旅游可持续发展的思考［J］.旅游学刊，1999（1）：15-18，73.

［19］周玲强，黄祖辉.我国乡村旅游可持续发展问题与对策研究［J］.经济地理，2004（4）：572-576.

［20］朱晓翔，乔家君.乡村旅游社区可持续发展研究——基于空间生产理论三元辩证法视角的分析［J］.经济地理，2020，40（8）：153-164.

［21］李志龙.乡村振兴-乡村旅游系统耦合机制与协调发展研究——以湖南凤凰县为例［J］.地理研究，2019，38（3）：643-654.

［22］向富华.乡村旅游开发：城镇化背景下"乡村振兴"的战略选择［J］.旅游学刊，2018，33（7）：16-17.

［23］银元，李晓琴.乡村振兴战略背景下乡村旅游的发展逻辑与路径选择［J］.国家行政学院学报，2018（5）：182-186，193.

［24］李佳，钟林生，成升魁.中国旅游扶贫研究进展［J］.中国人口·资源与环境，2009，19（3）：156-162.

［25］孙春雷，张明善.精准扶贫背景下旅游扶贫效率研究——以湖北大别山区为例［J］.中国软科学，2018（4）：65-73.

［26］张妍，刘建国，徐虹.贫困地区居民对旅游扶贫满意度评价实证研究［J］.经济地理，2021，41（5）：223-231.

［27］张祝平.以文旅融合理念推动乡村旅游高质量发展：形成逻辑与路径选择［J］.南京社会科学，2021（7）：157-164.

［28］耿松涛，张伸阳.乡村振兴背景下乡村旅游与文化产业协同发展研究［J］.南京农业大学学报（社会科学版），2021，21（2）：44-52.

［29］徐有威，张胜.小三线工业遗产开发与乡村文化旅游产业融合发展——以安徽霍山为例［J］.江西社会科学，2020，40（11）：138-145.

［30］蒋昕，傅才武.公共文化服务促进乡村文旅融合内生发展的动力机制研究——以宁波"一人一艺"乡村计划为例［J］.江汉论坛，2020（2）：43-50.

［31］钟真，余镇涛，白迪.乡村振兴背景下的休闲农业和乡村旅游：外来投资重要吗？［J］.中国农村经济，2019（6）：76-93.

［32］高晓燕，赵晓卉，张帆.共享经济背景下乡村旅游企业融资模式——以澧县华诚彭山旅游度假庄园有限公司为例［J］.华侨大学学报（哲学社会科学版），2021（2）：

87-98.

[33] 马晓龙,陈泠静,尹平,李维维.政府在推动乡村旅游投资中的作用:基于动态博弈的分析[J].旅游科学,2020,34(3):19-31.

[34] 李涛.中国乡村旅游投资发展过程及其主体特征演化[J].中国农村观察,2018(4):132-144.

[35] 姚旻,赵爱梅,宁志中.中国乡村旅游政策:基本特征、热点演变与"十四五"展望[J].中国农村经济,2021(5):2-17.

[36] 鲁明勇.区位结构、投融资与乡村旅游产权制度的形成——以湘西民族地区为例[J].贵州民族研究,2010,31(5):105-111.

[37] 梁勤.金融支持乡村旅游发展的现实诉求与创新路径[J].西南金融,2021(5):64-76.

[38] 中国人民银行阿勒泰地区中心支行课题组,吴焱.金融支持乡村旅游业稳健发展[J].中国金融,2019(18):93-94.

[39] 贾薇.民间金融支持乡村旅游融资的必要性、风险与对策[J].农业经济,2020(8):96-97.

[40] 李华强,邹安琼,姚沁.乡村旅游开发中利益相关者行为的演化博弈分析[J].农村经济,2020(2):83-88.

[41] 唐献玲.基于共生理论的乡村旅游利益冲突与治理机制[J].社会科学家,2020(10):41-47.

[42] 武晓英,李辉,李伟.社区参与旅游发展的利益分配机制研究——以西双版纳民族旅游地为例[J].北京第二外国语学院学报,2014,36(11):59-67.

[43] 徐凤增,林亚楠,王晨光.社会创业对乡村旅游利益分配模式的影响机理研究——以山东省中郝峪村为例[J].民俗研究,2019(5):122-135,159-160.

[44] 王德刚,孙平.农民股份制新型集体经济模式研究——基于乡村旅游典型案例的剖析[J].山东大学学报(哲学社会科学版),2021(1):142-151.

[45] 陆林,刘烊铭.政府主导乡村旅游开发进程中的农民利益保护研究——以云南KY小镇为例[J].农村经济,2019(6):50-56.

[46] 丹巴,陈楷健,朱思颖.乡村旅游社区利益相关者的演化博弈分析[J].农村经济,2019(12):137-144.

[47] 乔磊.基于利益相关者理论的乡村旅游可持续发展模式构建[J].新疆社会科学,2010(5):27-32.

# 乡村旅游数字技术应用及其扩散研究

张子萱　于海波　吕芳冰

## 一、乡村发展与数字技术

在数字技术高速发展的信息化时代，推进乡村地区人才数字技术既是解放和发展数字化生产力的战略举措，也是激发乡村振兴内生动力的重要路径。2019年5月，中共中央办公厅、国务院办公厅印发《数字乡村发展战略纲要》，指出立足新时代国情农情，要将乡村地区的数字技术建设作为数字中国建设的重要方面，加快信息化发展，整体带动和提升农业农村现代化发展。2020年7月，中央网信办等七部门联合印发《关于开展国家数字乡村试点工作的通知》，部署开展数字乡村试点，积极探索数字乡村发展新模式。这些顶层设计和战略举措为进一步解放和发展数字化生产力，加速网络化、信息化和数字化在农业农村经济社会发展中的应用指明了方向。

### （一）乡村发展中的数字技术

1. 数字乡村

2019年5月，中共中央办公厅、国务院办公厅印发《数字乡村发展战略纲要》指出数字乡村是伴随网络化、信息化和数字化在农业农村经济社会发展中的应用，以及农民现代信息技能的提高而内生的农业农村现代化发展和转型。实施数字乡村战略四阶段如图1所示。

数字乡村指在信息文明时代的背景下，运用互联网数字技术实现乡村生产、生活、治理与乡村经济社会发展的数字化、智能化与现代化。数字乡村建设是数字中国战略与乡村振兴战略的并行路径。曹佳斌（2021）指出，我国农业数据资源丰富、农民对数字技术需求迫切、农村数字红利潜力巨大，加快农业数字化转型，在产业平台撮合下加速信息畅通与互动，实现农业降本增效和价值链跃升，对全面推进乡村振兴和加快农业农村现代化具有重要的战略意义[1]。郭红东等（2018）认为数字乡村是指乡村依托数字经济的发展，以现代信息网络为重要载体，以数字技术创新为乡村振兴的核心驱动力，实现乡村生产数据化、治理数据化与生活数据化，不断提高传统产业数字化、智能化水平，加速重构经济发展与农村治理模式的新型经济形态[2]。侯志阳（2020）提出数字乡村有两层内涵：从静态角度看，数字乡村是一种乡土社会秩序，它作为信息文明时代的一种乡村类型，区别于农业文明、工业文明时代的传统村落，乡村的生产、生活、生态空间呈现数字化、信息化、智能化特征;从动态角度看,数字乡村又是一种社会变迁,随着信息技术的不断更新变化,乡村经济社会发展的理念、制度、手段也持续智能化、数字化、技术化[3]。数字乡村的相关文件与措施如表1所示。

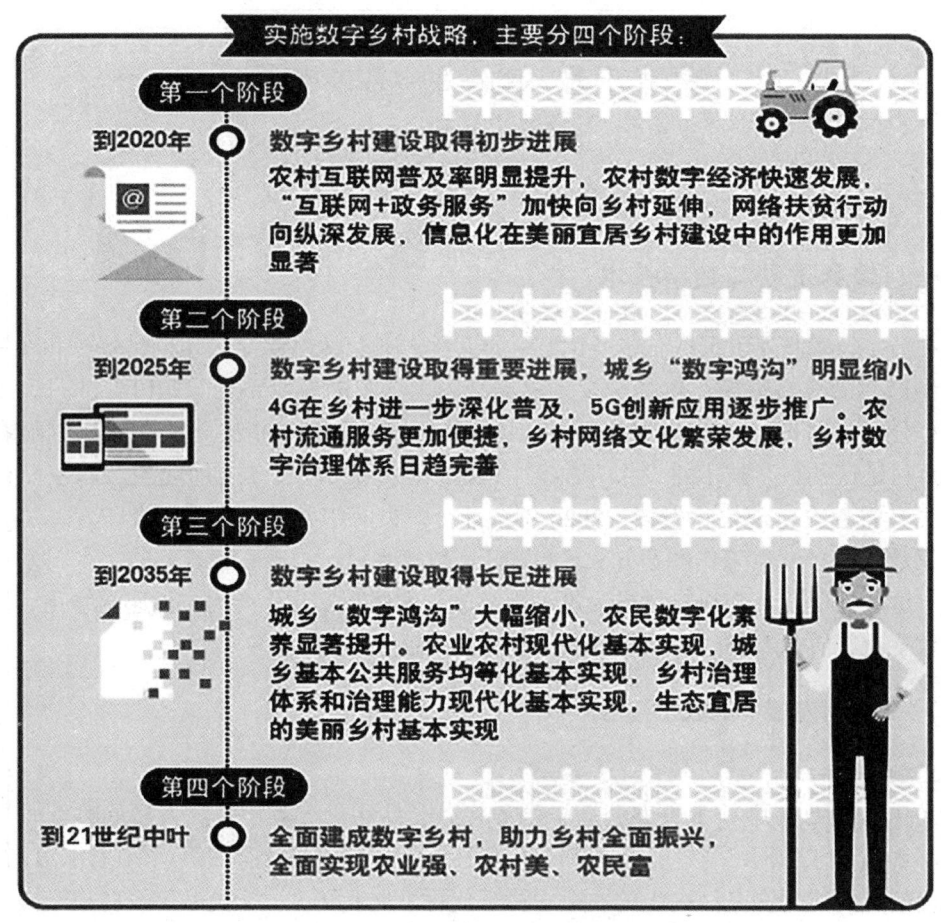

**图1 数字乡村战略发展阶段**

资料来源:新华社.如何分阶段实施《数字乡村发展战略纲要》[ER/OL].www.gov.cn/xinwen/2019-05/17/content_5392646.htm,2021-08-08.

**表1 数字乡村的相关文件与措施**[4]

| 文件名称 | 发布部门 | 部分措施 | 发布时间 |
| --- | --- | --- | --- |
| 中共中央、国务院关于实施乡村振兴战略的意见 | 中共中央、国务院 | 实施数字乡村战略,做好整体规划设计,加快农村地区宽带网络和第四代移动通信网络覆盖步伐。 | 2018.1 |
| 乡村振兴科技支撑行为实施方案 | 农业农村部 | 着力在知识农业、农业物联网等领域突破一批重大基础理论问题。 | 2018.9 |

续表

| 文件名称 | 发布部门 | 部分措施 | 发布时间 |
|---|---|---|---|
| 中共中央 国务院关于坚持农业农村优先发展做好"三农"工作的若干意见 | 中共中央、国务院 | 强加数字农业农村系统建设、依托"互联网+"推动公共服务向农村延伸。 | 2019.2 |
| 数字乡村发展战略纲要 | 中共中央、国务院 | 加快乡村信息基础设施建设,发展农村数字经济,强化农业农村科技创新供给,建设知识绿色乡村,统筹推动城乡信息化融合发展等。 | 2019.5 |
| 数字农业农村发展规划（2019~2025年） | 农业农村部、中央网络安全和信息化委员会办公室 | 全面提升农业农村生产智能化、经营网络化、管理高效化、服务便捷化水平。 | 2019.12 |
| 中共中央 国务院关于抓好"三农"领域重点工作确保如期实现全面小康的意见 | 中共中央、国务院 | 加快物联网、大数据、区块链、人工智能、第五代移动通信网络、智慧气象等现代信息技术在农业领域的应用。开展国家数字乡村试点。 | 2020.1 |
| 2020年农业农村部网络安全和信息化工作要点 | 农业农村部 | 大力实施数字农业农村建设,深入推进农业数字化转型,扎实推动农业农村大数据建设,全面提升农业农村信息化水平。 | 2020.5 |
| 2020年数字乡村发展工作要点 | 中央网络安全和信息化委员会办公室等四部门 | 推进乡村新型基础设施建设、推动乡村数字经济发展、加强数字乡村发展的统筹协调等。 | 2020.5 |
| 关于开展国家数字乡村试点工作的通知 | 中央网信办、农业农村部等七部门 | 开展数字乡村整体规划设计、完善乡村新一代信息基础设施、探索乡村数字经济新业态、探索乡村数字治理新模式、完善"三农"信息服务体系。 | 2020.7 |

2. 数字红利与乡村振兴

"十四五"规划对加快数字化建设、建设数字中国做出明确部署。陈奥等（2021）指出,数字经济与实体经济各领域的深度融合所带来的生产效率提升及生产模式改变,成为产业转型升级的重要驱动力[5]。随着我国全面推进乡村振兴,加快农业农村现代化工作的展开,数字技术与乡村振兴的结合成为未来乡村发展的重点问题。

数字技术与乡村发展的结合方式首先体现为乡村信息化。乡村信息化、数字数据全方位渗透进乡村发展模式与乡村生活方式,并在此基础上持续为乡村产业的长期增收赋能。依托大数据分析、云计算等数字技术的支持,电商平台在为供给双方提供信息服务的过程中所沉淀的大数据资源经分析处理后,可提供农产品生产与流通的渠道沟通等数据服务,这一模式还有望推动现有产业链的价值延伸,自动识别技术、物联网技术与智能决策技术等的全面引入,为构建农产品全供应链追踪系统提供了强有力的数字支撑。曹佳斌（2021）指出,借助数字技术平台,销售过程中可以实现市场需求、库存更新和物流信息的动态实时共享,将倒逼企业优化生产经营决策,向以销定产、品种优化的现代农业方向迈进。此外,在数字化、网络化和智能化技术的深度融合下,农业分工愈加精细化和专业化,这将催生农业生产性服务新业态的不断涌现[1]。

### (二)乡村发展中的数字技术应用

当前,乡村发展数字建设发展取得一定成效,大数据、云计算等新一代数字技术的持续引入与更新,助力乡村发展数字技术应用的持续推进且稳步发展。

1. 数字乡村基础设施建设基础夯实

基础设施是乡村数字化建设的重要基础。近年来,政府相关部门持续推进农村地区电信基础设施的建设和升级改造,加快网络覆盖和普及应用。随着全国各地积极推进乡村基础设施数字化转型升级,逐步补齐乡村基础设施短板,乡村信息基础设施已基本实现全国全域覆盖。这将极大便利乡村居民的上网用网需求,也为乡村生产生活提供信息化方面的支持,为乡村从业者全方面拓展乡村产业业务提供保障。

随着"快递下乡"、农产品出村进城等工程的深入实施,海外购、电子支付等产品服务正丰富着广大乡村群众的生产生活,数字红利正加速向乡村溢出,中国城乡经济发展的"数字鸿沟"正不断弥合。电商加速赋能农业农村数字化发展,有力推动了城乡资源双向流动,助力乡村振兴[6]。

2. 乡村智慧物流基础设施不断推进

数字乡村基础设施的完善使得乡村电商发展有了基础性的硬件支持,使得乡村与城市之间畅通无阻的信息交流成为可能,而智慧物流基础设施的建设则是发展乡村数字经济的重要基础,有效解决了制约工业品下乡、农产品出村的瓶颈问题。刘矫剑(2021)指出,近年来国家邮政管理部门全面推进"两进一出""快递下乡"工程,充分发挥社会资源在乡村智慧物流基础设施建设中的重要作用,深入推进县、乡、村三级物流网络建设,加快乡村邮政和快递网点普及,有效打通了乡村地区产品流通的"最后一公里"[6]。截至2020年前半年,全国乡镇快递网点覆盖率已超过97%,乡村智慧物流基础设施建设取得重大阶段性成果[7]。当前,电商平台与网络直播已成为农产品销售的两大重要渠道,乡村智慧物流基础设施的完善解决了农产品出村这一关键问题,为乡村电子商务的蓬勃发展奠定了基础。

3. 乡村大数据服务平台建设逐步推进

云计算、大数据等数字技术正与农产品生产、交易与流通实现深度融合,并逐步建立起数字技术导向的服务平台,为乡村产业发展提供数据技术等方面的服务。例如,广西横县搭建了全国首个涵盖茉莉花种植、交易与流通等全产业链的大数据服务平台,为茉莉花的智慧种植、产品设计、供需对接等环节提供强大的数据支撑[7];在浙江嵊州,全球首创的全龄人工饲料工厂化、数字化养蚕项目成功量产;在松阳,茶叶种植加工销售全程可追溯,破解了茶叶安全难题[8]。

4. 网络扶贫发挥时代特色

网络扶贫主要涉及网络覆盖、网络扶智、信息服务、农村电商、网络公益五个方面,充分发挥互联网信息技术的优势,从基础硬件支持、信息保障和可持续脱贫方案引入等方面，助力乡村贫困人口脱贫致富。近年来，全国各地通过开展网络技能培训、网络远程教育等方式，提高乡村贫困地区人口的知识技能水平与创业创新能力，通过广泛开展互联网渠道的宣传，鼓励劳动者参加线上职业技能培训。此外，网络公益还有助于引导社会力量助力脱贫攻坚。多种多样的网络公益活动呼吁全社会重视扶贫，引导网民、网信企业、网络社会组织力量参与扶贫，并逐渐营造了一个人人参与扶贫的良好氛围。例如，中国平安上线网络消费扶贫公益项目"平安云农场"，旨在帮助贫困地区的农产品搭建一个展示、推广和销售平台。

5. 数字技术助推生态振兴

借助发达的数字技术、声像图文等媒体手段，完成对乡村生态资源配置现状的可视化反映，充分考虑资源特性与利用现状，进行实行因地制宜的资源配置与开发，提高资源利用的可持续性与科学化程度。

依托乡村生态系统检测等数字平台，对乡村生态环境情况进行实时监控，提升环境监管的科学性与精准度。例如，借助环境质量监测系统，对乡村生态环境污染的相关数据进行评估分析，快速找到污染源，有效分析污染产生的原因，从而大幅提升乡村生态环境的数字化整治能力，提高乡村生态环境整治与监管水平。

### （三）乡村数字技术应用发展趋势

1. 农产品社群消费日渐兴盛

随着电商在农产品消费领域的快速渗透及冷链物流业的迅猛发展，以社群消费与社区团购为主要形式的农产品销售业正呈现出举足轻重的市场作用与社会价值。京东、拼多多、美团等互联网巨头企业纷纷布局社区团购市场，对应的社区团购品牌不断涌现，并迅速占领城乡市场，农产品电商供应链呈现出供给、需求两端直接对接的发展趋势。

2. 数字化和线上化成为乡村创新创业的重要形式

随着乡村振兴的深入推进，乡村未来发展形势明朗，掀起了外出务工人员回乡就业热潮，另有高校毕业生、政府选调生等新农人积极投身基层乡村建设，各类乡村创新创业主体将超越地域的限制，利用现代数字技术的优势，更多地以数字化和线上化的方式推动乡村创新创业价值链的构建。

3. 乡村公共服务向在线化、智能化方向发展

政府将大力推进乡村信息基础设施的建设，为公共服务的在线化与智能化奠定基础。同时，这也将缩小城乡信息基础设施的差距，进而缩小城乡公共服务水平差距。村民将通过智能手机等智能终端设备，轻松及时地获取各类公共服务信息，实现各种公共服务业务线上办理。政府还投资打造乡村教育线上平台，推动其走线下集中教育和线上远程教育相结合的综合教育模式，在线教育将成为乡村中小学正规教育以及乡村各类人员日常学习的重要手段[9]。此外，基层医疗卫生服务的数字化工程也在不断推进，远程医疗将成为乡村公共服务的另一建设亮点。

4. 乡村数据资源体系化发展

乡村基础数据资源体系建设是促进乡村数字经济正常运行和可持续性发展的基础要

件，体系通常涵盖农业自然资源、各类农业经营主体、乡村集体资产和乡村宅基地等多方面的大数据。该体系有助于推动乡村数据互联互通、资源共建共享、业务协作协同，为城乡数字经济发展提供有力的数据支撑[9]。

## 二、旅游发展与数字技术

作为旅游业的一种新业态，互联网与旅游业的创造性结合为旅游业发展注入新的动力。网络基础设施的普及是这一模式获得大范围推广的基础。"互联网+旅游"发展模式的推进一方面要利用先进的信息技术，推进旅游领域数字化、智能化、网络化转型升级；另一方面也要关注旅游科技创新，重点解决旅游领域的"卡脖子"问题，这是推动形成旅游业发展新模式的关键，也是建设数字中国的内在要求[10]。

### （一）数字技术在我国旅游产业的应用

数字技术在旅游产业的广泛应用对其长足发展来说起到推动器与催化剂的重要作用。

1. 实现游客服务的多元化

通过设置涵盖旅游信息查询、门票出售、酒店预订等业务的线上旅游服务平台，推动旅游产品交易在线上自主完成；通过在机场、火车站等游客集散重点区域设置智能化旅游体验中心，引入AR、VR等数字技术为游客提供沉浸式体验多样化旅游资源的机会。

2. 推动旅游产业精准营销

通过借助大数据获取分析信息的技术，旅游企业得以获取目标群体的个人信息与旅游偏好，在其充分了解了旅游者的年龄、职业、受教育水平、收入情况及消费偏好后，对其进行精准的用户画像，并实现旅游目的地信息的针对性推送，实现旅游产品与服务的精准营销。

3. 促进旅游业务管理的智能化与精细化

旅游业可以通过信息化网络平台打通各职能部门的信息化壁垒，建立共享、协同、联动的管理机制，提升景区内各种突发事件的处理与响应能力，还可以通过网络爬虫抓取景区附近的交通、气象、停车位等数据形成旅游行业大数据分析报告[11]。

### （二）数字技术对我国旅游产业的意义

1. 实现旅游产业高质量发展的重要支撑

随着数字技术的广泛应用，旅游产业正在实现动力变革与质量变革，从资源驱动模式迈向科技创新驱动模式。例如，故宫利用数字技术提升讲解过程的互动性和参与度，为游客提供沉浸式游览体验；在数字技术的支撑下，还诞生了许多新的文旅业态，如虚拟现实景区和数字博物馆等。

2. 助力旅游业供给侧结构性改革

近年来，海外旅游产品消费大幅增长，出境游市场亦较为火爆，这反映出我国旅游产业存在着有效供给不足的现象：旅游产品结构单一、产品缺乏特色、供给质量不高、要素配置不合理、供给效率低下等[10]，与消费者对旅游产品的个性化、多样化与集约化需求还存在一定的差距。因此，为了满足消费者对高质量旅游产品与服务的需求，应引入数字技术助力旅游产业供给侧结构性改革。例如，运用大数据获取与分析信息的技术，捕捉消费者升级了的旅游需求，做出精准的旅游者画像，更好地顺应旅游消费升级趋势，以产品和服务的多样化、智能化为导向推动我国旅游产业转型升级。

3. 推动文旅产业融合发展的重要抓手

从产业发展的历史来看，数字技术的应用与发展推动了文旅产业的产生与发展，并使得大规模的文化和旅游消费成为可能。伴随着其在文旅产业的深度渗透，文化和旅游产业的边界将被逐步打破，两大产业也将在更广范围、更深层次、更高水平上实现深度融合[12]。

4. 推动旅游产业效率提升

随着数字技术的发展与逐步成熟，旅游产业内越来越多地出现数字技术产品的身影，如刷脸进入景区、智能化办理签证等。数字技术正在不断创造新的旅游应用场景，拓展故有的认知边界，为旅游市场广阔的需求提供无限可能。与此同时，数字技术的高渗透性与较强的扩散机制有助于促进旅游业技术升级，降低其突破路径依赖的成本，数字技术带来的溢出效应有助于旅游业摒弃传统的观点，提升行业对技术升级必要性的认知，从而实现旅游业数字化内部动力的释放[11]。

数字技术对旅游产业效率的提升还体现在管理制度结构的优化。充分利用数字技术设立信息平台，可推动旅游资源的优化配置与产品创新；克服原有制度的局限性与短视性，鼓励人工智能等现代科技产业积极与旅游业对接，推动要素资源的充分流动；数字化管理手段与方式有助于规范旅游业经营管理情况，提升产业管理监控效度。

数字技术充分发挥其自身优势，提升了旅游产业的技术水平与生产效率，降低了产业内的信息壁垒，增加了技术与知识总体存量。对旅游业而言，数字技术的引入能满足消费者多元化、个性化乃至定制化的旅游需求，还将为旅游产业自身的体制革新提供支持，不断提升管理运营效率，促进旅游业持续健康发展。

## 三、乡村数字技术的应用与乡村旅游发展的耦合

### （一）数字技术走进乡村文旅产业

大数据、云计算、人工智能等数字技术的快速发展大大推动了文旅产业在服务体验、产品形态及消费场景等多方面的改造升级。随着我国经济的飞速发展，人们的文化与审美水平提高，对乡村旅游的产品与服务也提出了更高的要求。但目前的乡村旅游发展还存在诸多问题，旅游产品与服务项目有待改造创新。数字技术则可以有效弥合供需之间的差距，为乡村旅游可持续发展提供新的生机与活力。

1. 增加乡村旅游活动项目

数字技术以虚拟开发的形式，搜寻乡村旅游项目新方向，帮助乡村开发创新型旅游项目，打造适合多个目标群体的娱乐项目，解决乡村旅游项目同质化现象，为旅游策划提供新的依托。

乡村传统的节庆、歌舞等民俗文化活动在许多情况下无法满足当代旅游者的文化与审美需求，为发挥乡村文化对旅游发展的推动作用，需对传统乡村文化进行更新与改进。在数字技术的加持下，这一改进过程将呈现出更高的效率与更显著的效果。例如舞台剧《孟姜女》将其传统剧目内容进行数字化创新，借助灯光控制、投影技术与数字媒体虚拟技术等将舞台氛围烘托到极致，使得游客获得绝佳的沉浸式体验。

当前，数字文化产业领域在产业融合发展方面有很多成功实践：通过短视频与直播的综合运用，青海茶卡盐湖、本安永兴坊摔酒碗与抖音视频的结合瞬间导致游客暴增[13]。

2. 丰富乡村旅游资源的宣传形式

数字技术为乡村提供众多传播渠道，包括互联网、数字电视广播网等，并通过手机端、电脑端宣传页面的制作，短视频宣传的剪辑，影视特效制作等多种形式将乡村旅游资源广泛地宣传，从文字、图像、声音等多方面展现目的地的独特性与吸引力，带给消费者直观的感受，刺激其旅游消费欲望。数字技术还可以实现针对不同目标群体对旅游做出不同形式的宣传规划，为旅游者提供更具针对性的信息服务。

借助数字媒体技术的直观性和互动性，开发乡村文化网红传播途径，借助关注度、影响力较高的博主、主播等，推广乡村文化的风采，通过短视频、直播等形式扩大乡村旅游目的地的知名度，吸引更多人来乡村体验了解传统农耕文化。此外，开展乡村文化宣传短视频征集大赛可实现影响范围更大的宣传效果，激励游客从不同的视角记录多样的乡村文化面貌，充分发挥参照群体对旅游者消费的正向影响作用。

这方面的应用案例包括建立乡村网站，将村史故事用动画或视频的形式再现，对历史文化保护和传承，通过展现丰富的文化底蕴提升目的地的吸引力。例如"云上村楼"App收录了贵州546个传统村落，内容包括文字、方言、服饰、历史、建筑、饮食等多个方面。"中国传统村楼数字博物馆"通过虚拟现实的VR全景图、口述历史馆、村落影像展等形式，展现乡村三维古建筑模型、民俗艺技影像记录、名人事迹的记录等[14]。

(二) 数字技术助力乡村旅游高质量发展

1. 政府将数字技术引入乡村旅游

政府利用现代数字技术对乡村旅游资源进行合理配置与科学规划，引入数字媒体渠道加大对目的地旅游的宣传与推广力度，力争从目的地供给水平和旅游者消费意愿两方面同步发力，打造自身有特色、游客愿意来的乡村旅游目的地。并引入数字化管理手段、搭建乡村旅游数字化治理平台，实现乡村旅游产业的有序开发、有序管理、有序服务，在乡村全域打造有序、有吸引力、有游览价值的景点，响应全域旅游发展模式号召,多点激发乡村旅游创收能力。通过数字技术手段的应用,实现对乡村旅游资源禀赋情况的科学分析与规划,为乡村文旅管理提供信息服务与科学参考,协助旅游资源管理工作日益走向完善。

2. 企业推动发展数字旅游新业态

企业应以点带面的示范带动作用,着重发挥互联网、人工智能、大数据、云计算等数字技术优势,在乡村旅游领域探索和推广"数字技术+乡村民宿""数字技术+乡村会展""数字技术+家庭农场"的乡村旅游高质量发展新模式。与此同时,企业的可持续发展可为乡村从业者创造更多就业机会,助力乡村产业持续健康循环发展。在营销层面,可以选取网络直播等形式,丰富乡村旅游产品营销渠道;借助人工智能、VR等技术手段推出更丰富的互动体验,促进乡村旅游消费业态的高品质转型升级;通过数字化服务,以游客的搜索引擎检索记录、消费轨迹等大数据为基础,绘制旅游者画像,打造更加个性化、定制化、多样化的乡村旅游体验。

数字技术将为乡村提供文化输出新载体。企业可借助微博、抖音、小红书等平台,推动乡村文化打破空间限制,以图文、动画、视频等形式,将乡村文化场景呈现在大众眼前。此外,以乡村地区特有的民俗文化遗产为中心,还可以打造独具特色的乡村旅游IP,提升乡村文化附加值,提升自身产品与服务吸引力。

3. 村民树立数字经济发展新观念

农民是乡村旅游高质量发展的重要贡献者和受益人,在乡村振兴、乡村旅游高质量发展的时代背景下,农民需积极转变观念、拓宽思路、增强意识、开阔眼界、丰富经验,增强自我造血功能,努力成为新时代爱产业、懂技术、善经营、会管理的新型职业农民[15]。社会组织与相关企业应从理论学习与实地检验两方面入手,为农民提供更多培训教育机会,助力农民获取更多关于数字技术应用知识,拓展数字技术助力乡村发展技能,帮助其解决在乡村数字旅游建设过程中遇到的问题与困难。

4. 游客拉动数字旅游消费新需求

近年来,我国旅游消费者文化意识与审美水平普遍提升,旅游需求呈现出返璞归真、向往自然的特点,对此,相关企业与组织应抓住重要发展机遇,大力推广乡村旅游宣传,借助大数据技术,分析消费者画像,精准推送相关目的地信息,吸引游客前往消费与体验。这将对激发游客的数字旅游消费需求起到针对性作用。

旅游消费者也应发挥自身信息检索技能,广泛搜寻优质旅游资源信息,推动数字旅游消费发展趋势,为拓展创新型旅游体验创造机会。消费者可通过微博、小红书、抖音等新媒体平台观看乡村旅游宣传的短视频、直播,发掘多样化乡村旅游供给信息,拉动数字旅游消费新需求。数字经济助推乡村旅游高质量发展路径如图2所示。

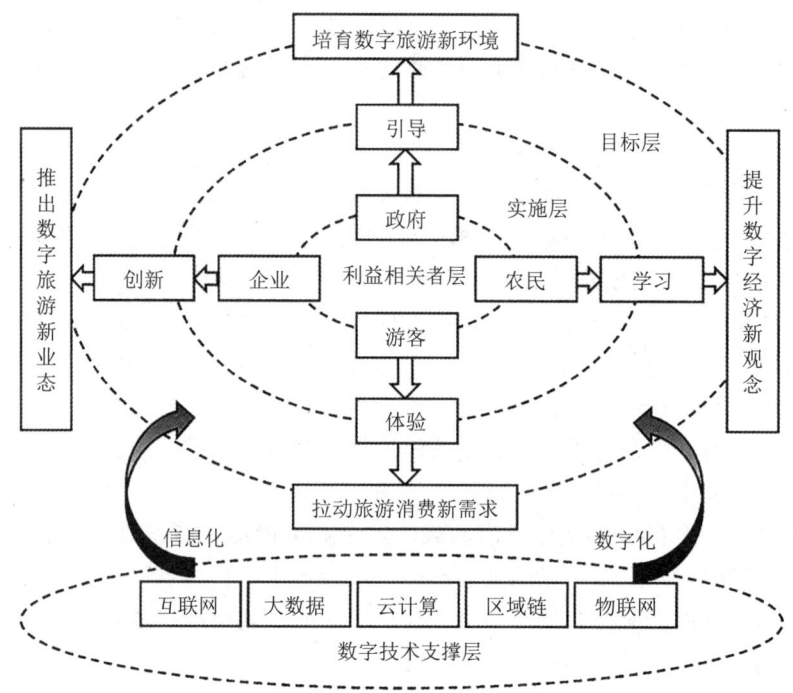

图2 数字经济助推乡村旅游高质量发展路径示意[14]

## 四、乡村旅游数字技术应用的扩散效应

### (一)数字乡村助推乡村生态振兴

大数据作为乡村振兴的助推器与催化剂,必须在基础设施、监管模式、人才培养等方面对乡村生态资源进行保障,实现高速的数字旅游发展与乡村生态振兴同步推进。

1. 搭建生态环境信息平台

乡村生态环境监管可采用环境数字化管理模式,在乡村设置智能垃圾桶,以及污染源追踪、污水检测等物联感知设备,形成触达乡村个角落的物联感知网[16]。建立乡村环境综合指挥中心,通过信息化网络平台全面反映乡村生态资源与环境情况,对乡村出现的环境问题及时发现、实时追踪与科学指导,将乡村环境质量监测信息准确发布、及时干预,确保乡村生态环境的可持续发展。完善农村信息服务体系,拓宽公众参与渠道,使得群众得以快速了解乡村环境监测信息,为综合指挥中心提供自己的建议或意见,全民助力乡村生态环境保护事业。

2. 建设高素质农村信息化人才队伍

培养具有一定数字技术知识和应用技能的乡村本土化人是解放与发展乡村数字化生产力的首要因素及决定因素。一方面,通过在线平台培训新时代农民的数字技能与信息技术知识，培养一批专业技能型、生产经营型和社会服务型的懂技术、爱农业、善经营的复合型乡村人才，实施新型职业技术农民培养工程计划，使农村居民根据自身情况学习相关的先进数字技术知识，提高农村居民利用信息平台获取环境信息的能力。另一方面，实施大数据人才引进政策，制定和落实吸引大数据应用人才到乡村服务的各项优惠政策，鼓励大数据应用人才参与"数字乡村"建设，为农村环境治理注入新血液。习近平总书记指出："乡村振兴，人才是关键。要积极培养本土人才，鼓励外出能人返乡创业，鼓励大学生村官扎根基层，为乡村振兴提供人才保障[17]。"

## （二）数字技术与乡村治理

### 1. 乡村社会数字化

在乡村治理中，数字技术依靠理性科学的逻辑，以事件为中心，将事件分解成诸如发生的时间、地点、责任主体、情况描述等一系列要素和环节。地方政府还致力于动员村民参与村庄公共事务与村庄治理，将村民转化为提供信息的志愿者，为政府及其职能部门精准开展工作提供可靠信息[18]。

### 2. 数字治理与乡村文化协同发展

数字乡村治理过程必须以延续乡村地域历史文化为目标。利用互联网、云计算、物联网等先进数字技术，打造乡村文化品牌IP，开发乡村文化创意产品；利用微博、小红书、抖音等平台宣传乡土文旅价值和乡村民俗文化遗产；构建数字乡村文化服务平台，拓展乡村文旅服务渠道，扩充村民获取文化生活信息的方式；吸引更多数字技术人才投身乡村文化建设工程，从更广的维度宣扬延续乡村历史文化，提升数字乡村的文化性价值。

### 3. 数字治理与乡村生态环境保护

政府部门在推进数字乡村治理过程中，应避免片面追求经济效益、忽视生态效益的发展思路，寻求数字乡村提供持续动力的发展模式，重点关注乡村生态环境的保护；另外，数字治理应符合数字乡村的生态技术创新理念要求，以如何保护和提升乡村生态为准则，在发展各阶段都与生态环境相协调，以"生态—经济"效益的双重提升为目标，在数字乡村治理过程中能高效率地对乡村地区资源进行科学合理利用[19]。

### 4. 重塑利用乡村在地性资源

在推进乡村数字高质量治理过程中，需构建乡村在地性机制，提升数字化的乡村性特征。数字乡村治理的在地性要考虑到包括自然景观的在地性、文化的在地性、人和技术的在地性、产业的在地性、发展的在地性等诸多方面，重塑乡村性资源价值，改变以往的乡村建设模式。通过重塑数字乡村的在地性资源，积极保护乡村风貌，复活乡村经济活力，真正释放数字乡村的治理绩效和发展价值[19]。

### 5. 构建乡村情感共同体

数字乡村战略不仅是现代数字技术在乡村治理中的应用，还涉及乡村社会结构与关系的重塑，推动构建乡村情感共同体，着重强调"道德""情感纽带""教化"在乡村社会中的重要性。在过往推进数字乡村建设过程中，依然出现了破坏历史文化积淀、社会文化关系、乡村道德标准与情感维系的问题。因此在数字乡村治理过程中，要重视维护乡村自然生态环境、传承乡村地域历史文化、构建乡村情感共同体，从而保护乡村性价值，真正释放数字乡村战略的价值意义。

### （三）乡村产业技术开发

1. 推进数字农业核心技术发展

对数字乡村产业相关的核心传感器等技术设备加大研发投入力度。在精确的数据采集技术的支持下，智慧乡村产业将有可观的长期发展前景，因此我国需加强产、学、研对接，引入高校科研力量与相关企业投资生产能力，对涉及传感器核心技术工艺的相关研发项目提高政策倾斜与扶持力度，推广无人机、智能农业机械等成熟的数字技术设备的使用。

2. 丰富农业数字化产业链

提高数字技术在乡村产业的前端应用深度，重点扩大对自然资源管理、农作物影像分析等软件平台的开发应用，从本质上提升我国乡村产业发展的科技含量与技术水平。扩展数字技术在乡村产业后端的应用宽度，鼓励和支持乡村数字技术创新及应用，以实现乡村产业可持续的市场化。近年来，随着网红经济与短视频直播业的发展，我国以休闲农业、乡村电商为代表的数字乡村产业发展异军突起。加大农产品直销、村干部直播带货等新型助农举措，发展乡村产业新业态，刺激传统农业生产的转型。

普及数字农业知识、提高农业人才技术水平素养，发挥科研院所、高校、企业等各方作用，从理论知识与实践应用教学两个角度切实培养数字农业复合型人才，不断提高乡村从业者知识水平。鼓励高知识人才下到基层乡村参与建设，注入产业发展新活力，带动当地村民转型。鼓励新型农民尤其是青年壮劳力创新创业，挖掘乡村传统优秀文化，打造独特乡村文化IP，持续激发乡村产业创造活力，带动旅游产业及相关产业发展。

打造多元化的数字农业服务平台，降低农业数字化转型门槛，加大物流快递进村工程，提升农产品流通效率；构建数字化农产品标准体系建设，扩大销售渠道；加速数字农业创新创业载体建设；筹办大型农业会展、赛事活动等。同时，鼓励社会企业发展农业配套服务，并在税收政策、宣传推广上给予支持[20]。

### （四）乡村旅游与相关产业协同发展

1. 协同发展方向与内容

乡村旅游+休闲体育。乡村住宿业的主要存在形式为农家乐，随着数字技术的引入，可采取"互联网+体育旅游"模式，将农家乐集群创新性地发展为休闲、健身、娱乐和体育设施齐全的体育旅游集聚村。提供线上为顾客推荐健身旅游方案服务，制定旅游线路和活动规划，打通线上线下共享便捷渠道的服务业务。"农家乐"在运营过程中还应注重营造惬意自由的环境，增加参与式体验活动，将乡村环境的优势充分发挥在体育健身产业的场景中，打造独特的休闲体育体验环境，推出具有地方特色的个性化旅游体育产品和服务，满足消费者追求新奇与个性的心理。

扩散机制研究方面，在大力发展乡村振兴战略的背景下，地方政府应尽快制定和完善与体育旅游相关政策，扶持休闲体育的发展，为乡村旅游的践行提供有力的保障。另外，随着经济社会的发展，人民生活水平日益提高，业余活动逐渐丰富。相较于快节奏、低质量的枯燥生活，人们更倾向于丰富的精神生活和益于身心的休闲活动。以网络作为消费扩散的有力渠道，在旅游 App 上大力推广地方特色休闲体育旅游产品。同时，创建独立的体育旅游服务平台，实现体育旅游产品信息的发布、营销、管理及服务等。这种平台的构建一方面需要符合当下游客选择旅游消费的方式，让游客可以根据自身需要选择旅游产品，另一方面也为体育旅游产业良性发展提供有利的条件，有利于体育旅游产业链的形成。

协调机制研究方面：一是政府、企业和行业之间的协同发展，加快休闲体育与乡村旅游的融入。打破区域协作壁垒，推动政策落实并达到最大效应，追求各方互利共赢。二是提高当地农民的积极性与管理能力，加强宣传力度让本地村民充分了解到政策落实对个人与集体未来发展的好处，激励村民主动投身产业融合建设项目。三是将地方特色文化、美食、民俗活动与乡村旅游结合起来，在发展体育旅游的同时，突出地方特色，促进文化传播。

保障机制研究方面，在一定程度上，民族传统体育文化的保护与发展是一项非营利的社会公益事业，受市场调节的空间结构的影响，当地应积极争取国家和地方各财政资金的大力支持。同时，地方政府应加大对传统体育文化资源的开发与保护，为传统体育文化资源的可持续发展提供物质保障。还应加强政府宏观调控，重视地方政府对开发探险旅游的程度，将旅游开发热点地区的体育旅游纳入行业管理范畴，建立健全多重合作机制。此外，构建旅游安全事故应急救援联动机制，为突发旅游安全事故提供紧急救援，安排并开展旅游安全事故应急救援、培训，并建立事故信息传播系统。

推动休闲体育融入乡村旅游的体系构建。重视人才培养建设增强乡村旅游创新吸引力，建立乡村休闲体育旅游供给体系，在发展过程中需要大力加强乡村体育旅游人才的培养，建立健全乡村体育旅游人才培养体系。为进一步推动休闲体育融入乡村旅游，面向本地居民要制订合理的人才招聘计划；还可以通过校企合作，向体育院校与团队寻求专业人才，对乡村休闲体育旅游相关职员的职业素养、工作能力和服务水平进行培训，为创新休闲体育旅游服务发展夯实知识与技能基础。乡村体育旅游业作为新的旅游模式，关键在于人才与创新模式，人才的专业化和年轻化，推动产业模式的创新，进而促进乡村休闲体育旅游发展。

休闲农业＋商务旅游。伴随着我国互联网与电商行业的不断发展，休闲农业也呈现出"实体＋网络"的发展态势。在 2020 年我国新型冠状病毒肺炎疫情防控政策的影响下，旅游业受到了较为明显的冲击，休闲农业主体的经营受到了严重影响。于是很多经营者借助我国发达的电商和直播产业，把农业休闲旅游"搬"到了网上，通过 VR 全景技术，实现了在线观光旅游，通过"直播"等方式，发展出了新的网络观光模式[21]。例如，许多主播借助微博、小红书平台宣传云南鲜花种植业，在宣传当地独特田园风光之外，还为云南花农解决了大量鲜花积压的问题，缓解了乡村的经济压力。休闲商务旅游主要提供商务接待、谈判、会议等主要业务，并在接待过程中提供了一定的健身娱乐设施服务。目前休闲农业与商务旅游结合模式的发展致力于挖掘、宣传具有乡村特色、民族风格的运动项目。此外，将休闲度假商务旅游推向平民化是目前重点改进的问题之一。通过引入大型企业投资并建立产业基地后，可多点发展观光旅游、漫步、骑行、采摘等运动休闲活动，带动相关产业发展与乡村经济健康发展。引进高水平商务旅游策划服务，将体育旅游产品融合到线路规划中，提高商务旅游的趣味性。

乡村田园景观+养生旅游。随着经济社会的快速发展，社会压力增大、社会生活节奏持续加快，城市居民长期处在高压的状态中，"亚健康"是城市居民普遍存在的健康问题，近年来，追求自然生态、康养娱乐旅游成为发展一大趋势。田园景观养生旅游将以追求自然环境的舒适、推崇运动休闲养生文化来满足人们身体健康的需求。运用景观多样性、生态整体性等相关原理持续保护生态环境、合理开发自然资源，最大限度地减少人类行为对环境的消极影响，建立具有完善生态功能的可持续农业园区景观格局[22]。

利用养生资源，在田园景区种植有机绿色蔬菜以及中草药等药用植物，建成兼具观赏价值与养生价值的田园生态圈。结合地方特色展开运动养生保健，如推广民俗体育节庆活动，使得游客实现康乐养生、强身健体的期望效果。

乡村旅游+特色小镇。特色小镇是以当地资源禀赋为核心，集文旅功能于一体的综合性地域集群。结合地方历史文化特色、产业发展基础、生态自然资源、产业文化背景，精准定位特色小镇的产业类型，实现特色小镇的科学开发。特色小镇是以环境资源和特色产业作为依托和基础，以融资支持和落实政府政策为主要手段，以城乡综合化一体化开发为契机，以泛旅游产业为引擎促进目标落实和逐步盈利，以房地产、产业链开发为盈利重点的一种市场化主导模式。特色小镇是在城镇化水平较高、经济社会发展态势较好、社会资本积累持续增多的趋势下，为顺应经济高质量发展、供给侧改革需要，实施产业创新、产业聚集、产业升级的一项重大决策。它有利于在特色小镇的特定空间内聚集高端人才、先进技术、雄厚资本等多种高端生产要素，决定了它和传统的小城镇存在很大差别[23]。运动休闲特色小镇建设是特色小镇建设的重要举措，也是化解"大城市病"，实现"城市时代"城乡建设一体化的重要探索[24]。依托体育赛事，打造特色小镇的独特品牌IP，充分吸引体育赛事爱好者，帮助小镇打造具有自身特色的体育产业定位，带动当地接待业及相关产业健康发展。

2. 协同发展效应模式

行业升级效应。旅游业具有覆盖面广、融合程度高、带动能力强的特点，"旅游+"多产业的融合发展模式给旅游业及相关产业带来创新发展的新机遇，有助于全面提升旅游者旅游体验，拓展旅游消费空间，改善旅游业消费氛围，持续提升旅游业供给品质，推动旅游产业发展转型升级。"旅游+"深度融合，有助于实现旅游技术创新与进步，形成行业升级效应和经济发展新动能[25]。

产业联动效应。"旅游+农业""旅游+工业""旅游+地产""旅游+文化""旅游+互联网"等产业渗透和整合模式有利于双方同时实现突破和发展。通过发挥旅游业的融合带动能力，使得产业间的联动效应得以充分发挥，从而产生产业集群效应，为相关产业和领域发展提供发展平台。

战略对接效应。作为国家战略性支柱产业，旅游业与其他产业的关系是相互联系、相互渗透融合的。在当前我国供给侧结构性改革的背景下，旅游业可以实现与国家重大战略的有效对接与契合，持续为国家战略安排的实现助力。例如，"旅游+农业"协同发展可以通过发展田园生态综合体、休闲农业等新形式的现代农业来促进乡村旅游与乡村振兴的发展。在疫情常态化背景下，"旅游+人工智能"的发展模式推动全国建立更多智慧酒店、智慧景区，在全国各地随时为旅游者提供其期望的产品与服务。

3. 协同发展路径

资源融合发展路径。乡村旅游资源融合路径主要分为两种：一种是乡村旅游产业向其他产业的融合，指乡村旅游产业中的旅游资源、创意开发等要素，按照其他产业的发展规律，开发和设计乡村旅游产品；另一种是其他产业向乡村旅游产业的融合，指其他产业中的文化、农业、工业和体育等资源，按照乡村旅游产业发展的规律和特点，开发乡村旅游产品[26]。拓展资源融合路径后推出的新型乡村旅游产品有望实现品质的明显提升，以便更好地满足消费者的需求，推动乡村旅游产业占领更大的市场份额，实现多产业间的良性循环，激发新的发展活力。

界域融合路径。界域融合分为产业界域融合和空间界域融合两种形式。产业界域融合表现在乡村旅游业与三大产业的融合；空间界域融合表现在乡村旅游景区、社区与城镇空间地域融合共建，有助于避免资源浪费，产生最大化的区域经济社会效益[26]。因此，在产业界域融合方面，乡村旅游业发展应加大与传统种植业、养殖业、相关工业等产业的合作力度，发挥多产业特色优势，打造观赏性强、游览价值高、功能多样化的优质乡村旅游产品与项目，如开发观光农业、漂流夏令营与工业旅游等活动；在空间界域融合方面，加强乡村与周边城镇的融合，发挥协同发展效应，加强旅游综合体建设。

技术融合路径。在这一旅游消费持续升级的时代，乡村旅游供给方需要推出新型的产品与独特服务来满足广大消费者的需求。在这一转型升级的关键时期，数字技术、信息技术的支撑是必不可少的，以便将乡村旅游资源的多方面魅力呈现在旅游者面前。在乡村旅游产品的规划、生产与推广阶段，现代网络、新媒体平台与数字技术的优势作用在乡村文化内涵的展现与体验过程中凸显出来。例如，山西晋城司徒小镇的《千年铁魂》表演，在传统打铁花基础上融入冶铁文化、民间故事、民间音乐等节目，传统的非物质文化遗产和全新的声光电系统结合，呈现出了一幅幅美轮美奂的视觉盛宴[27]。

市场融合路径。在当今信息化时代背景下，数字技术与现代网络的发展推动着乡村旅游与其他产业间的市场融合。利用微博、小红书、抖音等互联网平台，实现了乡村旅游产品的大范围推广与营销。互联网技术的快速发展推动了乡村旅游产业销售渠道的融合，在线旅游平台已成为乡村旅游产品与服务的重要销售渠道之一。同时，乡村旅游产品还利用互联网进行产品策划、包装和推广。例如，北京密云的古北水镇，近年来在充实景区内容和商铺招商的过程中，利用互联网加强对景区进行宣传，并加强与在线旅游代理商合作，实现了景区销售渠道拓展[26]。

## 五、乡村旅游数字技术建设发展的困难与问题

### （一）流失老年群体游客

数字技术平台的运用要求消费者可以熟练运用智能移动设备并掌握一定相关技能，而大部分老年群体较少使用智能电子设备，且对互联网及数字技术平台了解较少。若普遍推广智能化，景区可能无法及时响应老年群体的需求，这可能导致一部分老年游客的流失。因此要在数字技术应用于乡村旅游智慧化进程的同时，将老年群体的特殊需求列入考虑范围，提出弥补措施或推出简易的平台使用操作教学流程图，帮助老年人跟上乡村旅游数字化发展的历史进程。

### （二）数字技术平台存在安全隐患

互联网信息泄露等问题暴露了互联网数字平台的风险性与不安全性。政府与企业信息一旦被泄露，政府和企业可能面对严重的信息安全威胁。对于消费者而言，智能平台记录了个人详细信息，并很可能涉及货币交易，保障个人信息安全与支付安全是平台的必要职责也是未来保障的重要方向。这些潜在的问题要求平台注重信息保护工作，提供网络安全保障。

### （三）基础设施跟进的需求与效率矛盾

智能化数字技术平台需要良好的通信环境：普及的移动设备、高质量的网络通信水平以及长期跟进的维护服务。因此在推进乡村旅游数字技术平台建设的同时，应充分考虑基础设施的建设与供给，但是乡村分散性特点使得乡村信息化基础设施的建设、维护与升级存在成本问题，成本与效率之间的问题需要与乡村振兴、城乡融合问题之间进行协调与平衡。

### （四）数字农业专业人才问题

我国第三次农业普查数据显示，我国农业生产经营人员中仅有7.1%接受过高中或中专以上文化教育，1.2%的人员接受过大专及以上文化教育[28]。一方面，由于承载高端乡村旅游人才、乡村规划人才的大型项目偏少，目前所提供的资源难以吸引懂技术、会运营的复合型数字乡村领域专业人才。另一方面，乡村数字技术的技术性、推广性与乡村数字技能提高之间存在缺口，对其持续研发相关成果与乡村创新创业的积极性有消极影响[29]。

## 六、乡村旅游数字化技术应用的发展方向

### （一）增强农民数字素养培训

提高乡村旅游从业者的科学文化知识水平与专业素养是延伸乡村旅游数字技术应用范围、降低应用拓展难度的重要途径。但目前部分乡村地区开展的村民教育与培训活动十分有限，科学技术方面的培训活动较少，可以强化远程与网络教育模式，包括数字素养在内的乡村民众亟须的实用技术、法律知识、科学文化、创新创业等方面的培训项目，使之都能够顺利实现；整合政府、企业、学校、社会机构等各类资源共建数字乡村，培养数字型人才；实施面向新型农业经营主体的电子商务、网络直播等技能培训，以及面向中老年群体的电脑、手机使用技能培训，"互联网＋培训""互联网＋扶贫"赋予了乡村发展新的动能[13]。

### （二）完善数字基础设施和数字综合服务体系

提档升级乡村数字基础设施，在具备基础条件和现实需求的乡村加速布设大数据、人工智能、物联网等基础设施建设，实现数字技术与乡村相关产业的深度融合与创新。另外，健全以农技推广机构为供给主体，市场力量为重要补充，高等院校、科研机构等广泛参与的协同服务体系，个性化、智能化推介农业科技、信贷保险、病虫害、农机及产品销售等生产性服务信息给广大农户与新型经营主体[13]。以工业化和信息服务化思维促进乡村产业数字化转型，以信息服务化重塑乡村产业价值。并发挥数字便捷化、敏捷性、互动性优势，以实现农业生产策略、农产品流通与零售、支付和融资等功能增值，切实推动农业现代化转型。为此，政府需要鼓励社会资本参与农业数字化改造[1]。推动数字经济与乡村经济深度融合发展，要加快建设乡村新一代信息基础设施，确保数据安全；实现产业革命的创新发展，培育壮大乡村发展新动能；创新组织管理模式，运用总体设计思想提升乡村治理能力现代化水平，统筹推进数字乡村发展。

为确保乡村旅游数字技术事业的健康发展，还应完善配套软件设施。充分发挥阿里巴巴、腾讯、京东、网易等各类数字经济企业的龙头作用，鼓励其在网络基础设施、农村电商发展、乡村商贸流通以及乡村教育医疗等方面进行广泛的"村企合作"。激活数字乡村发展要素资源。因地制宜发展数字农业、智慧旅游、智慧园区，促进人才、土地、资金、技术等要素在城乡之间的顺畅流动，加快农业农村信息社会化服务体系建设，以信息流带动资金流、技术流、人才流、物资流[30]。

### （三）推进数字文化与乡村经济深度融合

运用数字技术实现传统文化产业的转型升级，提升乡村传统文化产业网络化、数字化、智能化水平，实现当地文化资源的IP化开发；推进数字文化产业与乡村旅游、商贸流通业等现代服务业融合发展，与乡村实体经济深度融合；推动数字文化在电子商务

的应用，与"粉丝"经济、虚拟现实购物、社交电商等营销新模式相结合；提升旅游产品开发和旅游服务设计的文化内涵和数字化水平，促进虚拟旅游展示等新模式创新发展；推动数字文化在农业、教育、健康等其他领域的集成应用和融合发展，通过"文化+"提高相关产业的文化内涵、创意水平和附加价值。

## 参考文献

[1] 曹佳斌.农业数字化转型红利亟待充分释放[J].中国果业信息，2021，38（5）：2.

[2] 郭红东，陈潇玮.建设"数字乡村"助推乡村振兴[J].杭州（周刊），2018，4（47）：10-11.

[3] 侯志阳.数字乡村有助推进乡村治理现代化[N].中国社会科学报，2020-5-14.

[4] 崔凯，冯献.数字乡村建设视角下乡村数字经济指标体系设计研究[J].农业现代化研究，2020，41（6）：899-909.

[5] 陈奥，吴丛司.工业互联网释放"数字红利"[N].经济参考报，2021-7-01.

[6] 刘骄剑.数字乡村建设全面推进为乡村振兴战略实施注入强大动力[J].网信军民融合，2021（2）：4-6.

[7] 何任朗，陈寿欢，苏寒梅，韦兵.横县 茉莉花香飘四海 融合发展绽芳华[N].南宁日报，2021-06-28.

[8] 林洁如.数字建设掀起新一轮经济发展高潮[J].新产经，2019（6）：14-16.

[9] 徐旭初.略论数字乡村发展十大趋势[J].国家治理，2021（20）：7-11.

[10] 徐金海，夏杰长.数字技术赋能旅游业加速变革[J].中国会展，2021（1）：20.

[11] 黄蕊，李雪威.数字技术提升中国旅游产业效率的机理与路径[J].当代经济研究，2021（2）：75-84.

[12] 夏杰长，贺少军，徐金海.数字化：文旅产业融合发展的新方向[J].黑龙江社会科学，2020（2）：51-55，159.

[13] 杨吉华.数字乡村：如何开启乡村文化振兴新篇章[J].安徽农业大学学报（社会科学版），2019，28（6）：14-19，87.

[14] 潘少玉.数字媒体技术在乡村旅游业中的应用[J].文化产业，2021（6）：155-156.

[15] 王洋，郭舒.数字经济助推乡村旅游高质量发展的路径研究[J].辽宁经济职业技术学院.辽宁经济管理干部学院学报，2020（2）：7-9.

[16] 徐佳慧.数字乡村助推乡村生态振兴的困境与对策[J].福州党校学报，2021（1）：56-59.

[17] 王春晖.发展乡村"数字化生产力"弥补城乡"数字经济鸿沟"[J].中国电信业，2019（8）：44-48.

[18] 张丙宣，任哲.数字技术驱动的乡村治理[J].广西师范大学学报（哲学社会科学版），2020，56（2）：62-72.

［19］沈费伟，陈晓玲.保持乡村性：实现数字乡村治理特色的理论阐述［J］.电子政务，2021（3）：39-48.

［20］孙文荆.新时代下我国数字农业发展的机遇、不足及对策［J］.信息通信技术与政策，2021（2）：42-45.

［21］盛宇飞.产业融合视角下休闲农业发展浅析［J］.中小企业管理与科技（上旬刊），2021（9）：31-33.

［22］罗小玲，傅贻忙，李海霞，唐晓桂.休闲体育融入乡村旅游的创新模式和运行机制研究［J］.环渤海经济瞭望，2020（12）：48-50.

［23］刘卿文，朱丽男.乡村旅游特色小镇的勃兴及去同质化困境的破解路径［J］.农业经济，2021（7）：45-47.

［24］黄诚胤.重庆市运动休闲特色小镇建设的模式与实施策略研究［J］.西南大学学报（社会科学版），2020，46（6）：72-81.

［25］陈鹏."旅游+"多产业融合发展路径研究——以红河州为例［J］.大理大学学报，2021，6（3）：48-53.

［26］钟华美.文旅融合背景下乡村旅游产业融合发展理论分析［J］.资源开发与市场，2020，36（4）：421-426.

［27］张轩宇.晋城市农村文化产业现状分析——以晋城市北石店乡司徒村为例［J］.晋城职业技术学院学报，2019，12（1）：1-3.

［28］胡青.乡村振兴背景下"数字农业"发展趋势与实践策略［J］.中共杭州市委党校学报，2019（5）：69-75.

［29］檀学文，胡拥军，伍振军，魏翔.农民工等人员返乡创业形式发凡［J］.改革，2016（11）：85-98.

［30］郑军南，徐旭初.数字技术驱动乡村振兴的推进路径探析——以浙江省德清县五四村为例［J］.农业农村部管理干部学院学报，2020（2）：15-18.

# 乡村旅游产业融合问题与创新研究

徐 虹 李 瑾 韩若冰

## 一、乡村产业融合的战略意义

### （一）我国乡村产业的发展与问题

乡村是城市建成区以外的具有自然、社会、经济特征和生产、生活、生态、文化等多重功能的地域综合体，其结构性特征和主体性功能会随着国家现代化的推进而演变。2035 年的乡村愿景可以概括为"四高"，即高品质农产品生产空间、高活力创新创业空间、高品质居住生活空间和高颜值生态空间[1]。这"四高"愿景的界定在某种程度上反映了对以农民为核心的农业和农村功能价值的新认识和发展方向的新选择，也是对体现人的生命价值追求的四生和谐愿景的期望。

2021 年中央一号文件明确指出，要构建现代乡村产业体系，让农民更多分享产业增值收益。如何看待现代乡村产业体系，既要有历史观，尊重乡村产业成长的历史过程和结果，也要有现代观，符合时代发展需要的变革思维和创新结果。这样才能准确把握现代乡村产业体系建设的方向和路径，实现乡村可持续繁荣发展。

中华人民共和国成立 70 多年来，各行各业取得了辉煌成就，作为立国之本的农业也取得了飞速发展和骄人成绩，农村面貌焕然一新，但与全面建成小康社会、实现共同富裕、复兴中国梦等国家战略还存在不小差距，"三农"问题仍然是实现现代化的短板，农业依然是产业发展中最薄弱的环节，农业供给侧结构性问题依然很突出。虽然我国粮食产量在 2019 年达到了 13277 亿斤，农村居民人均纯收入 16021 元，城乡居民收入倍差缩小至 2.64∶1，但从绝对数量上来看仍存在巨大差距。而城乡居民收入差距的存在反映出城乡发展不平衡、乡村发展不充分的社会现状，它与人们对美好生活的需要不相吻合，因而成为社会主要矛盾。

从历史演进上来看，我国于 1956 年提出"农业现代化"目标，在依照苏联的"机械化 + 化学化 = 农业现代化"的模式来发展农业产业时，不可避免地会产生一些问题，如我国小农经济普遍存在机械化扩张障碍问题、化学农药过量使用问题、土地板结和污染严重问题等。20 世纪 90 年代追求美国大农场模式又与我国国情不符，一度造成农业严重的不可持续，甚至已危及国家的粮食安全。农业自身内在具有自然过程和经济过程高度结合的特征，乡村农业劳动生产率的高低既受到所在地自然环境条件优劣程度不同的影响,也受到经济过程中要素组合方式与质量的制约。在人民公社时代,大家出工不出力现象较为普遍,生产的积极性受到制约,后来实行土地包产到户后,虽激发了农民的生产积极性,但与此同时对现代化农业发展和可持续能力的提升也产生了一些不利影响。由此可以看出,农业产业的发展程度与政府实行何种农业产业政策是息息相关的。2003年我国提出放弃单纯追求GDP,2005年又提出了资源节约型和环境友好型发展理念,2007年则提出了生态文明理念。由此改变了1956年确立的"农业现代化"指导思想,提出了"发展现代农业是建设新农村的首要任务",同时对农业自身职能认识也做出了一定的调整,提出"农业不仅具有食品保障功能,而且具有原料供应、就业增收、生态保护、观光休闲、文化传承等功能。建设现代农业必须注重开发农业的多功能性"。由此为产业融合发展指出创新的方向。

从现代社会发展来看,乡村的存在及其产业的持续发展是社会现代化发展的必要条件。从社会消费需求来看,大众对消费品的需要已经脱离了"有没有"的阶段,进入到"好不好"的阶段。民以食为天,消费市场对食品的需要也进入品质需求不断增长的阶段,因此,在满足食品供应数量充足的前提下,需要更多的科技力量进入农业产业,通过技术创新提高食品原材料的供应品质,通过绿色食品生产和生态农业体系构建促进人民美好生活需求的实现;从近两年新型冠状病毒肺炎疫情带来的反思中,我们也应看到乡村是中国安全的保险阀,化解各类危机的蓄水池。秦始皇统一中国以来,每次遇到危机发生或各种社会动荡时,作为政治中心的城市都难逃被毁灭的结局,但是乡村却总能劫后余生,重新成长起来,这是中国五千年文明没有中断的根本原因。疫情让我们更加深切地体会到这点,也更加清楚地认识了乡村的新价值和农业的多功能。

### (二)乡村产业重构的融合路径选择

乡村产业的基础在农业。这里所指的农业是大农业概念。传统的农业发展首要解决的是食品消费数量的满足问题,随着数量的需求得到满足后,面临的主要任务是全面提高农产品品质。一般来说,人类的消费需求是呈现出"量的满足—质的满足—情感的满足—生态的满足"这一演进趋势的,因此物质需求、精神需求和生态需求将构成人类全面需要的三元结构体系。未来乡村产业重构的战略方向应该是生态化发展。而从农业产业竞争力提升的角度来看,不仅传统农业的劳动生产率亟待提高,而且农产品的生态有机含量也需要提高,即通过科技进步的加持和传统农耕技艺的融入彻底改造农业生产方式和提高产出质量,这样的食品生产或原料供应才能跟上市场高品质的消费需要。

随着国内产业结构转型升级不断推进,出现了城市析出的过剩人才和社会资本回流乡村的变化趋势,从而为产业融合发展提供了新的动力。换句话说,乡村产业融合是伴随着产城融合而不断推进的,随着城市化进程的加快,大量要素聚集于城市,一方面为城市工业化现代化发展提供了充足的市场要素,另一方面也在某种程度上使城市综合运营成本居高不下,相比较而言,乡村低营商成本和低生活成本等优势在互联网技术的渗透和乡村数字化转型促进下得以彰显,因此乡村作为产业融合发展的空间载体越来越受到重视。

吸引其他产业进入乡村不仅要有产业发展的吸引力，更要有高品质生活场景的吸引力。伴随着乡村振兴战略的实施，纵向转移支付和横向补偿力度的加大都客观上在乡村生态环境改善和美丽乡村建设上发挥更大的促进作用，进而会加快乡村公共基础设施增强的步伐，在与城市快节奏高强度的生存环境形成强烈反差下的舒适度会越来越有吸引力，这样各种产业和各方人才也会越来越多地汇集到乡村，形成促进产业融合发展的强大要素力量，带动乡村产业融合的广度、深度和效度的深化与提高。

作为乡村主要产业基础的农业来看，过于单一的传统农产品生产功能不仅制约了农业现代化的发展，也严重滞后于消费市场多元化的体验需要，因此需要通过重新组合农业生产要素的利用方式，发展新型农业业态，重构农业产业经营形态[2]。从系统科学的角度来讲，重构是指一个系统在运行过程中，因外力的冲击或内部各个构成要素的离散作用，导致系统构成要素难以正常运行或系统整体难以实现良性发展，通过对系统结构的重新构架，促使各要素优化组合，从而实现系统根本性转型的方法论[3]。乡村产业重构需要建立在发展要素重新识别和重新组合构建基础上，因此必须以创新的理念和方法发现新的路径，这条路径就是产业融合。通过以第一产业农业为基础，综合发展农产品加工的第二产业和农产品直销、饮食业、休闲农业与乡村旅游等第三产业，形成集生产、加工、销售、体验服务于一体的"第六产业"链条，实现乡村产业重构。

乡村产业重构与创新的核心应该围绕着农业产业的多功能性、多要素整合、多元化开发、多业态联动、多渠道营销、多点位盈利来展开，进而为游客创造良好的消费场景、怡人的体验经历、动人的情感共鸣和难忘的美好回忆[4]。融合发展可以实现由单纯卖产品向既卖产品也卖产品生产过程的转化。尤其是当今越来越多的市民对于食品消费的安全性和绿色有机性的需求不断增长，通过这种向双卖的转变可以增强消费者对产品质量安全性的认知，这应该是实现产品价值最大化的有效路径。由此可以适应市场上更加细分的消费需求，可以促进农业现代化发展、乡村化特性的彰显和乡土化文化的挖掘，吸纳城乡各种要素、技术和人才汇聚乡村共同建设乡村。

### （三）乡村产业融合发展的时代价值

乡村产业融合是指以农业为基础，借助产业渗透、产业交叉和产业重组方式，通过形成新技术、新业态、新商业模式延伸农业产业链，由一产向二产和三产拓展，形成一、二、三产之间紧密相连、协同发展的局面，进而达到实现农业现代化、城乡发展一体化、农民增收的目的。对乡村产业融合发展的时代价值的认识是全方位多角度的，至少可以从以下几方面来理解。

首先，从乡村自身发展情况来看，乡村空心化、农民老龄化、农户兼业化趋势越发明显，这是时代提出的新挑战。空心化日益严重，根据全国第三次农业普查的数据，2016年年底全国79%的行政村呈现人口净流出，其中净流出人口占户籍人口比重不低于5%的空心村比例为57.5%，其空心化率为24%[5]。2019年年底全国按户籍地统计的农村人口为7.78亿人，而按常住地统计的乡村人口为5.51亿人，这意味着全国约有2.27亿人离开农村户籍所在地，占农村户籍人口的29.2%。老龄化加速到来，全国城市、镇、乡村60岁及以上人口所占比重，分别从2010年的11.47%、12.01%和14.98%，提高到2018年的15.8%、16.61%和20.46%。同期65岁及以上人口所占比重分别从7.68%、7.98%和10.06%上升到10.36%、11.07%和13.84%。兼业化程度明显，2019年全国从事二、三产业的农民工人数达到2.89亿人，约占全国从事二、三产业农民工人数和全国第一产业就业人数之和的59.8%。这意味着全国已有约六成农村户籍劳动力转向非农产业就业[1]。从空心化、老龄化和兼业化的现状与变化趋势来看，必然提出要用创新的思路寻找乡村可持续发展的新动能，加快发展新产业新业态新发展模式，才能破解乡村产业发展要素衰落不足的困境，助力乡村活力的激发和环境的优化与产业的强壮。因此，乡村产业融合发展势在必行。

其次，从城乡统筹发展来看，城乡间发展不平衡和乡村发展不充分是当前社会主要矛盾的突出表现，要改善这种不平衡、不充分的现状必须加大城乡一体化发展进程，引导要素在城乡间充分流动交换，这是新时代城乡和谐共生的必然选择。叶兴庆认为，"促进乡村一、二、三产业融合发展，这是人多地少国家延长农业产业链、提高农业就业增收密度的重要出路，也是满足城乡居民新需求、拓展农业新功能的重要途径"。农民要增收就必须通过产业融合提高农业价值创造能力，促进产业变景区、产品变礼品、农房变客房，出发点是使农民有机会获得农业生产之外的全产业链增值收益，立足点是以农业为基础拓展其价值链，保障农民获益是融合发展的根本，建立契约型或产权型利益联结机制是融合发展的关键[6]。市民要下乡，体验不一样的乡村田园生活自然也离不开融合发展带来的更加丰富的体验项目。市民下乡有不同的目的，有些人下乡是为了满足自己休闲度假的需要，是作为消费者而存在的；有些人下乡是为了投资创业的需要，是作为生产者存在的。无论身份如何不同，都离不开乡村良好的生态环境、优美的生活场景、高效的生产基础和有力的管理制度等，都需要有跨界思维、创新意识和探索勇气，创造满足消费者回味乡愁和实现自我价值的条件，促进城乡不同人群各自掌握的资源交换和追求价值的实现，最终达到城乡统筹一体化发展和进步的目的。

最后，从实现中华民族伟大复兴的战略目标来看，绝对贫困的摆脱是全面建成小康社会的重要标志性目标，但这只是万里长征走完的第一步，下一步解决相对贫困的道路更加艰巨，而实现共同富裕则是其要实现的总目标，这是新时代共同富裕含义不断演化的需要。改革开放之初时的富裕主要是生产力提高和物质财富增长之意，到党的十九大报告时，共同富裕更多是与人民生活、保障民生联系在一起，内涵也得到了拓展。这是对发展经济学的拓展，体现了近年来兴起的福祉理论的影响，可以用共同的福祉增进或共同繁荣来理解共同富裕[7]。共同富裕从空间上讲包括城市与乡村在内的全中国，在我国现有国情下更大的发展短板在乡村，要从利益共同体的全局战略高度来把握共同富裕的准确要求。"城市与乡村是一个相互依存、相互融合、互促共荣的生命共同体。城市是引领、辐射和带动乡村发展的发动机，乡村则是支撑城市发展的重要依托和土壤，两者之间的互补、互促、互利和互融是形成这一生命共同体的基础。""城市与乡村作为两个平等的主体，必须赋予其平等的地位、平等的发展机会和权利以及平等甚至乡村优先的待遇，而不能把乡村置于被领导和被支配的从属地位，更不能把乡村边缘化"[8]。

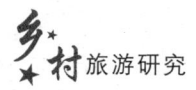

乡村产业融合的创新实践是突破现有乡村发展困局并走向持续繁荣的积极探索，是实现城乡共同富裕战略目标的有效路径，也是新时期发展环境变化提出的迎接挑战的新尝试。

## 二、乡村旅游产业融合中的问题分析

### （一）乡村旅游产业融合的现实价值

乡村旅游产业融合不仅会给乡村产业发展模式带来巨大变化，从单一生产模式转变为多种模式并存，而且会带来乡村社会文化生态习惯等多方面的变化，因为生产方式会影响人们的生活和文化习性以及对自然环境的态度。乡村产业融合的路径是多样的，但是结合目前社会发展需要，文、旅、农、康融合发展模式是更加值得关注和探索的一种有效路径。因为这四方面的需求是社会不断增长的需求领域，它们彼此之间的融合已经有一定基础了，虽然融合的程度还有待深化，但是在现有融合基础上进行全面的深化融合具有很强的现实意义和价值。

关于文旅融合已经不是什么新鲜事了，在旅游业发展过程中文化从来没有缺席，只不过利用的深度和采用的形式在不同阶段表现不同而已。乡村文化有其独特的魅力，中华民族五千年文明的根脉就在乡村，它已渗透在国人的日常行为和血脉之中，虽历经工业化和现代化的冲击和洗礼有所式微，但是其本质没有变化，也不可能完全消退。农业人口规模和产出量所占比重虽然不断降低，且还有继续降低的趋势，但是作为一个14亿人口的大国要保障国家安全稳定，农业的基础性地位和战略价值是不容忽视的，目前能够改变的是农业的经营方式和功能拓展方式，而改变的途径之一就是和文旅融合在一起发展，如发展休闲农业、科技观光农业、农耕文化体验活动和乡村"非遗"活化利用项目等，为游客创造一种不同于原住地生活的在地消费新体验和新感受。进一步来看，伴随着我国人口结构的变化和差异化消费需求的表达，尤其是老龄化社会的加速到来，呈现给我们的是越来越多的乡村康养消费需求，这里既有在地老人的康养问题，也有外来游客旅居康养需求问题。这里要注意区分开一个基本概念：不是只有老龄市场才有康养需求，全年龄段的人都有康养需求。其中，"康"是目的，"养"是手段，不同年龄段的人，其健康目标的实现手段会有差异；有老年人静养的，也有年轻人动养的；有美食养胃的，也有空气养肺的；还有美景养眼的，更有怡情养心的等。在城乡一体化发展过程中，将文旅农康融合在一起的乡村旅游开发满足的正是时下市场最迫切也最有前景的消费需求，这是乡村旅游产业融合的市场价值，也是必须回应的现实价值所在。

### （二）乡村旅游产业融合中的问题思考

乡村旅游产业融合是一项复杂的系统工程，涉及理念上的突破、部门间的合作、操作上的技术、效果上的检验和利益上的让渡等诸多方面，存在的问题和障碍也是不少的。从新产品开发的角度来看，主要反映在以下四方面的缺乏和不足上。

1. 缺乏对市场观多元性的理解，乡村旅游产业融合的精度不强

乡村旅游市场规模是巨大的，每年全国出游人数中有多一半的游客是到乡村去休闲度假的，这是工业化和城市化进程中必然出现的一种市场表现。伴随着人们出游频次的增多，自驾游已成为越来越多出游者的首选，尤其是近程出游市场大幅增加，如2021年1~5月自驾出行人数为2.7亿人次，同比增长105.8%；而体育旅游也表现出近距离、多频次特征，如2021年3天以内的体育游占比约70%，参与型体育旅游中爬山、马拉松、骑行、冰雪运动、徒步等最受欢迎；亲子游市场也是乡村旅游市场越来越大的组成部分。总之乡村旅游市场需求日益个性化、日益健康化和日益体验化的状况未完全在乡村旅游产业融合中得到满足，乡村旅游供给者对市场多元化需求的理解不够，满足多元化需求的能力不够，因而产业融合的精准度不够，造成市场供需之间吻合度差，既无法很好地满足游客需要，也不利于供给者提高服务效能。

2. 缺乏对资源观全面性的认识，乡村旅游产业融合的广度过窄

乡村旅游资源类型早已不局限于传统的人文古迹和名山大川，也不局限于独特的风景和各异的风俗习惯，而是散布于日常生产和生活的方方面面，因为旅游本身就是一种异地生活方式，目前旅游业也日益呈现出"本地化"的新发展特征，异地游客在旅游消费偏好和行为方式上更贴近本地居民。对何种旅游资源可开发为旅游产品的判断立足点应该是站在市场需求角度来认知和取舍，即在开发者角度司空见惯的景物、器物或人物的价值不大，但是从游客角度来看则很有吸引力，是值得开发的资源。从资源分类来看，除了自然资源和人文资源以外，产业资源和社会资源等都是值得融合开发的资源，在休闲度假更为盛行的时代，连清洁的空气、落日的余晖等都对游客慢生活体验需求有极大的吸引力，都可以吸引游客前来消费。由于对资源的全面性认识不足，在某种程度上局限了融合发展的广度，使乡村旅游产品过于单一，丰富性欠缺，降低了乡村资源价值的最大化发挥。

3. 缺乏对产品观系列性的洞察，乡村旅游产业融合的深度不够

由于乡村旅游资源分布广泛和差异较大，由此开发形成的旅游产品应该是更加丰富多样的，但是限于开发者对于跨界融合发展的思路与手段欠缺创意性，因此本该形成的更加丰富的产品线却尚未形成，各地推出的产品雷同性较强、差异性不足，不能更好地延伸产品线，增强价值链。融合发展为盈利点的多元化提供了机会，除了食、住、行、游、购、娱产品外，乡村旅游还可以在康乐休闲产品、艺术产品、教育研学产品、康养地产产品、麦田画产品等方面满足人们的消费需要。只有通过创意开发才能在确定诸如丰收主题、亲子主题、婚庆主题、研学主题、养生主题、拓展主题等基础上，通过树上木屋体验、林下绿色种养、稻田混养鱼蟹、滩涂景观欣赏、水下迷宫娱乐、民宅墙画等项目扩充法开发系列化产品。融合的深度越高产品线才可能越长。

4. 缺乏对体验观丰富性的感悟，乡村旅游产业融合的力度不足

体验是一种综合的心理感受，体验质量是顾客对于体验的整体卓越性和优越性的主观判断。一般来说，体验质量包括五个方面，即体验价值正向性、体验项目有趣性、体验场景宜人性、服务流程流畅性和顾客体验高潮性。目前的乡村旅游在以上五个方面的

表现都不尽如人意：对正向性把握不准，缺乏正确的价值指导；有趣性体现不足，缺乏充分的创意开发手段；宜人性表现不强，缺乏高水平的审美设计；流畅性感受不力，缺乏有效性管理；高潮性体验不足，缺乏对市场行为的准确判断。

实践证明只有从更加丰富的角度来感悟体验的多维性和捕捉游客体验反馈中的问题，才有动力去强化乡村旅游产业融合的力度，下更大功夫去改进体验产品的不足和补救游客的不满，进而在组织产业融合资源和掌握如何发展方向上提高配置的精准性和有效性，促进乡村旅游产业融合的效能提高。

### （三）乡村旅游产业融合问题的归因分析

以上问题的存在原因分析也可以是多角度的，但是归根结底可以从组织化角度来认识。改革开放40多年的历程中，包产到户的实施确实提高了村民的生产积极性和主动性，对乡村经济的发展起到了促进作用，但是与此同时村民高度分散化和原子化了，组织无效很难适应市场化和现代化的发展需要。从某种程度上说，产业融合发展是一种进步，但也需要更高的认知能力和行动能力才能启动和维持融合后的新秩序。然而伴随着城市化和现代化的不断深化，工业文明带来的所谓现代化城市生活对于乡村人尤其是年轻人来说吸引力太大了，逃离乡村成为他们努力的方向。这种状况的持续结果就是留在乡村的大多数是年老者和儿童们，这样的在地村民结构降低了乡村产业融合的实施能力，无法组织起来的且有一定产业运作能力的人口做基础的乡村只靠外来者的力量输入是难以持久的。即便是2020年之前在脱贫攻坚中取得了一定的脱贫功效，但是产业运行基础、产品开发能力、项目管理水平等是需要持久支撑力的，因此必须在村社共同体建设方面继续加大力度，吸纳各方面有用人才参与乡村建设，用心研究乡村，用情建设乡村，走出一条村民为主、资本为辅、村社共建、繁荣互补的乡村旅游产业融合之路。

乡村旅游产业融合是一项以市场需求为核心的多要素重组活动，这是一个复杂的重构过程，需要参与者相互间的能力匹配性作为基础，才能达到相互理解、相互合作和做出有持久性的取舍决策。这些要求仅靠乡村居民个体的现有水平和能力是难以高效率展开的，正像一些资本在进入乡村发展中遇到的困境那样，有组织的资本力量与分散的村民个体进行交易的难度是很大的，效率也是很低的，结果也是不理想的。旅游产业融合需要投入的要素多投入大，缺乏组织化的运行机制作为支撑是现在融合发展尚不理想的主要原因。

## 三、乡村旅游产业融合的创新探索

### （一）乡村旅游产业融合创新思维的建立

乡村旅游产业融合势在必行这一事实不可否认，但是如何推进乡村旅游产业融合则并非现成之路，需要本着创新的精神不断探索。思维决定认识，认识决定行动。因此要开创融合发展的新路径，就必须树立乡村旅游产业融合发展的新思维，形成全方位多角

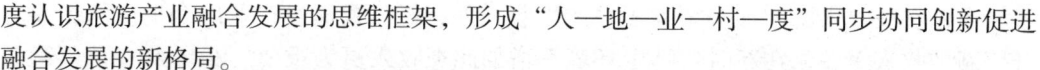

度认识旅游产业融合发展的思维框架，形成"人—地—业—村—度"同步协同创新促进融合发展的新格局。

1. 人：收入多来源性的再认识

消除人的贫困是包括国际组织和各个国家在内的国际社会的共同愿景和目标。贫困既包括绝对贫困也包括相对贫困，其各自所占比重和程度的不同反映了贫困的阶段性差异。我国到2020年已完成了绝对贫困的摆脱任务，实现了全面建成小康社会的标志性目标，但是相对贫困的摆脱之路仍然任重道远，需要探索由脱贫攻坚向乡村振兴转变并走向全面共同富裕的总目标的路径。

近年来我国农民收入增长较快，2019年农村居民人均可支配收入突破1.6万元，提前一年实现"比2010年翻一番"的目标。城乡居民收入差距也在持续缩小，由2015年的2.73∶1缩小到2020年的2.56∶1，但就共同富裕的目标而言，发展不平衡不充分问题还是比较突出的，如何帮助农民扩大收入来源，持续提高农民收入已成为乡村振兴面临的迫切问题，也是乡村旅游融合发展需要面对的现实。

开发式扶贫在解决农民收入来源的多样性方面发挥了很重要的作用，其核心理念是开发资源，发展生产，提高贫困农户自我积累、自我发展能力，通过劳动脱贫致富[9]。从乡村农民收入来源来看，在多元化来源中各部分占比差异较大，表1的数据显示，财产性收入占比最小，但潜力也最大，因为农民人均财产性收入占农民人均可支配收入的比重从2013年的2.07%增加到2019年的2.40%，增长幅度还有很大空间。2020年9月，中共中央办公厅、国务院办公厅印发了《关于调整完善土地出让收入使用范围优先支持乡村振兴的意见》指出，长期以来，土地增值收益取之于农，主要用之于城，有力推动了工业化、城镇化快速发展，但直接用于农业农村比例偏低，对农业农村发展的支持作用发挥不够。按照"取之于农、主要用之于农"的要求，调整土地出让收益城乡分配格局，稳步提高土地出让收入用于农业农村比例，集中支持乡村产业融合发展，加快补上"三农"发展短板，为实施乡村振兴战略提供有力支撑。

表1 我国农民收入多来源占比情况

| 年份 | 经营性收入占比（%） | 工资性收入占比（%） | 转移性收入占比（%） | 财产性收入占比（%） |
|---|---|---|---|---|
| 2013 | 41.73 | 38.73 | 17.48 | 2.07 |
| 2014 | 40.39 | 39.58 | 17.89 | 2.12 |
| 2015 | 39.40 | 40.30 | 18.10 | 2.20 |
| 2016 | 38.30 | 40.60 | 18.80 | 2.20 |
| 2017 | 37.40 | 40.90 | 19.40 | 2.30 |
| 2018 | 36.70 | 41.00 | 20.00 | 2.30 |
| 2019 | 36.00 | 41.10 | 20.60 | 2.40 |

资料来源：根据统计资料整理。

乡村农民收入的增加来源除了财产性收入外，还需要通过产业融合形成的新业态开辟新的收入来源，在新时代特定环境下增加此类收入更为重要。2019 年，从事第二产业的农民工比重为农民工总数的 48.6%，数量约 1.4 亿人，占第二产业从业人员总数的 66.33%，可见农民工已成为产业工人的主体。但伴随着科技创新的普遍运用，对产业工人的知识水平和技术技能的要求越来越高，现有农民工的就业能力与要求的标准差距在增加，占农民工总数 1/2 的非正规就业农民工在新型冠状病毒肺炎疫情期间失去就业机会，个人及家人的可持续生计受到很大冲击。好在这些农民工在乡村还有土地，面对这些外界冲击有乡村这个缓冲器和压舱石，更何况现在国家实行的是乡村振兴战略，未来乡村要全面振兴和繁荣，产业融合会带来许多就业机会，发展乡村旅游为农民打开了新的收入来源。然而产业融合中需要的人应该是有变化的、不同于以往劳动力水平的人，要建立一支懂农业、爱农村、爱农民的三农工作队伍是迫在眉睫的关键任务。

2. 地：利用多渠道性的再体会

乡村振兴的基础是产业振兴，实现产业振兴的路径是多样的，在产业融合的视角下土地利用方式也是多种渠道并存的，不仅有大资本主导下的规模化经营和资本密集型投资的现代化生产，也有小农经济下的农户经营或家庭农场，抑或是农民合作社经营。面对我国人多地少的基本国情，不能以追求现代化为名而抑制小农户发展，应给予小农户经营方式足够的生存空间。振兴乡村的关键是振兴小农，在土地利用方面要寻求小农户与现代农业发展有机衔接，发展满足市场休闲度假消费需求的多样化家庭农场，形成各美其美、美美与共的繁荣的乡村产业化发展格局。

乡村旅游的发展对建设土地的需求是必要的，否则也难以发挥出农业多功能性价值。当然面对 14 亿人口的大国来说，保障人民的吃饭问题是根本大事，否则一旦遇到外界环境变故，粮食来源过多地依赖外部供给是很危险的事情。必须保证土地粮食生产的主体地位不动摇，在我国 18 亿亩耕地红线是绝对不能突破的，这是社会稳定发展的底线。那么在不突破 18 亿亩耕地红线的前提下如何做好基础性工作，建立土地利用情况的资源库，探讨土地管理的制度创新和实践摸索，保障乡村旅游发展对部分土地建设的要求就成为迫切需要解决的难题之一。为此要创新用地建设思维，一方面寻找闲置的荒地、坡地、宅基地等建设完善服务设施，另一方面可以采用科技创新手段，在同一块土地上进行立体经营创造更丰富的产品和体验景观，如发展林下经济，运用立体栽培技术、无土种植技术等向空中要资源和空间。总之，开辟多种渠道寻找可叠加利用的土地资源，最大化减少土地的无效或低效利用，创造更加绿色环保可持续的乡村旅游产业融合发展之路。

3. 业：产业多链接性的再认知

据农业农村部 2021 年 8 月公布的数据显示，2021 年上半年，第一产业固定资产投资 6564 亿元，同比增长 21.3%，两年平均增速 13.2%，快于 2019 年同期和 2020 年同期的 21.9 个和 17.5 个百分点，也大幅度高于第二、第三产业的投资增速。与此同时，农村消费稳定回升，乡村消费品零售额 27807 亿元，同比增长 21.4%，两年平均增长 4%。这一系列数据充分表明，乡村产业发展潜力巨大，投资增速快于其他产业，农业这一基础产业的战略地位和产业关联性强的投资机会受到越来越多的关注，这也为乡村产业链条的延伸和加宽创造了条件。

农业具有提供人类所必需食品和原材料的生产功能是毋庸置疑的，但长期以来对农业单一生产功能的过分强调与强化致使农产品经营主体要么日渐衰落要么被大资本垄断，对全社会稳定、食物的安全和社区发展都形成了很大压力。过分追求规模化、资本化和技术化与我国的基本国情不相适应，必须重新思考农业的功能定位及其如何发挥作用的问题。

农业除了具有明显的生产功能以外，还具有不可推卸的生活功能、生态功能和生命功能，也就是具有"四生"农业功能。农民除了具有生产者身份还具有乡村生活者身份，农民同样具有对环境优美、配套齐全的乡村生活环境的需求。而随着经济社会不断发展和城市居民对乡村生活体验的需要不断增加，市民对农业安全食品的向往和农业生活景观的欣赏以及农耕劳作活动的体验等都构成了市民对农业生活功能的需要。而农业生态功能更是城乡居民共同的消费需求，洁净的空气和安全的饮用水供给提高了人们对大自然的敬畏之心，爱护自然保护环境的意识也将在农业生态功能发挥中不断强化。最高境界是农业还是一种生命农业，这不仅是因为农业生产本身就是一种自然生命现象，还因为通过体会认知这种生命现象会对人类珍爱生命、热爱生命产生巨大的强化效应，对促进人与自然、人与人和人自身的和谐发展以及促进生命共同体的认同产生极大的促进作用。因此，从单一生产功能上升到"四生"和谐多功能的认知转变与体会升华是一个建构存在意义的革命，对指引旅游产业融合方向会产生非常大的导向作用。

农业多功能性的充分体现离不开功能挖掘基础上的对生产要素发布状况和利用方式的创新探索。体现生活功能的要素组合就需要将本地人生活场景融合到对客服务的场景营造中，将游客的需求与住宿业、餐饮业、手工艺制造业等链接起来，乡村民宿业的大发展、乡村特色餐饮业的大繁荣和村民采摘劳作的参与体验都是一种在地生活的再创造；生态功能的发挥也需要与科技业和艺术创作业等链接起来，创造立体循环农业、生态科技农业、手工业创意体验工坊等减量化和再利用的服务产品；生命功能的实现也必须与教育界、科技业、景观设计业等链接起来，通过动植物认知、农耕活动体验等研学项目实现对生命价值的再认识。总之，产业多链接性可以实现跨界创新发展，延长产业链条的长度，增加更多的产业盈利点。

4. 村：乡村多价值性的再理解

长期以来乡村的价值未被充分认识挖掘出来，工业化时代对城市的关注远高于乡村，资源配置大量向城市汇集，更加剧了乡村衰落的速度。新时代党中央提出乡村振兴战略其深刻的意义远未被大众所认识。张孝德教授总结乡村的使命与功能为五个方面：乡村是新时代的新空间、新载体，这是它的高度；乡村是中华文明兴衰的底线，这是它的深度；乡村是生态文明建设的主战场，这是它的未来；乡村是文化和智慧的宝库，这是它的时代价值；乡村承载着中华文明的记忆和活历史，这是它的永恒价值。这种全方位解读乡村功能的认识为我们深刻理解乡村价值提供了新的思考角度。

乡村作为中华民族农耕文明的发源地、农业生产和农民生活的集中地、工业化和城镇消费的原料地、保障生态农品安全战略高地、现代城市健康发展重要腹地和未来创业康养文化兴盛之地，只有通过融合各方面资源进行创新开发才能充分展现其功能魅力，才能实现乡村功能振兴和多价值实现，也才能带动乡村走上共同富裕的健康发展之路。懂得乡村才能振兴乡村。习近平总书记讲"民族要复兴，乡村必振兴""如何实现第一个百年奋斗目标并向第二个百年奋斗目标迈进，最艰巨最繁重的任务在农村，最广泛最深厚的基础在农村，最大的潜力和后劲也在农村"。乡村目前的落后与不繁荣正是它具有发展潜力的地方，乡村深厚的文化根基与生态传统正是它承载着百年奋斗希望的地方。我国文化与智慧的根基在乡村，未来乡村产业的发展壮大建立在"文化+"的基础上，通过以科技和艺术为双翅的产业融合实践可以创造出更大的市场、更坚实的产业基础和更可持续的发展前景。

5. 度：制度多协调性的再思考

乡村是万物共生、循环往复和永续性自我发展的大自然的杰作，其生生不息的存在与乡村的治理结构是分不开的。长期以来，乡村一切发展坚持以自然为本，尊重与大自然的和谐关系，与城市治理结构和管理制度有很大区别。然而由于乡村资源碎片化、产权分化及乡村旅游地的开放性，导致村民参与产业发展能力弱、政府与村民间的权利关系扭曲、乡村文化胁迫等问题突出[10][11]，给乡村旅游产业融合发展的可持续性带来严峻挑战。治理有效是乡村振兴的社会基础[12]，乡村旅游产业融合会涉及众多利益主体的利益配置问题，需要在制度设计上预设好且动态平衡好才能促进融合更顺畅地进行。村民作为乡村的主体其权力和利益必须得到保障，但限于村民能力有限，必须通过村两委或合作社等代表村民行使权利，"权威治理主体—乡村旅游目的地各类组织—村民和经营者"是治理现代化进程中的一个必要形态。一些乡村建设组织提出的村社共同体的制度实践也取得了很好的效果。无论实践中采用何种治理结构或管理制度，都不能离开乡村所在地发展现状，因地制宜选择合适的制度协调好不同主体利益关系，让所有参与产业融合的各方都能合理获取其利益。随着城市一些人员和资金等进入乡村，还要处理好乡村资源分配和与外部资源拥有者之间的利益关系，制度创新是促进乡村旅游产业融合发展的前提和保障。

### （二）乡村旅游产业融合的创意开发实践

1. 乡村旅游产业融合化发展路径选择

乡村旅游产业融合发展并非是不同产业的简单叠加那样简单，要做到产业间深度融合需要把脉各产业发展特性及其在满足游客乡村旅游需求中的地位和作用，挖掘如何打破产业边界束缚，强化在满足游客需要中的流程再造，为此需要打破传统思维模式，用创意产业思路和技术再造产业融合后的服务提供场景与方式，给游客创造不一样的消费感受，形成有内容、有颜值的服务产品。

文旅农康融合发展过程中要寻找到融合的坚实产业基础，那就是以农业产业为基础，培育特色品牌农业，在此基础上形成文旅农康的再融合。有关品牌化研究主要分三大价值取向：一是基于企业的价值取向，核心在于品牌的建立取决于品牌创始人特有的意志和想法；二是顾客价值取向，核心在于围绕顾客是如何感知和体验的来发展和维护与顾客的品牌关系；三是兼顾企业与顾客的价值取向，核心在于将供给者的品牌设想与顾客的心理行为研究结合起来。应该说这三种价值取向在现实的乡村旅游发展实践中都是存在的，只是在不同的发展阶段和环境中，它们各自所占的比重或侧重点是不同的。

在传统的线下世界里，经典的品牌定义就是用以识别一个或一群产品或劳务的名称、术语、象征、记号或设计及其组合，以和其他竞争者的产品或劳务相区别。而伴随着移动互联网技术的普遍应用，对品牌的理解也在与时俱进，一些学者提出了"品牌是一个资源连接器，是整合所用的相关资源来做平台"。平台品牌具有跨市场的"网络效应"，网络越大平台中的供需的匹配性就越好，规模越大产生的价值越多，从而吸引的使用者就越多。因此，移动互联网时代，乡村旅游品牌化发展的路径要发生新的变化，寻找新的方式，而实现这些观念的转变很重要。

如今建立品牌的环境在移动互联网技术运用下越发开放，而伴随着游客权利的不断增长，顾客主导逻辑下形成新的生产消费关系，游客在社群或社交媒体上可以畅所欲言，传播和分享关于品牌的想法和体验，用户的体验交流成就了品牌的影响力。这对于乡村旅游可持续发展来说是一个巨大的挑战。

网络移动技术的广泛应用促使乡村旅游必须要越发关注和运用线上营销与传播的力量，提高线上营销和品牌传播力需要先找到关键意见领袖，利用他们的影响力通过蜂鸣式营销和病毒式传播形成口碑扩散效应，向外层层扩散，最后达到向大众传播的目的。

移动互联网时代还要关注另一个转变，那就是品牌社群的建立和培育。所谓品牌社群是建立在使用某一品牌的消费者之间的一整套社会关系基础上的专门化社群。乡村旅游品牌化建设过程中既要关注乡村与游客间的关系培育，也要关注消费者之间的关系培育，线上品牌社群能够凝聚更大的能量，创造更大的价值。

通过以上分析说明，伴随着技术进步的日益深化和新型旅游者的行为新特征日益凸显，乡村旅游产业融合中品牌化发展的路径选择必须以创新的理念尝试新的路径，探索新的道路。概括来说，乡村旅游品牌化发展路径的选择策略无外乎两条：一条路径可以称为理性路径，理性路径强调使用品牌的有形要素，包括乡村旅游中的交通工具及其舒适性、住宿设施及其设计、餐饮食材及其口味、购买的农副产品及其成分、采摘劳作的物理空间及其颜色等，这些有形要素更多体现了游客对功能性的需要；另一条路径可以称为感性路径，感性路径强调使用品牌的无形要素，包括乡村旅游中对乡土性的挖掘、对乡村文化遗产的传递与呈现、对乡村个性的张扬、对乡村价值观的认同与传递等，这些无形要素更多体现了游客对情感性的需要。这两条路径并非是独立运行的，而是通过双向互动、相互促进来实现品牌化发展的目标。即有形要素的优势演化为无形要素的优势，产品特色与质量上升到无形价值；而无形价值落实到产品优势上，就形成无形价值向有形价值的落地和物质呈现。由此不断往复循环和创新就促成了乡村旅游品牌化发展的实现。

2. 乡村旅游产业融合化发展的日本经验

通过以当地的农业生产资源为基础加以整合开发，打造出具有当地特色的农业品牌，之后通过农业品牌产品的营销和推广，打造出属于农业品牌原产地的农村品牌，再由农村品牌来吸引外来游客打造出独具特色的乡村旅游品牌。同时，乡村旅游品牌的影响力也能带动当地的农村品牌和农业品牌知名度的提高，从而达到品牌之间的良性互动，有利于农户和参与企业收入的提高，有利于农村生产资料的进一步优化配置和产业融合的可持续发展，也有利于各级政府的财政收入和形象提高。这一理念的典型代表为北海道的中札内村。

中札内村是位于日本北海道东北部的小村落，处于山地与平原结合的地域，气候寒冷，2010年村内只有4300余人。农作物以小麦、马铃薯、甜菜为主，还有小部分蔬菜；畜牧业方面主要盛产牛奶、鸡肉、鸡蛋、猪肉。中札内村大致经历了农产品品牌化、农产品商品加工增值、田园景观改造美化和美术村的旅游发展这几个主要步骤（见图1）。

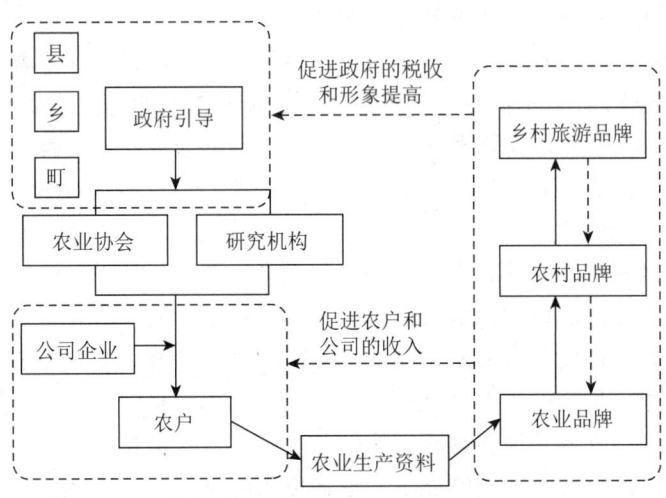

**图1 日本乡村旅游品牌发展路径**

政府在乡村旅游产业融合品牌化发展中的主要做法有以下几点。

（1）塑造"有机农业"品牌，实现农产品增值。依托农业协会与高校合作，通过中札内村农协与北海道大学成立中札内村农业活性化研究所，对村内的农业生产进行研究和指导，全力打造中札内村的有机食品品牌。实现地域循环性农业发展，生产优质农产品。同时打造食品生产小品牌，如"中札内田舍どり"，主打不含任何转基因成分的食物，如豆类。在乳制品方面，村内自行设立配送系统，确保品质，通过改良奶牛培育，成功生产出了全日本唯一的无须杀菌处理即可饮用的牛乳产品。

（2）提出"农业生产地也是美丽生活地"口号，打造生活景观。在农业改良取得成功后，提出"农业生产地也是美丽生活地"的口号，实行"无数鲜花盛开"的运动，并数十年如一日地贯彻，全力打造"花之村"。首先，鼓励村民对自家住处进行花艺美化，举办花艺节，奖励花艺优秀村民；其次，中札内村于1992年专门设立"村之形象推进会"，对花的景观改造进行指导和改进。在2001年，开始对山脉地区的整体景观和花卉种植进行规划。2007年，村内专门对景观建设设置预算，促进个人、团体进行持续种植，优化村民住宅区绿化，使得山脉自然区，村落居住区皆成为景观。

（3）积极推广农业产品和地区品牌。中札内村位于北海道境内，每年随北海道到日本其他各地进行"大北海道"展览。展览一般是在每年4月，北海道的农产品生产者大规模组团，携带产品到各地的"高岛屋"进行食品展销，由于日本人对北海道产品品质的信任，每一次的销售都十分火爆。

（4）坚持可持续发展，积极推行政策扶持。早在1987年，日本就通过了《故乡重建法》，试图大规模重建农村地区，此次重建计划覆盖了日本20%~30%的土地面积，该政策使农村建设与农村经济同时得到了发展。在以后日本的乡村旅游发展中，政府强调居民全方位参与建设农村，从农业产品的生产与销售转化为旅游产品的生产与销售，从开发到建设均有居民积极参与。为避免同质化开发和对资源的破坏，政府采取了一系列措施提高产业集群化，使得村与村之间将同质化竞争变为差异化竞争，重塑了竞争形态，从而丰富了乡村旅游的形式并保持了长期发展。同时不同地区根据所拥有的资源又有不同的发展策略。如由大分县发起的"一村一品"运动，由政府协调，使不同村的农业旅游产品之间竞争最小。每个村都将某样产品打造成为能够象征本地的品牌。大分县的地图将每个村都用特别产品标识，如牛、羊、西瓜、蘑菇、葡萄等。理论上，每个村都专注于某种产品的生产经营，从而集中资源，同时避免了不同村庄之间的相似。在许多地方的火车站，通过宣传册、海报等方式对本地产品进行宣传，如有些村在车站修建了红色番茄形状的座椅宣传本地农业特色。

3. 乡村旅游产业融合化发展的我国实践

我国在乡村旅游产业融合品牌化发展路径上也进行了多种尝试和探索，也取得了一定效果，在理性路径和感性路径两种途径方面都有较好的实践探索。如在理性路径中浙江省安吉县作为我国第一竹乡，就以"两山理论"为指导，大力发展做强竹产业，主要生产竹质结构材料、竹质装饰材、竹日用品、竹纤维产品、竹质生物制品、竹木机械、竹工艺品、竹笋食品等多个系列、3000多个品种的产品，形成了全产业链。安吉还依托竹产业，深入挖掘竹文化资源，建设竹博园，打造竹林生态景观，建设以竹文化为主题的文化旅游休闲景区和大竹海，发展竹海旅游，建设竹林康养休闲区，形成了围绕竹产业的"竹旅文康"融合发展的产业链。

另一个例子是湖南省安化县以黑茶产业为基础的旅游产业融合发展。湖南省安化县通过发展黑茶产业形成了文旅农康融合发展模式。多年来，安化县发挥自身黑茶资源优势，聚焦黑茶产业，做足黑茶文章，培育出"安化黑茶"这个响亮的区域公共品牌。截至2020年年底，安化黑茶综合产值达到230亿元，助力10万人脱贫。以黑茶为轴心，安化形成了"茶为基础，旅为融合，文为内涵，康为延伸"的"茶旅文康"融合发展模式，且正在积极倡导以"美茶颜、品茶点、走茶道、游茶园、食茶宴、赏茶戏、宿茶庄、忆茶事"为内容的24小时健康茶生活方式。安化依托黑茶产业，融入黑茶文化，发展出了"茶马古道""茶乡花海"等旅游项目。

江苏省盱眙县作为"中国龙虾之乡"更是通过强化龙虾产业的品牌优势，带动了盱眙旅游产业融合。盱眙依托小龙虾产业已形成了百亿级产业规模，从最初的"捕捞＋餐饮"模式发展成为集科研、养殖、加工、餐饮、冷链物流、节庆、旅游等为一体的完整产业链，实现了"龙虾＋综合种养""龙虾＋文化""龙虾＋旅游""龙虾＋休闲"等的多业态融合，形成了美食＋文化＋旅游＋休闲的"食文旅康"融合发展的模式。

总之，这些地区都是通过做强农业品牌进而通过"农业＋"形成多产业融合发展态势，做大了旅游产业融合蓬勃发展的态势，这是一条被实践证明极为有效的乡村产业融合振兴之路。

与此同时，还有另一种路径就是感性路径，换句话说，就是从第三产业出发，向第一产业融合发展，最终也促进形成了乡村旅游产业融合发展的局面。这方面的实践代表就是陕西袁家村。袁家村从一个贫困村一跃成为全国知名的旅游村，2007年以来先后建成了融关中作坊、关中民俗、关中小吃、关中杂耍等于一体的康庄民俗街、小食一条街、酒吧一条街、回民街、祠堂街等，形成了著名的"关中印象体验地"休闲旅游品牌。经过近十年的发展，在环保、绿色、生态发展理念指导下，将一个环境受污染的村庄变成了环境优美的社会主义新农村的典范。在袁家村的示范引领下，陕西省的特色乡村旅游的发展蔚然成风，乡村旅游接待人数占全省总接待人数的38%，综合收入达到210亿元，位列全国第二。

政府在乡村旅游品牌化发展中的主要做法有以下几点。

第一，强化引导，在有形要素打造上细致入微。袁家村的村居环境改造布局合理，仿古建筑风格独特，小吃街、酒吧、茶室等休闲娱乐地方错落有致，桌椅摆放有序，地面整洁干净，并不宽敞的街道秩序井然，石板路面无半点垃圾，做到了布局合理、环境整洁；小吃特色产品在质量监管方面非常严格，从进入者的筛选到原材料采购、产品制作、信息公开乃至淘汰机制的设立等都严格把关，确保了质量货真价实。例如要求所有店主门口要树立牌子写清楚原料来源、售价及联系方式等，确保质量高超，排队购买现象比比皆是，由此营造了品牌知名度和社会影响力，调动了游客的好奇心；建立了严格的废弃物处理制度，专人专车拉运处理，既让景区物理环境赏心悦目，又杜绝了不法之人以次充好，从根本上保障了袁家村食品原始传统的自然风味，赢得了品牌声誉。

第二，强化设计，在无形要素培育上温馨暖人。袁家村始终坚持以关中印象为主题风格，以关中小吃一条街为核心，紧紧抓住关中民俗民风这个重点，不断延伸丰富。小吃一条街完全保留了明清时期的建筑风格和仿古特色，让游客步入街道就有时光回溯的感觉；为保持声誉，袁家村实行严管重罚，统一采购原材料、统一明码标价、严惩拉客宰客等，切中了游客的情感诉求，由此建立的信任体系更是一种无声的宣传，迅速通过微信、微博、网络乃至游客的口口相传得到广泛传播，甚至村支书都成为明星人物，粉丝追捧的明星代言效应凸显。这种感性的情感认同带来了显著的品牌传播力和辐射力。

第三，内外兼修，在品牌共鸣上效果显著。品牌的培育既要有内化吸引力，也要有外化影响力。村两委班子成员能够严格以党员标准要求自己，有奉献精神，他们没有一点特权，不拿工资义务服务，带领村民共同富裕，也赢得了村民的支持和响应。更能让村民服气的是建立了一套良好的收入差距平衡机制，村民参股赚钱多的好项目共同受益；各店收入统一由村委会记账管理，商户有分红，减少了许多恶性竞争。各类商户都把袁家村当成自己的家来爱护,从内部营销角度看做到了价值观和品牌精神的内部共识、共享和共创,有力地促进了袁家村内外互动的品牌成长之路的形成。

袁家村乡村旅游融合发展的案例启示主要有以下三点。首先,注重特色主题的设计和建设。袁家村在传统资源并不丰富的情况下,能够抓住地方民俗文化特色设计乡村旅游主题,并将其转化为特色系列产品,实现了无形价值向有形产品的转化和落地。其次,注重品牌内涵的塑造和传播。袁家村从一开始就紧扣品牌的关键,在品质的核心要点方面抓建设,让特色小吃街从一起步就遵循严格的质量管理程序,以货真价实赢得游客信任并充当义务宣传员,成就了袁家村的品牌。最后,注重理性与感性交叉作用的威力。袁家村品牌建设的成功很重要的是抓住了人的认知规律,从理性上的功能价值到感性上的情感诉求都同样重视、同时发力,并让两者交互循环发生作用,形成螺旋上升的品牌强化之路。

### (三)乡村旅游产业融合的社会创业探索

乡村旅游产业融合需要打开封闭的乡村,以开放的姿态接纳更多的资源要素拥有者到乡村创业,以弥补乡村要素投入的短板。在吸纳外界资源进入乡村产业发展过程中,不可避免地会产生与期望相悖的结果,即外来资本进入乡村后如果监管引导不利的话,可能会导致乡村产业不可持续的恶果,过度掠夺性开发的结果就不可避免地会损坏乡村物质的再生性和精神的延续性。那么如何有效避免这一结果的出现呢?各种探索仍在进行中,也许在乡村旅游融合发展中引入社会创业机制是一种积极的探索。

社会创业是以社会使命为导向,兼具营利性和公益性,利用商业化手段以创新的方式整合内外部资源,以解决部分社会问题,实现社会价值和经济价值等多重价值的活动[13]。社会创业将对解决社会问题的追求与营利性组织的市场化工具和技术相结合,创业、机会和慈善的结合为社会、经济和制度创造了一个可持续循环发展的路径。社会目标导向、创新性导向和市场导向是社会创业的三个基本属性,得到学者的广泛认可[14],乡村旅游的蓬勃发展既是一个经济问题,也是一个社会问题,是破解城乡二元结构和迈向伟大复兴共同富裕的一个有效路径,因此在乡村旅游中通过社会创业解决产业融合发展问题也是在解决乡村发展不充分的社会问题,因此具有社会目标导向性。乡村旅游产业融合发展是在探索打破产业分立的创新举措,各产业间的融合创新可以形成新的产品和服务、新的运营模式和新的组织架构,社会创业活动则是以市场化行为发现机会并配置各产业资源的一种新的尝试,既是产业创新也是经营模式的创新。而这种对社会目标的追求并非是不讲效率和市场观念的面子工程,反而是以市场化规则来运行,因而必须以满足市场消费需求为前提,这样配置的要素才是有效的社会和经济行为。因此,社会创业行为是契合乡村旅游产业融合发展需要的新探索。

旅游社会创业是一种利用旅游业为当下的社会、环境和经济问题创造新的解决方案的过程,通过调动目的地内外部可供利用的思想、能力等资源,推动可持续的社会变革[15]。旅游社会创业作为一种解决社会问题的社会创新模式,是推动乡村旅游创业融合和转型升级发展的重要力量。陕西袁家村的乡村旅游就是一个乡村旅游社会创业最成功的案例。袁家村支部书记郭占武作为社会创业者带领村民协同创业,成立了包括豆腐、酸奶、辣椒、小吃街等在内的11个合作社,采用股份制和分红的商业模式将社会创业者和"金字塔底层"人群(即大多数乡村居民因受教育程度较低和劳动技能较差,导致生产效率低下而成为"金字塔底层"人群)紧密联系在一起。在社会创业者带领下,袁家村居民人均收入已由原来的8000元提高到10万元以上,生活水平得到极大改善和提高,不仅解决了乡村产业融业发展问题,也促进了乡村整体面貌的极大改善,带动周边村庄一起走上了共同富裕的道路。

## 参考文献

[1] 叶兴庆.迈向2035年的中国乡村:愿景、挑战与策略[J].管理世界,2021,37(4):98–112.

[2] 徐虹.乡村产业重构与创新[J].社会科学家,2018(11):7–10.

[3] 雷振东.整合与重构:关中乡村聚落转型研究[M].南京:东南大学出版社,2009.

[4] 徐虹.双创环境下京津冀休闲农业与乡村旅游可持续发展研究[M].北京:中国旅游出版社2018.

[5] 李玉红,王皓.中国人口空心村与实心村空间分布——来自第三次农业普查行政村抽样的证据[J].中国农村经济,2020(4):124–144.

[6] 中央农办调研组.破解农民增收难题的"金钥匙"[N].农民日报,2016-08-30.

[7] 檀学文.走向共同富裕的解决相对贫困思路研究[J].中国农村经济,2020(6):21–36.

[8] 魏后凯.深刻把握城乡融合发展的本质内涵[J].中国农村经济,2020(6):5–8.

[9] 范小建.中国特色扶贫开发的基本经验[J].求是,2007(23):48–49.

[10] 孟凯,李佳宾,陈险峰,范士陈,娄晨曦.乡村旅游地发展过程中"公地悲剧"的演化与治理[J].旅游学刊,2018,33(8):19–28.

[11] 徐冬,黄震方,李东晔,洪学婷,于逢荷.胁迫视角下乡村旅游地文化影响研究进展与框架构建[J].人文地理,2019,34(6):17–25.

[12] 黄祖辉.准确把握中国乡村振兴战略[J].中国农村经济,2018(4):2–12.

[13] 徐虹,张妍,翟燕霞.社会创业研究回顾与展望[J].经济管理,2020,42(11):193–208.

[14] 刘玉焕,井润田.社会创业的概念、特点和研究方向[J].技术经济,2014,33(5):17–24,39.

[15] SHELDON P, POLLOCK A, DANIELE R. Social entrepreneurship and tourism: setting the stage [A]. // SHELDON P J, DANIELE R. Social entrepreneurship and tourism: philosophy and practice [C]. Cham, Switzerland: Springer International Publishing, 2017.

# 乡村旅游场域下乡土文化价值的认知重塑研究

焦彦 李慧

## 一、引言

党的十九大首次提出乡村振兴战略,把解决好三农问题置于全党工作的重中之重。面对乡村振兴的战略机遇期,乡村旅游呈现了蓬勃发展的态势,各个地方都瞄准时机、采取措施,将旅游作为乡村转型发展和农民就业增收的重要手段,不少乡村都通过旅游摘掉贫困县的帽子,打赢了一场漂亮的翻身仗。然而,在乡村旅游发展中,对政府的依赖、对外部资本的盲从、对城市游客的迎合等现象仍然普遍存在,这些不仅限制了乡村的人文发展进程,而且对乡村旅游的可持续发展提出挑战。乡村旅游面前,本应该依托地域、文化优势承担主体角色的村民不仅因为对自身文化水平缺乏自信而丧失优势,而且因为对旅游产业的不熟悉而呈现出害怕进入,或者低水平进入的状态。

出于加速乡村发展的目的,很多研究都聚焦于乡村旅游发展中的社区参与,可持续生计等,努力将村民培育成具有现代旅游服务专业化水平的专业人员[1-3]。相较来说,对村民文化主体价值的探讨有所欠缺,乡村旅游中普遍存在的村民缺乏自信、文化无法活化等问题亦得不到解答。基于此,本研究转换研究思路,对乡村旅游所展现的旅游产业特点和农民所拥有的旅游服务能力给予较少关注,着重探讨乡村旅游所依托的乡土文化特点、乡土文化在乡村旅游中给村民带来的文化资本表现以及两者之间的内在联结,以期为乡村旅游的可持续发展提供借鉴参考。

## 二、乡土文化及其理论价值

### (一)乡土文化的定义

关于乡土文化的阐述,最为广泛使用的是费孝通先生关于乡土文化的描写,在乡土中国,文化是依赖象征体系和个人的记忆而维持着的社会共同经验[4]。此后,学者都在此基础上对乡土文化进行了一定程度的释义。朱启臻认为乡村在生产过程中萌发了很多生产智慧和民间智慧,如抗旱、防虫、治病等知识,他将其统称为乡土知识,而乡土知识的长期累积便形成了乡土文化[5]。索晓霞认为乡土文化是地方性人群以村寨、村落为社会单位在长期的生产和生活实践中通过处理人与自然、社会、物质和精神需求而创造出来和总结出来的生产和生活方式[6]。郭玲借鉴费孝通关于文化的定义,将乡土文化界定为在乡村的长期共同生活中形成的乡村独有的、相对稳定的文化形态与知识系统[7]。究其共性,乡土文化无外乎有两个重要的要素:其一,乡村是乡土文化生产的重要地域空间,是乡土文化的基础;其二,生活在乡村里的村民是乡土文化传承的重要主体。他们以土地为生存根基,世代定居,流动性很小,有自己固定的一套文化准则与传统,很少会被外来文化所影响或同化,村民的乡土性知识或者生活经验口口相传,代代相继,在费孝通关于乡土文化的描述中,村民发挥着重要的作用。文化是社会共同经验的累积,是乡村社会中实用的不能或缺的生活基础,这种累积和传承需要个人主观能动性的发挥和对已有社会方式的学习。因此,借鉴以往学者的观点,本研究中的乡土文化更多指的是以乡村为空间、以村民为主体,经过世代传承和积累而形成的被乡村社会群体普遍认可的生产生活方式以及价值理念的集合,主要可分为农耕文化、乡村手艺、乡村景观文化、乡村节日与习俗。无论是哪种形式的乡土文化,都与生活在乡村的村民息息相关,即便是乡村的景观文化,如聚落景观、田园景观等,也是村民发挥智慧建造,并经过漫长的时间积累而形成的。可见,村民是乡土文化中的重要主体,脱离了村民的乡土文化是没有精神和灵魂的。

### (二)乡土文化价值的理论认知

乡土文化是我国传统文化的主要构成,有着久远的历史积淀和丰厚的经验积累。何时开田、何时耕种、如何种植、如何判定气候等乡土知识是经过实践检验且行之有效的农耕文明的重要组成部分,是乡村特定情境下只有村民才可掌握、消化、吸收的珍贵知识,是村民文化资本的源泉之一,是村庄培养文化自觉、提高文化自信的根本。朱启臻认为乡土文化是我国传统文化的重要组成部分,乡土知识蕴含着巨大的价值,即使在现代科技高度发展的今天,在特定的条件下,很多乡土知识具有等同甚至超过外来知识的价值,农耕文明所孕育的生活方式、文化传统、农政思想等与当下的现代思想也十分契合[5][8];钱穆将农耕、商业和游牧视为文化的三种主要类型,从价值意义的宏观角度高度赞扬了农耕文明、乡土文化对社会稳定性的重要作用[9];农业科学家金恩博士经过长期的调研与观察,发现中国的乡土传统是历史悠久的文化遗产,是远东农业传统、农耕文明的伟大成就[10]。可见,从乡土文化的历史性和地方性角度来看,乡土知识有一套完整的知识体系,乡土文化是中国传统文化的重要根脉和宝贵的文化遗产。即便当今时代精英式、经典化的知识系统在社会生活中会对人有主流引导作用,但是中国的乡土社会更多还是以乡土知识和民间智慧为价值依据和价值兑现的[11]。产生于特定人群基础的乡土文化不仅发挥着伟大历史价值,彰显我国文明古国地位,而且对现代化社会中乡村的治理发挥无法忽视的非制度化作用。因此,乡土文化在理论上具有巨大的价值潜力和效用发挥空间。

## 三、传统场域下乡土文化价值被社会认知的局限性

场域是一个内含规范、运行规则和发展逻辑的独立社会空间,任何主体的社会实践都离不开某个场域对其的影响。以文化价值、经济价值、社会价值三种形式存在的资本是主体重要的实践工具,主体对各种资本效用的认知和发挥都受到场域的影响[12]。受我国经济社会发展阶段的客观影响,现代化建设长期以来对现代科学知识体系和城市文明发展给予了更多的关注和依赖,也据此形成了大众主体开展社会实践的现实场域。然而,此场域的运行机制和作用发挥对乡土文化并不友好,局限了社会主体对乡土文化的价值认知,也让根生于乡土文化和城市文化的主体之间产生了文化的不对等。

### (一)乡土文化的传承被制式教育所忽略

长期以来,出于经济发展水平推进的现实需要,学校教育以服务现代化发展、经济腾飞、科技进步为主要目标。课程的设计更加注重现代性科学知识的输入,而乡村自然科学知识、乡土知识、民间智慧等乡土文化的教育主要依赖乡村家庭的自然传承。并非乡土知识先天不具备科学性,而是因为它没有被纳入现代社会所认知的科学体系中,所以必然局限于受社会认知所影响的传统场域。在传统场域的影响下,相比家庭所积累的乡土知识与农业经验,学校获得的知识更加符合社会大众对文化的认知,它也更容易产生资本化效用,能够给人们带来更快速的经济利益和社会价值。可见,获取现代科学知识的路径是精益的,个体随后的成长路径是清晰的,也是主流的;而承袭乡土知识的方式是粗放的,个体随后的发展则是模糊的甚至是不被认可的。因此,乡土文化的价值在追寻现代科学文化的过程中被大众无意识、自动忽略了。

### (二)乡土文化的魅力被城市文化所遮蔽

城市是现代文明的重要缩影和现代化建设成果的集中地,城市文化也因此被识别为社会发展之先进性和前沿性的代表,其资本化效用被大众所认可甚至推崇。城市人表现出因城市而生的优越性,乡村人则努力地向城市文化靠拢,想要拥有这种优越。他们或者通过努力直接进入城市工作生活,或者在乡村模仿学习城市的建设方式和生活方式,以城市的价值理念来引导、包装自我和乡村。基础的学习是必要且合理的,然而村民对学习界限和范围的把控并不恰当。在城市文化的遮蔽下,乡土文化进入乡村人文化资本认知的盲区,村民对乡土文化价值缺乏自信和认同感,一味地去模仿在其认知中最具资本效用的城市文化。可是,模仿永远跟不上迭代创新的步伐,形式的模仿始终难以撬动文化本质的根生力量,这种模仿学习的确给乡村带来了整洁的厕所、崭新的建筑装修、通畅的道路、便捷的生活和城市的商业经营理念,但同时也带来了城市文化与乡村文化在审美上、功能上、理念上不和谐的交汇。这些不和谐虽然可能让乡村人感觉或者让乡村看上去越来越接近城市,但却难以让乡村焕发出本该有的独特魅力,乡土文化的呈现也仅停留在农家乐、采摘、农活体验等较为粗浅的层次,乡村旅游的发展受到制约。

## 四、旅游场域下乡土文化被社会再认知的可能性

乡村旅游让乡村进入更多社会大众的视野、得到更多城市人的关注，正在乡村社会构建一个新的场域。在乡村人看来毫无特别之处的乡村景致，以及展现乡村生产空间、村民生活智慧的乡土文化正在成为城市人所感兴趣的稀缺资源，成为乡村产生持续吸引力的动力源泉。

### （一）乡村因自然被喜欢

人类天生有亲近自然的本能，这种本能不仅会促使大众有强烈的好奇心去获取知识形成自然认知[13]，而且能够对人的认知和情感产生显著的改善作用[14]，能够使公众感觉到平静，能逃离日常生活出现的压力，能与家庭成员亲密互动，还可以获得做与日常生活中完全不一样事情的机会[15]。然而城市化的快速发展和后工业化时代的到来导致人与自然处于割裂状态，这种割裂带来了诸多不安、无意义、逃离等负面感受[16]，人也并未享受到自然空间带给个体的巨大红利，但现代城市病的不断产生也在激励着人们自我思考，激发本能，大众对自然的需求亦超越了以往任何一个时代。人们渴望回归自然、回归本源，在自然中寻求宁静，寄托心灵，探寻最原始的生命状态和最本真的生命意识。诚然，旅游者对自然的探求进入新的层次，从观看、欣赏逐步向沉浸自我、情感提升、认知了解升华。与城市相比，乡村由于自身现代化涉入有限，保存了较为完整的自然空间和场所[17]。乡村是自然与人的交汇，村民是自然知识的重要拥有者。在旅游者看来，乡村以及村民满足了自我的追求和渴望。

### （二）乡村因文化被向往

个人不仅与自己的童年过往联结，更重要的是与种族的过往联结[18]。中国五千年的文明与乡土挂钩，我们的祖先、中华民族这个族群与乡村社会密切联系，正如费孝通先生所指，土是中国社会的本色。正是这种祖先、民族与乡土的联结形成了普遍存在的大众乡土情结。乡土情结是国人根生的存在，潜藏在每一位国人的文化脉络中，回归乡土有助于人们的身份认同和自我重建[19]。由劳动、消费、空间的异化导致的人际和自我疏离等外在条件的刺激又加快了大众对乡村、对乡土的回归[16]。回归不仅是旅游者对乡村生产、村民交往的单一凝视，他们希望深度交流、互动接触，将对简单亲密人际关系和质朴生活场景的向往真实落实到实践中，在交往互动中强化对中国传统农耕文化的深度感悟，收获感动，真诚弥合城市中产生的疏离感，加深对乡土中国、自然文化的进一步理解。而中国的乡村社会具有乡土性，村民彼此熟悉，基于"地缘—血缘—业缘"构建的人际关系更多保留了稳定的乡土社会的特征[20]，这种关系是有别于城市社会关系的乡村社会的特质[21]，村民不仅对人熟悉，对乡村中的物也了然于心，从熟悉中得来的共识和知识以及由此形成的社会意义和规范系统是乡村居民交往的基础[22]，也是乡土文化在村民身上形成的表征外化。乡土社会中"近"距离的交往特性是乡土文化传承影响的结果,也是旅游者乡村体验的核心对象和向往所在。"桃源情结""乡村情怀""田园梦想"等乡村吸引力本质上都是乡土文化在乡村的映射,村民对农业生产、地形气候、生活常识等知识和规律的熟悉掌握认知都是乡土文化在特定主体中的记忆和传承,乡土文化以及由乡土文化所造就的村民的优点特质与行为特征使乡村旅游中的主客深入交往和知识输出成为可能,是乡村最核心的文化吸引。

### 五、乡村旅游场域下乡土文化价值绽放的必要机制

乡村旅游无疑构建了一种场域,塑造了一种新式空间,架起了主客体沟通的桥梁,为乡村人、城市人重新认知乡土文化的价值创造了新的土壤。在乡村旅游场域中,游客和村民交往的实质是社会交换,乡土文化以及乡土文化在村民这一特定主体中的外化表现是交换的资源客体之一[23]。在此过程中,乡土文化通过村民得到呈现和传递,村民因此成为乡土文化的专家,具有一定的权威力和信服度。乡土文化以及村民的价值充分发挥,游客的需求也得到满足,心理能量提高,主客关系逐渐向平衡对称转化。

然而,相较于自己所拥有的乡土文化能力,村民更容易直接关注到先天的自然景观和简单明晰的乡土文化产品,也更习惯基于自己对城市人需求的理解去迎合旅游者的需求,学习城市人从事乡村旅游的模式去服务旅游者。可见,乡村旅游场域中村民并不能自然地意识到自己是城市人所稀缺且渴望的乡土文化的主人;自己身上拥有的宝贵的文化能力与特质可以在乡村旅游开发中被自信地展现出来。同时,传统场域中已经形成的对乡土文化的不自信和认知的不全面继续存在,村民对城市文化标准的向往和追求也继续存在。意识的缺乏导致在乡村旅游场域的城乡对话中,乡村人和城市人交往的媒介较传统场域自然发生了变化,但乡村人和城市人的文化资本关系却未有实质的变化。因此,要想借乡村旅游真正重塑乡土文化价值的社会认知、提升村民对乡土文化的自信和传播意识、增强其对乡土文化的整合和传播能力、重构村民和城市游客的旅游交往关系,还需要一些必要机制的保障。

第一,将乡土文化纳入义务教育阶段的知识体系中。尽管现代化和城市化进程打乱了教育对于乡土文化自然传承的格局,但传承乡土文化依旧是学校教育不可推卸的责任[24]。一方面,乡土文化蕴含的民间原生性知识在当代中国依然有巨大价值。可以通过乡土教材的编写和乡土课程的设计开发去深度挖掘乡土文化在历史传承中所积累的生活经验、民间规律、文化价值秩序,帮助学生拓宽对乡土文明内涵的理解。尤其要注意乡土文化氛围在乡村学校的营造,挖掘学科课程中的知识和乡土文化的结合点,增进学生对课程内容的理解和知识的发散。另一方面,立足乡村,深入田野,将乡土文化的传承教育与学校的社会实践课相结合,尤其是城市学校教育,可以与乡村建立一对一互助关系,建立学习基地。通过设计开展综合社会实践活动引导学生重新走回乡土场域,从而促进人的主体性和乡土场域相结合。无论是乡村或城市学校教育,都应定期组织学生观察学习,亲身参与,和村民深入互动,体验乡村生活方式,在乡土场域与老一辈人交流心得,将学校的自然教育落实到真正的实践活动中,感受乡土文化在地方产业中的贡

献，发现乡土文化表征下的内在文化资本以及发挥效用的潜在可能。

第二，将乡土文化的文化能力培育引入乡建活动中。2021年中央一号文件指出乡村建设的重要地位，进一步强调了在乡村建设中要深入挖掘、继承创新优秀传统乡土文化，赋予中华农耕文明新的时代内涵。可见，乡土文化建设是乡村建设的灵魂与重点。一方面，创新乡建理念，坚持农民主体原则。忽视乡村社会中的乡土性，一味植入外部政策、资本、理念等会让乡土文化的边缘化程度更为严重。农民是乡村的主人，只有农民最理解乡土文化与自身生产、生活的关系。政府以及外部主体建设乡村时，要尊重农民的创造，深化和当地村民的合作，深入了解当地的农业文明和土地伦理，同时通过政策的宣扬等引导村民对自我主体以及乡土文化蕴含的价值树立自豪感和荣誉感，培育村民对乡土文化价值的自信心。另一方面，积极开展乡土文化教育活动，通过主题教学拓展乡村建设内容，充分挖掘乡村当地的乡土文化资源，可根据乡土文化的具体内容以及当地村民不同群体的特点制定具有乡村特色的乡土文化课程体系，在教学过程中，可采用喜闻乐见的方式实施乡土文化教育，例如，可通过"游客"与"导游"等角色的扮演，激发村民探索兴趣，训练村民表达沟通技巧，进一步培养村民对乡土文化价值的转化应用能力。

第三，将乡土文化的文化能力挖掘融入旅游开发中。乡村旅游的发展为乡土文化的价值挖掘提供了契机。在旅游开发时，将村民参与贯彻到乡村旅游的全过程。尤其注重对村民作为旅游经营主体的奖励和扶持，注重村民旅游收益分配的公平性，充分发挥本地村民旅游精英的示范带头作用，定期组织交流培训和经验分享，建立信息共享机制，鼓励村民在旅游经营时，尤其在和游客交往时，表达自我，深化村民对乡土文化融入乡村旅游开发所带来价值的认识，从而提高其主动参与的积极性；进一步挖掘乡土文化旅游的当代价值，创新乡土文化呈现方式。村民是乡土文化呈现的重要一环，利用新的数字媒介充分发挥村民在乡土文化表达时的重要作用，例如可以利用直播短视频等真实呈现村民的生产生活场景、当地村民和游客交往的情形等，激发村民的表达自信；充分发挥政府带头作用，培养一批本地的乡土文化旅游人才，培育的重点不仅仅是现代服务水平意识的提升，更重要的是旅游活动中乡土性的传承，同时，建立保障机制，提供多元化的保障体系。村民"乡土性"能力的挖掘需要经历一段比较漫长的时期，保障体系的建立可以提供后方支持，解决村民后顾之忧。

## 六、结论与讨论

本文从文化人类学和文化资本理论视角探讨了乡村旅游背景下乡土文化价值认知的现状、不足以及发挥资本效用的可能性，更加关注乡村旅游情境中乡土文化带来的村民主体价值展现。文化总是和特定的主体空间、主体相联结的，研究认为乡村旅游为乡土文化资本效用的发挥提供了机会和潜力，乡土文化以及其表征于村民的特质、知识、行为规律等是乡村吸引的核心，乡土文化通过村民得以显现和外化。村民和游客交往可以促进乡土文化的知识传递，改变游客认知，提高村民文化自信，建立文化自觉，重新定位自身价值，唤醒主体意识，从而促进平等和谐的主客交往，最终，促进乡村旅游的可持续发展。

本文仅从理论层面论证了乡土文化的价值转化以及其赋予村民的文化权利，实证检验、探讨乡村旅游主客交往中的乡土文化传递机制、影响因素、效用意义等将是未来研究的方向和重点。

## 参考文献

［1］王铁，李梅，孙德健，邰鹏飞.农户参与乡村旅游的前因条件与组态路径——基于QCA方法的探索［J］.旅游学刊，2021，36（3）：70-82.

［2］Su M M, Wall G, Wang Y, et al. Livelihood sustainability in a rural tourism destination: Hetu town, Anhui province, China［J］. *Tourism Management*, 2019, 71: 272-281.

［3］黄震方，陆林，苏勤，章锦河，孙九霞，万绪才，靳诚.新型城镇化背景下的乡村旅游发展——理论反思与困境突破［J］.地理研究，2015，34（8）：1409-1421.

［4］费孝通.乡土中国［M］.北京：北京出版社，2005.

［5］冯颖.寻找乡村活力再造之路［N］.中国旅游报，2015-08-28（B01）.

［6］索晓霞.乡村振兴战略下的乡土文化价值再认识［J］.贵州社会科学，2018（1）：4-10.

［7］郭凌.乡村旅游发展与乡土文化自觉——旅游人类学视野中的文化结构与解构［J］.贵州民族研究，2008（1）：44-50.

［8］朱启臻.乡土文化建设是乡村振兴的灵魂［N］.光明日报，2021-02-25.

［9］钱穆.中国文化史导论［M］.北京：商务印书馆，1994.

［10］严海蓉.虚空的农村和空虚的主体［J］.读书，2005（7）：74-83.

［11］廖明君.文化探究：跨学科视域中的多元对话［M］.上海：上海文艺出版社，2020.

［12］朱伟珏.布迪厄"文化资本论"研究［M］.经济日报出版社，2007.（或者布迪厄的论文：资本的形式）

［13］Kellert S R. Kinship to mastery: Biophilia in human evolution and development［J］. *Quarterly Review of Biology*, 1997, 4: 79-85.

［14］Bratman G N, Daily G C, Levy B J, et al. The benefits of nature experience: Improved affect and cognition［J］. *Landscape and Urban Planning*, 2015, 138: 41-50.

［15］Rantala O, Puhakka R. Engaging with nature: Nature affords wellbeing for families and young people in Finland［J］. *Children's Geographies*, 2020, 18（4）: 490-503.

［16］史艳荣，谢彦君，曾诗晴.疏离感与亲和力：乡村旅游体验中的院落情结与人际关系再造［J］.旅游学刊，2020，35（12）：63-80.

［17］Bratman G N, Hamilton J P, Daily G C. The impacts of nature experience on human cognitive function and mental health [J]. *Annals of the New York Academy of Sciences*, 2012, 1249: 118-136.

[18] 常若松. 人类的心灵神话: 荣格的心理学分析 [M]. 香港: 果实出版社, 2000.

[19] 陶玉霞. 乡村旅游根性意涵的社会调试与价值重建研究 [J]. 人文地理, 2015, 30（5）: 117-125.

[20] 桂华, 余彪. 散射格局: 地缘村落的构成与性质——基于一个移民湾子的考察 [J]. 青年研究, 2011（1）: 44-54, 95.

[21] 陆益龙. 后乡土性: 理解乡村社会变迁的一个理论框架 [J]. 人文杂志, 2016（11）: 106-114.

[22] 陈柏峰. 从乡村社会变迁反观熟人社会的性质 [J]. 江海学刊, 2014（4）: 99-102.

[23] Ap J. Residents' perceptions on tourism impacts [J]. *Annals of Tourism Research*, 1992, 19（4）: 665-690.

[24] 王伟. 论乡土文化传承教育的民生转向与人文关怀 [J]. 教育科学研究, 2020（6）: 24-29.

# 京津冀乡村旅游一体化精品旅游线路研究策划

郭 华 李 瑾 郁滨赫 吕 超 刘 悦

## 一、区域休闲旅游一体化发展及线路研究策划的背景和意义

### （一）休闲旅游一体化发展情况

1. 珠江三角洲地区休闲旅游一体化经验

（1）构建点、线、面结合的空间布局合作体系

统筹旅游发展空间布局。抓住珠三角率先开发开放的历史机遇，依据各地区的发展基础和资源优势，统筹区域旅游发展空间布局，构建点、线、面有机结合的空间布局合作体系。珠三角内部形成"双芯驱动、三圈推进、三带突破"的格局，即强化广州和深圳在珠三角旅游一体化中的龙头带动作用，推动广佛肇、深莞惠、珠中江三大旅游圈深度合作，推进蓝色滨海旅游带、黄金水道旅游带和绿色生态旅游带三大重点区域合作。

在此基础上，以珠三角区域内的自然旅游资源为背景，推出一系列精品旅游线路和景区。以粤港澳大湾区为例，2020年《粤港澳大湾区文化和旅游发展规划》发布，并推出10条精品线路，线路涵盖人文历史游、世界遗产游、游学交流游、海丝探秘游、科技创新游、游艇自由行、美丽乡村游、健康养生游、休闲美食游、寻根问祖游等，共同打造分工合理、各具特色、错位发展、内外结合、更加协调的珠三角旅游一体化区域合作体系[1]。

（2）打造整体区域旅游品牌，实施立体旅游营销

打造整体的区域旅游品牌。整合旅游资源的优势和特色，以"活力广东，精彩珠三角"为核心品牌，深度推进"岭南文化、活力商都、黄金海岸、美食天堂"四大品牌建设，最终形成由区域品牌、景区品牌、旅行社品牌、酒店品牌、节庆品牌、购物品牌、餐饮品牌、演艺品牌、服务品牌等组成的珠三角旅游品牌体系。

借助智慧旅游城市建设，实施全方位的立体旅游营销。对外联合推介，强化珠三角的整体旅游形象，扩大珠三角旅游的国际影响力和吸引力。利用旅游营销机构、网站等载体，联合开展招商引资、旅游节庆宣传、联合推介旅游产品，共同开拓国内外旅游市场；对内互为客源互为市场，各地市互设旅行社或分支机构，互设旅游接待与集散中心，互设旅游企业连锁店、专卖店，定期互办旅游交易市场、旅游推介会等，实现旅游客源地和目的地的互动。

**（3）强化规划衔接，协调旅游资源一体化开发**

强化区域旅游规划衔接。建立珠三角重要旅游规划通报和协商机制，加强各地市旅游规划衔接和融合，合理安排旅游功能分区，实现区域旅游资源开发一体化；加强对历史文化遗产、沙滩、森林、湿地、温泉、江河湖泊、绿道等生态环境敏感性强、公共属性强的旅游资源的保护性管理。

发展区域旅游产业带和聚集区。根据不同区域旅游资源禀赋、发展基础和开发潜力，建设"三山三江三湾"等跨区域的珠三角旅游产业合作发展带和聚集区；加强区域协调，建立协同共赢机制，由省与相关地市协商合作开发，优势互补，整合资源，共创品牌。

**（4）发展现代旅游企业，促进产业转型升级**

培育发展现代旅游企业。发挥市场力量，破除行政壁垒，鼓励泛珠三角区域内旅游企业之间、与外地旅游企业之间依靠市场运行的规律加强相互合作，壮大旅游企业规模，发展旅游产业集群；通过参股、合并、重组的方式建立大型旅游企业集团，完全通过市场运行机制来实现跨省区的旅游信息共享、市场对接、人才流通、产品互推和服务标准化。

深度整合旅游产业链。依托区位优势，吸引港澳地区等外部资金、技术人才和管理理念，鼓励以独资、合资、合作等多种形式，发展现代旅游产业；加强与当地企业和政府的合作，把先进的管理经验与丰富的旅游资源结合起来，积极开发旅游产品和衍生品，从而深度整合旅游产业链，为国内外旅游者提供一站式服务，提高服务便利化水平，促进旅游产业转型升级。

### 2.长三角休闲旅游一体化经验

**（1）注重平台搭建，促进协调发展**

长三角县市地理相近，文化同源，旅游资源具有一定的相似性，在资源共享、统筹安排、协调开发的原则下，同中求异，谋求共同发展，建立统一的信息发布平台，实现信息共享、优势互补，形成良性竞争。2014年以来连续举办5届长三角休闲农业与乡村旅游博览会，全面展示长三角地区休闲农业和乡村旅游产品的发展成果，助推休闲农业和乡村旅游景点提高品牌意识，加大品牌宣传推广力度，推动、引领休闲农业和乡村旅游行业健康可持续发展。

**（2）强调模式创新，促进差异发展**

长三角地区代表中国最发达的创新创业地区，创新文化发达，就其乡村旅游和乡村旅游发展而言，无论是发展水平，还是业态多样化，长三角均走在全国前列。目前依托内部各省、市、县在经济发展水平、文化传统特色以及乡村风光与自然景观，因地制宜实现差异化发展，最早形成了一体化发展的格局。在乡村旅游发展的过程中，长三角内部的城市充分吸收和转化大都市的市场需求，实现旅游发展与都市圈发展之间的深度互动，形成差异化的发展道路。湖州乡村旅游发展之所以成功，得益于其在长三角区域经济发展中充分发挥了自身特色优势，通过差异化定位，开发了以周末休闲、异地养老、养生度假等为核心功能的洋家乐等高品质的乡村旅游产品，使其成为长三角地区的都市后花园，在区域经济中实现了独特现代化发展的特色之路。同时利用长三角作为全国经济、文化中心的优势地位，不断进行模式创新，包括利用农村闲置资源，开发农家乐和民宿发展模式；最先在全国树立开发农业节庆活动的榜样，上海的南汇桃花节是最早的农业节庆活动。通过模式创新，推动乡村旅游提质升级，为乡村振兴增添新动能。

（3）打造整体环境，促进持续发展

乡村是生态旅游的天然场所，良好的农业农村生态环境可以吸引消费者前来观光旅游和休闲度假，依托乡村开展生态旅游是实施乡村振兴战略的重要推动力。长三角乡村旅游与乡村旅游在开发旅游产品时将环境保护、生态修复放在首位。首先政府引导各乡村旅游经营主体牢固树立开发与保护并举的理念，在统筹考虑资源和环境承载能力的情况下，加大生态环境保护的力度，确保乡村旅游的发展要与生态环境的承载能力相适应；其次出台有关政策，推广相关环保技术，引导经营主体改造垃圾收集、处理等环保设备，实现生活垃圾和农业生产废弃物的资源化利用，促进生态环境持续发展；再者围绕乡村旅游聚集区，政府集中建设垃圾收集和无害化处理站点等公共环保设施，建立污水处理站和生物净化池塘，加强生产生活污水资源化处理和安全依标排放，努力做到零排放，提高聚集区内公共环保服务能力，为经营主体提供便捷条件，服务广大游客。

（4）注重聚集效应，促进规模发展

长三角休闲农业与乡村旅游在建设中注重形成集聚效应，促进乡村旅游由单一产品向综合服务转变、由单一景点向集群发展转变、由休闲观光向旅游度假转变、由特色旅游村点向产业发展区转变，不断提高休闲乡村旅游规模效益，满足游客对休闲乡村旅游的多元化、更多样、多层次需求。目前围绕乡村旅游景点营造和产业链开发，各区县努力打造不同特色休闲乡村旅游线路，初步形成了"串珠成线、连线成片"的休闲乡村旅游发展格局，形成一批新型休闲乡村旅游集聚区或集聚带。

### （二）乡村旅游线路策划的意义及借鉴

旅游线路是以单个景点为节点，以交通线路为脉络，专门为游客所设计、串联或组合而成的旅游过程的具体走向。旅游线路的策划和推介是否科学合理，不仅关系到旅游者的出行目的，而且关系到旅游目的地形象的塑造。休闲乡村旅游不同于城市旅游，相对来讲，休闲乡村旅游因地域的集中性、内容的丰富性、体验的差异性，其旅游线路大多针对性强、尺度小，且主要是为了适应日益增长的自助旅游者队伍的需要而开辟的。乡村旅游线路可以对乡村旅游资源和特色服务项目进行有效的整合，从而推动乡村旅游的可持续发展。

1. 休闲乡村旅游线路策划设计的意义

随着我国已经逐步进入休闲时代，休闲旅游产业逐渐成为国民经济的支柱产业，国家与地方政府都出台了一系列政策来保障行业的健康有序发展。为促进乡村旅游的组织化发展和市场化运作，专门制定乡村旅游的精品线路设计与规划，以进一步整合与优化旅游产品，提升行业发展水平，同时便于旅游活动的组织与管理，方便游客出行。开展休闲乡村旅游线路研究策划主要有以下重大意义。

（1）有利于游客达成出行目的，方便出行

相对比城市知名旅游景点，游客对农村地区的认知度相对较低，加之多数旅游者是初次涉足，且受主观因素限制，若缺乏合理的线路提供支持与服务，仅仅靠旅游者自己探索，恐怕就会陷入自发盲目发展，各自单打独斗，甚至恶性竞争的局面。精品旅游线路的设计有助于游客，尤其是日益庞大的自助旅游者，使其能够依据自身条件与爱好，合理支配时间与费用，有区别地选择合适的旅游产品。

（2）便于旅游活动的组织化管理与市场化运作

每逢节假日，城市居民大量涌动到其他地方，一些知名的景区人满为患，超负荷承载，有的景区因秩序混乱而带来资源被破坏、生态践踏等许多负面影响。休闲乡村旅游线路的开辟能有效地减轻主要景区的人流压力，但由于其涉及内容较多，且基础设施相对比较落后，随着休闲乡村旅游的快速发展，旅游活动的管理难度将越来越大，因此适当开辟精品旅游线路，使旅游者相对集中在既定的旅游线路上，便于进行组织与管理。

（3）有利于旅游资源的整体优化与整合，实现集约高效

休闲乡村旅游线路的设计促使有关部门、单位以及个人依托当地丰厚的旅游资源和自身条件，优化与整合乡村旅游资源，精心打造和组合与众不同、具有持久吸引力的旅游产品和旅游线路，不局限于传统观光的层面，还提供了深层次的精神愉悦感，增强合理性与有效性，实现资源的集约与高效利用，从而推动农业休闲旅游产品结构和旅游方式的完善，提升乡村旅游的档次，提升旅游产品竞争力。

（4）便于满足不同层次的市场需求，提升满意度

随着休闲时代的到来，体验性和参与性的旅游产品越来越受游客欢迎，乡村旅游恰能提供多样化的休闲体验活动，乡村生态景观的多样性和民俗文化的丰富性为旅游者体验乡村提供了丰富多彩的"场景"。对乡村旅游者而言，他们旅游的目的不仅是获得一段暂时的休憩，还包括感受不同于自身日常生活所在地的独特文化氛围，是一种满足精神需求的文化审美活动。这就要求赋予乡村旅游线路文化内涵，满足不同层次的市场需求，提升游客的满意度，满足旅游者对乡村的体验需求。

2.休闲乡村旅游线路策划设计的经验借鉴

随着日益追求自由与个性的自助旅游方式的兴起，休闲乡村旅游发展潜力巨大，要保证休闲乡村旅游持续发展，推行合理有效的旅游线路无疑是其中一个重要的保证因素。事实证明也是如此，一个良性发展的休闲乡村旅游地区大都有着一条或数条合理线路确保旅游者有效进入，将休闲乡村旅游资源本身整合至极致，进而不断提升知名度。

（1）在目标市场上，以自助游为重点

休闲乡村旅游线路策划设计的目标市场主要是当地的散客旅游者、大众旅游者。因此设计具体线路时，应当注重研究目标群的旅游需求，求同存异，尽可能满足其需要，即"设其所需"。如自助游中许多是家庭族，应考虑多给其提供静谧环境，私密空间，照顾不同年龄阶段的需求；有的出于减缓工作压力的考虑，想要放松心情，以求空间置换，此时则应侧重休闲。因此要根据游客需求，有的放矢地进行安排项目。

（2）在节点组合上，主题突出，特色鲜明

主题旅游是指对某项专题或某一目的地进行深入的了解与体验，是传统大众旅游的升级版，已成为越来越多旅游者出行的目标。主题旅游通过对景区内涵进行浓缩和升华，从游客的不同身份、切身需求、独特体验、消费心理出发，并以文字的魅力进行凝练，主题突出，特色鲜明。海洋、避暑、草原、山野、温泉、冰雪、运动、皇家、红色文化等是京津冀地区最典型的资源特色，丰富多样的特色资源奠定了乡村旅游发展的基础，京津冀各市县的旅游资源的丰度、特色度、组合度及区位条件是不同的，乡村旅游线路策划更是要突出不同的旅游主题，与生态旅游、红色旅游、文化旅游等大旅游相结合，组合不同的节点，彰显不同线路策划设计的特色，吸引游客眼球，增强感知印象，提高重游率。

（3）时间尺度上，以"1~2日游"为宜

随着乡村振兴的推进，乡村的村容村貌、生态环境和基础设施得到明显提高，为休闲乡村旅游开展奠定基础，大量市民对来乡村进行游玩的需求大幅增加，由此乡村也获得了通过为游客提供食、住、行、游、购、娱来获得收益的机会。特别有些村庄，已经形成专门的旅游度假村，内容活动丰富，可以满足游客长时间驻留度假。由于乡村旅游更多是城市周边短途的、周末短期度假式的活动，鉴于此，休闲乡村旅游线路的策划设计，应设法适当延长游客的滞留时间，挖掘不同的休闲乡村旅游资源，不断充实旅游活动的内容。随着各项旅游活动的开展，旅游内容的丰富，运作成功的休闲乡村旅游线路可以实现从一日游向两日游甚至三日游的转变。

（4）开发进程上，循序渐进，梯次开发

区域旅游开发是一个渐近的历史过程，休闲乡村旅游最早是依托景区景点周围发展起来的，主要是为核心的景区景点提供住宿、餐饮等配套服务。即使发展到现在，尽管涌现出一批知名的休闲乡村，例如，天津小穿芳峪、郭家沟等村庄，但整体上目前乡村旅游在整体上表现出参差不齐的情况，大部分提供吃住玩的能力水平相对不高，甚至道路交通还没解决好，整体上乡村地区的基础设施相对不完善，这给旅游活动开发也造成了较大的挑战。应该尊重这个现实，克服急功近利、贪大求全的行为，尽量依托原有的交通线路，根据旅游业发展现有的基础和旅游资源的丰度、特色度、组合度及区位条件等，有区别地、有重点地确定线路，循序渐进、梯次开发，适应旅游可持续发展的需要。

（5）运作方式上，推出精品线路，吸引眼球

旅游精品线路是一个旅游业形象的"窗口"，不仅能强化游客对旅游地的印象，而且具有强大的带动作用，不少成功的休闲乡村旅游景区便是在精品线路的带动下逐步发展起来的。2020年，长三角地区共推出28条美丽休闲乡村旅游线路，深层次整合区域范围内的旅游资源，推广多日跨区域联合休闲旅游模式，为域内居民提供充满乡土气息的休闲旅游产品。

## 二、京津冀乡村旅游一体化发展的SWOT分析

京津冀区域人口有1亿多,土地面积有21.6万平方公里。京津冀地缘相接、人缘相亲,地域一体、文化一脉,历史渊源深厚、交往半径相宜,完全能够相互融合、协同发展。特别是京津冀协同发展纳入国家重大战略之后,三地迎来了绝佳的发展机遇。本研究采用SWOT分析法对京津冀乡村旅游一体化发展的优势、劣势、机会和威胁进行了深度分析,并提出了如何利用优势和机会、回避发展劣势和威胁的四大发展模式。

### (一)京津冀乡村旅游一体化发展的SWOT分析

1. 优势分析

(1)区域经济实力相对雄厚

京津冀地区是环渤海区域的核心地带,也是环渤海区域城市群最为密集的地区,在国家整个沿海经济布局中与长三角、珠三角处于同等重要位置,是中国经济增长的"第三极"。区域经济基础雄厚,京津两市产业结构高端,要素资源密集,区县经济发达,辐射带动作用明显。2020年,京津冀GDP已突破8.6万亿元,占全国的8.5%,圈内有北京、天津两大核心城市,天津已经是一座常住人口1400万、城镇化率80%以上的现代化超级大城市,京津都市圈未来将形成人口超5000万的世界级城市群,为三地乡村旅游提质增效和转型发展创造了良好的发展环境。

随着国民休闲时代的到来和大旅游的升温,乡村旅游也将迎来新的发展机遇,京津冀居民是中国最有消费能力的群体之一,区域内的游客互为客源,具有庞大的内部旅游市场,三地拥有1.1亿人口,私家车拥有量已超过1000万辆,市场广阔、潜力巨大。2020年,因为有新型冠状病毒肺炎疫情时期的旅游数据不能反映常规情况,因此选择2019年的数据来分析,京津冀旅游总收入将近2万亿元,旅游总人数达到13亿人次,并以年均10%以上的速度快速增长;且目前旅游消费呈现出动机更加多元化、出行方式更加多样化、出游时间更加分散化、投资主体更加多渠道的特点,催生新业态的不断涌现,主要分为市场型新业态、产品型新业态和经营型新业态,带来客源市场的瞬息万变;休闲乡村旅游项目必须不断推陈出新,满足游客更加个性化和弹性化的需求,才能赢得竞争[2]。

(2)区位优势相对突出

京津冀地区位居北方入海要道,是北上南下之要冲,具有得天独厚的地理位置和便利快捷的交通运输条件。综合交通运输网络在我国综合运输体系中占有重要的地位,拥有全国最高密度的交通网络,水、陆、空交通便利,客运量、货运量、通信量都居全国前列。区域内铁路网密度约为全国平均密度的1倍,是贯通南北东西的枢纽之地,铁路货物年周转量占全国的比重大于30%;整个区域公路发达,是全国公路最稠密的地区;海岸线密集分布着大、中、小型各具特色的现代化港口群。北京机场目前是全国最大的航空港;天津港是我国北方最大的综合性港口和重要的对外贸易口岸,同时,京唐港、黄骅港综合实力不断攀升；天津、秦皇岛等枢纽港均与铁路干线直接相连。以北京和天津为中心的铁路、公路、航空交通网，通联全国和世界许多国家和地区。得天独厚的地理位置和便利快捷的交通运输条件，为三地乡村旅游持续快速发展创造优越的外部条件。

（3）资源类型相对丰富

京津冀三地地缘相接、人缘相亲，地域一体、文化一脉，旅游资源地域集聚度高、特色明显、地域组合优良，各地旅游资源存在着互补性和优势叠加性，如表1所示。已经形成以湿地温泉、坝上草原、山河湖海等为主的丰富多彩的自然旅游资源和以皇家文化、民俗文化、长城文化等为主的人文旅游资源。围绕三地丰富自然资源和文化底蕴，推动乡村旅游整体上呈现主题化、规模化、产业化、集群化、区域化、国际化的趋势发展，乡村旅游正在成为京津冀地区现代农业的战略性产业和区域经济转型升级的新增长点[2]。

**表1 京津冀休闲农业的资源特征分析**

| | 自然景观资源 | 民俗文化资源 | 特色及品牌农产品 |
|---|---|---|---|
| 北京 | 北京地处华北平原的西北部，地貌类型多样，其中山区面积占62%，平原区面积占38%，山区果林业发展迅速，动植物资源丰富多样，平原区农业资源丰富，生态农业、高科技农业、观光农业、绿色度假村等农业园区丰富。 | ①特色名镇（村）：北京有一批历史悠久、民俗独特的文化名镇（村），其中13个村庄列入"中国传统村落名录"。②节庆活动：目前北京市主要的乡村节事活动已达60余项。③民间舞蹈、传统手工技艺、民间文学、文化、民间音乐、传统戏剧、曲艺、游艺、传统体育与竞技、民间美术、传统医药等形式，多类型的民俗文化相互交织在一起，更增添了民俗文化的特色和色彩。 | ①传统特色农产品和地域品牌农产品：京西稻、御塘米、心里美萝卜、五色韭、红头香椿、金顶玫瑰花、宫廷金鱼、北京油鸡、北京鸭、以及由本地农产品加工而成的糖炒栗子、冰糖葫芦、山楂糕、永宁豆腐、北京烤鸭等特产。②特色干鲜果品：庞各庄西瓜、黄土坎鸭梨、大城子红肖梨、石峨玉皇李子、黄泉寺奈奈枣、西峰山小枣等几十种。 |
| 天津 | 天津位于海河流域下游，是海河五大支流的汇合处和入海口，素有"九河下梢"之称，拥有山、海、河、湖、泉、湿地等丰富的景观资源。 | ①特色名镇（村）：拥有杨柳青古镇、渔阳镇、葛沽镇、静海区西双塘村等文化底蕴深厚的特色名镇（村）。②民间工艺：泥人张彩塑、杨柳青木年画、汉沽飞镲、蓟州皮影雕刻、特种榫槽工艺、捏土艺术以及面塑等民间工艺品众多。③以天津皇会为代表的"宝辇"花会、"虫八蜡庙小车会""随驾狮子会"等地方主题花会；宝坻评剧和京东大鼓；蓟州区独乐寺庙会等。 | ①传统特色农产品和地域品牌农产品：小站稻、沙窝萝卜、茶淀葡萄、宝坻三辣、七里海河蟹、崔庄冬枣、台头西瓜等。②名牌农产品：北辰青水源有机蔬菜、曹庄花卉、凯润食用菌、大顺花卉、八里台观赏鱼、汉沽三利水产品、黄庄大米、田水铺萝卜、天祥水产等近百个品种。③特色干鲜果品以蓟州区的各种名、特、优果品为主。④特色淡水产品包括乌克兰鳞鲤、河蟹、黄金鲫、泥鳅、黄颡鱼等特色淡水鱼；特色海珍品主要有杨家泊东方对虾和宁河南美白对虾。 |

续表

| | 自然景观资源 | 民俗文化资源 | 特色及品牌农产品 |
|---|---|---|---|
| 河北 | 河北省农业资源丰富，地貌类型多样，自然风光秀美，生物物种丰富，是一个综合性农业大省，农村面积广大，农业生产类型多样。 | ①民俗文化和民间艺术绚丽多彩：唐山皮影、蔚县剪纸、武强年画、曲阳石雕、衡水内画、易水古砚以及永年太极、沧州武术、吴桥杂技等。②人文资源："东方人类的故乡"阳原古人类博物馆、中国文明始祖—黄帝建的城黄帝城、西柏坡的"新中国从这里走来"等，红、黄（皇）、蓝、绿、青、白六色旅游应有尽有。③节庆活动：赵县梨花节、秦皇岛樱桃节、保定顺平桃花节、石家庄草莓节、柿子节、油菜花节等。 | 全省认定无公害生产基地（企业）2214个、特产之乡115个、特色产品种类繁多。①特色农产品和地理标志产品：迁西板栗、赵州雪梨、沧州金丝小枣、乐亭甜瓜、京东板栗、新乐西瓜、蔚州贡米、涉县花椒、昌黎长城葡萄酒等。②著名商标品牌：泊头亚丰绿色果品、泊头五谷鸡蛋、迁安市春良绿色蔬菜、"紫星"牌圆葱、蔚州贡米等。 |

资料来源：参考文献［2~6］。

2. 劣势分析

（1）行业进入壁垒较低

相对其他壁垒比较高的行业，乡村旅游进入和退出门槛低，这就造成行业内竞争较为激烈。乡村旅游发展所需的资本、人力、技术等要求较低，例如民房稍加改造就可以变为民宿、餐厅，进行旅游经营。与此同时，进入门槛有加速下降的趋势，乡村的充足数量加上各地政府的支持推动，使得大量乡村进入该领域，进一步加剧了现有市场的竞争。目前乡村旅游市场有限，竞争者多，单个主体的规模小，市场高度分散，一旦收益下降或者亏本，民宿和餐厅几乎不用修整就可以恢复原来用途，而退出成本和门槛几乎为零。乡村旅游市场消费主要是城乡居民的重复消费，对乡村旅游的项目配置也提出更大的挑战。

（2）生态环境约束较大

京津冀地区乡村旅游发展受生态环境约束比较大。一方面，气候上受农业季节性瓶颈制约造成消费的季节性过于突出，旅游旺季人满为患，淡季鲜有游人；冬季气温低，不适合开展户外活动，温室内活动提高了经营成本，也影响游客出游体验。另一方面，京津冀地区水资源短缺问题较为严重，地下水严重超采，拥有的淡水资源总量仅占全国的1%；盐碱地分布广泛，平原地区土壤质量不高，影响多样化景观植物生长。这些生态环境问题影响乡村旅游的经营成本和开发效率。

（3）相似度和同质性较高

乡村旅游资源多为常见的农业农村资源，并不具备稀缺性，很难通过垄断稀缺性来形成核心竞争力。京津冀地区乡村的数量非常巨大，但在饮食、民居、民俗、环境等方面相似度较高，目前三地乡村旅游发展主要以各地现有的自然生态环境、农业生产资源、农业节庆活动、农村风情风貌、现代农业园区、农（渔）家乐度假等为基础进行基础设施提升改造，各地的观光农园、休闲农庄所提供的服务项目与体验活动大体相同，集中在吃农家饭、垂钓、采摘等项目上,彼此之间可替代性较高,造成目标市场相近,恶性竞争加剧。这意味着在有限的目标市场上存在着众多同质化乡村的竞争,带来的直接后果就是很难实现差异化、特色化的发展,恶性竞争始终存在,造成盈利水平下降,行业可持续发展困难。这也可以看出乡村旅游一体化发展的迫切性和必要性,只有一体化发展才能充分整合资源,破除乡村旅游在时间和空间上的固有障碍,实现全域、全时的发展,让乡村资源全面开发和价值最大化。

3. 机遇分析

（1）京津冀协同发展规划纲要出台

2015年国务院颁布推动京津冀协同发展重大国家战略的纲领性文件《京津冀协同发展规划纲要》,三省市也相应出台各自的《京津冀协同发展规划纲要》实施方案。《规划纲要》提出"推动产业转移对接,加强京津冀产业协作",给京津冀三地协同发展提供一个前所未有的机会。2019年1月16~18日,习近平总书记在京津冀考察,主持召开京津冀协同发展座谈会并发表重要讲话。要从全局的高度和更长远的考虑来认识和做好京津冀协同发展工作,增强协同发展的自觉性、主动性、创造性,保持历史耐心和战略定力,稳扎稳打、勇于担当、敢于创新、善作善成,下更大气力推动京津冀协同发展取得新的更大进展。

产业协同是京津冀协同发展的重要内容,旅游业扮演着桥头堡和排头兵的重要角色,既是共振点和共赢点,又是切入点和突破口。2014年的《国务院关于促进旅游业改革与发展的若干意见》中也明确提出要推动区域旅游一体化,完善区域旅游合作机制,建立旅游交通、信息和服务网络,构建区域旅游合作体。乡村旅游作为农旅结合的新兴产业,抢抓战略机遇,必将加快建立京津冀乡村旅游发展合作机制,促进京津冀乡村旅游的整体优化与协调发展,推动形成分工合理、各具特色、发展协调的京津冀乡村旅游合作体系。

（2）冬奥会的筹办

2022年的冬奥会将由北京和张家口共同举办,为京津冀乡村旅游协同发展带来了重大机遇。冬奥会带来的商机,无疑将为京津冀都市圈未来的经济社会发展产生重大的推动作用,特别是促进京津冀之间资源要素的互动交流。从筹办到举办冬奥会,京津冀不断加强生态环境建设、基础设施改造、配套服务设施完善,并以此促进三地乡村旅游资源整合、旅游线路打造、基础设施提升和协作机制完善,为冬奥会储备住宿接待、休闲娱乐、会议商务等服务能力,进一步深化三地乡村旅游一体化精品线路的合作共赢。

（3）乡村振兴的巨大历史机遇

党的十九大把乡村振兴战略作为国家战略提到党和政府工作的重要议事日程上来,要从根本上解决城乡差别,乡村发展不平衡、不充分的问题。在乡村振兴国家战略的推动下,国家加大对乡村的投入,加大农村基础设施建设力度,提升乡村公共服务水平,极大改善了乡村的村容村貌。首先就是提升改善了农村的各项基础设施,通过建设乡村道路网,沟通城市与乡村,乡村与乡村,实现乡村旅游由点到线、由点到面的突破,为开展乡村旅游奠定了先决条件。其次乡村振兴的大量投入,完善了乡村公共服务体系,改善了乡村旅游市场环境，营造良好的招商引资环境，形成多主体参与乡村旅游建设。最后，乡村振兴改善和提升村容村貌，提升游客对乡村的第一印象，游客愿意进入乡村，其他相关的乡村旅游业态才有发展的可能性。

4. 挑战分析

（1）行政壁垒的限制

京津冀区域各属于不同的行政单位，由于区划的不同，没有统一规划，再加上"分灶吃饭"的财税体制，各地市都只根据自身的需求寻找合作，难以形成资源信息共享、优势互补、协调发展的合作模式。同时，京津冀地区行政关系还具有多重性：北京与天津和河北之间既是中央与地方的一般关系，又是并列的同级关系；重叠、复杂的行政关系，进一步影响到都市圈内经济合作与一体化进程。鉴于此，休闲旅游合作更多的只是一种政府层面上的链接和表面化的呼应，行政壁垒导致优质要素资源在区域内流动不畅，政府、企业、社会联动发展的机制仍未实质性地建立。目前京津冀地区的旅游合作依然主要集中在简单层次上的整合旅游资源、组合旅游线路上，没有形成有机的区域旅游产业链，而仅仅靠旅游线路上简单地拼接是不可能真正实现京津冀乡村旅游一体化的。

（2）建设用地的刚性约束

企业在发展乡村旅游时，建设加工、住宿、餐饮等配套设施都需要一定的建设基地，出于发展的需要和对经济利益的追求，要求把一定比例的农业用地转为附属建设用地，建设用地刚性约束已成为发展乡村旅游项目的"瓶颈"。由于土地与其他自然资源属于不可再生资源，且直接关系到粮食安全，因此在政府保粮稳产的逻辑行为前提下，基本农田的红线绝对不允许触碰，耕地要保障其农业生产属性，用来保障国家粮食生产安全。自2018年全国范围内大棚房整治运动以来，出于保护粮食安全的国家战略目标，国家层面对乡村旅游和休闲农业所涉及的建设用地的审批越来越严格，这会影响企业对项目、产业投入的意愿；未来乡村旅游的发展，要因地制宜，从实际出发，创新土地使用制度，为产业发展助力。

（3）多元休闲方式的替代效应

由于行业入门门槛相对较低，如前文所述仅在乡村旅游内部就存在诸多的竞争，然而挑战并不仅在行业内部，同样存在于行业外部。随着黄金周、弹性工作制、带薪休假等举措的推进，国民休闲时间增加，而高铁的开通又拉近了时间距离，于是居民休闲方式有了更加多元化的选择。例如，景区旅游、户外探险、游乐游艺、购物就餐、乡村休闲等，在时间有限和活动半径增加的前提下，它们彼此之间存在明显的替代效应，竞争激烈。现代社会赋予人们多元的选择，对于乡村旅游而言，作为其中一个选项，如何在多元的休闲方式中赢得竞争优势，是乡村旅游发展所面临的巨大挑战，需要深挖资源潜力，精心设计，打造精品，才能取得一席之地。

**（二）京津冀乡村旅游一体化发展模式分析**

京津冀地区地域辽阔、资源多样、人口众多、市场广阔，京津冀协同发展战略背景下，本研究对京津冀三地乡村旅游一体化发展进行了SWOT分析，在此基础上，可以采取发挥优势、利用机遇、克服劣势、迎接挑战的做法，在资源利用效率、产业发展规模、项目活动开发、接待游客能力、辐射带动范围、经营机制创新等多方面实现突破[7][8]。

1. 生态打底，绿色环保与永续发展

绿水青山就是金山银山，生态环境协同治理，事关京津冀协同发展全局。鉴于目前京津冀区域中普遍存在的生态环境约束较大，制约产业发展的问题，在京津冀乡村旅游一体化发展过程中，应该格外关注生态的问题，以绿色发展为引领，统筹山、水、林、田、土的整体修复，为人民生活和产业发展创造良好的生态背景。因此基于自然资源和环境保护来创造生态空间和休闲空间，已经成为乡村旅游发展的首要目标。

京津冀地区乡村旅游相关管理部门和经营主体按照转变农业发展方式要求，将乡村旅游作为一种可以永续利用的宝贵资源、绿色环保的产业形态、农业转型发展的重要途径、农民就业增收的重要渠道、城乡统筹发展的重要载体，提高认识，增强创新发展、区域发展、协同发展、持续发展的意识和能力。既要保证现代农业发展的良好势头和生活环境的持续改善，又要增强民众珍惜资源、保护环境的自觉性和坚定性，力争将乡村旅游经营活动对自然环境的负面影响控制在最低程度，并把自然资源、生态环境等因素与生产要素、农村景观相融合，在保护良好生态环境前提下，同时满足游客生态休闲需求、经营者和周边居民的生产生活需要，实现乡村旅游可持续发展。

2. 差异互补，统筹规划与协同发展

针对目前京津冀所存在的资源同质化的问题，应该根据京津冀三地乡村旅游的区域特点、产业优势和发展定位，研究各自资源禀赋的特色与差异，选择差异化发展模式，通过三地错位发展和差异发展，实现资源的互补、互通与联合，形成地区间联合的资源共享平台，打造"你无我有、你弱我强、你我共享"的一体化发展模式，最终实现三地乡村旅游的资源整合和协同发展。

对于京津两个城市化水平高、经济发展快速的地区，着重发展以低碳、环保、创意、智能、信息等高新技术及设施装备主导的科技示范园、创意农业园和休闲农庄；对于位于河北省的京津冀都市圈区域，更适宜发展以生态、绿色、循环、设施和优新品种等主导的特色产业示范园、生态农业观光园和生态农庄。对于社会经济发展水平梯度差异显著的京津冀都市圈而言，要将乡村旅游作为促进区域分工协作和城乡统筹发展的切入点，以生态环境一体的空间结构为导向，基于各自市场需求、特色资源和区位优势，打造差异化的生态休闲空间，统筹规划京津冀区域休闲乡村旅游线路，形成不同区域乡村旅游产业聚集区和发展带，提高区域竞争力和影响力。

3. 顶层设计，科技引领与文化支撑

针对目前京津冀乡村旅游发展过程中所存在的土地政策上的刚性约束以及多元休闲方式的竞争，乡村旅游一体化发展需要对三地乡村旅游发展定位、产业布局、旅游线路设计、合作共赢发展机制等进行顶层设计，通过科技引领和文化支撑，增强乡村旅游吸引力。

首先，积极利用科技创新，包括数字农业、现代育种技术、信息技术等，设计相应的现代农业科技创新与转化推广服务项目支撑，提升乡村旅游的科技含量和附加值。其次，加强文创的力量，在乡村旅游购物产品设计上，提高产品文化内涵，挖掘本土历史文化与当地特色资源，如草织、藤编、雕刻、手工艺品、地方舞蹈、戏剧、音乐和古迹史话、传说，通过新奇创意，包装设计上突出创意文化，同时从果品鲜食、保鲜存放、干品制炼到成分提取制作面膜膏和护肤美容品等具备一系列的生产、制作和包装技术，极大地延伸产业链，走出"蔬菜瓜果、土鸡柴鸡蛋"等初级农产品的层次。在乡村旅游体验活动设计上，融入地域特色和人文情怀，游客可以从体验活动中，认识生物生长现象，感受生命的意义，体会生命的价值，分享生命的喜悦。例如，举办农业有关的教育活动、趣味比赛，提供与场内动物接触的机会，游客可以体验喂养小牛、挤牛奶、喝鲜奶的过程。

4. 综合开发，集群发展与品牌培育

面对京津冀三地乡村旅游有较强的相似性、互补性、融合性，当前三地政府及相关部门共谋协同发展大计，抓紧出台促进三地协同发展的政策意见和实施方案。三地应瞄准乡村旅游巨大的市场需求，以现有的乡村旅游资源调查评价、乡村旅游项目、乡村旅游发展规划和旅游精品线路打造为基础，综合考虑生态环境与农业资源的地域根植性、休闲市场与客户的城市依托性，在京津冀乡村旅游产业发展圈层、板块、聚集区等方面加强总体规划设计和产业政策引导，实现区域乡村旅游综合开发建设；以产业集群为载体，整合种苗繁育、特色种养、加工增值、流通销售、采摘体验、服务产品等乡村旅游产业链资源，实现乡村旅游产业体系联动协调发展。

营造区域乡村旅游品牌建设氛围，搭建专业的旅游服务宣传推介渠道，打造京津冀区域乡村旅游整体形象，以精准的文字、创意的思维、生动的形象明确树立京津冀区域休闲农业的主题形象，包括主旨、口号、定位、LOGO、形象等多个方面，并以此主题作为对外宣传、举办活动、塑造产品等核心要素，从而建立良好的美誉度和口碑，吸引越来越多的旅游者，提升京津冀乡村旅游品牌在国内外的知名度和影响力。

## 三、京津冀乡村旅游一体化精品旅游线路策划

### （一）思路与原则

1. 线路策划思路

依托京津冀地区丰厚的自然与文化资源基底，京津冀乡村旅游一体化精品线路的设计，应该本着"山海共舞，古今共耀；城乡共享，农旅共融"的理念，在尊重保护自然生态资源基础上，以打造乡村旅游精品项目为基础，以旅游景区景点为关键节点，以主干交通网络和一级河道为骨架，形成5条风格各异、主题突出的休闲农业与乡村旅游精品游览带——长城沿线乡村旅游带、太行老区乡村旅游带、运河湿地乡村旅游带、冰雪草原乡村旅游带和山海风情乡村旅游带，将京津冀三地的农业和农村的特色资源、特色

文化、特色活动、特色风情进行串联，并不断聚集更多的乡村旅游精品点，在5条线路基础上继续推出更多的京津冀跨区域精品乡村旅游线路，整合三地的资源优势转化成经济发展的优势，推动从乡村旅游到乡村生活的理念升级[2][7]。

2. 策划遵循原则

（1）资源的相似性与地域邻近性

农业旅游的活动项目具有农业生产的基本属性，而农业生产具有强烈的地域性和季节性，各地区发展休闲农业旅游的先天条件不一，其开发受资源和市场的巨大影响，必须根据各地区的农业资源条件、农业生产条件以及市场潜力大小，因地制宜地开发农业旅游活动。考虑到资源形成和演化过程上的相对一致性，把相对一致的农业资源群体划入同一区内，综合分析区内旅游资源发展趋势和开发利用方向；要与邻近地区相互协调，优势互补，建立各地项目之间的竞合关系，尽可能充分利用原有的传统旅游景区或知名的旅游景点，增强各地区之间的互相带动作用。在开发过程中，充分调查分析资源特点，结合游客消费特征，开发出地域特色鲜明的乡村旅游产品，充分满足市场需求。

（2）游客行为的近距离性和短时间性

相对于传统旅游活动，游客对休闲农业的出游距离和时间都比较短，休闲农业游客主要的出游时间选择是在周末，其次是短期节假日，两者合计达到了80%以上，长期节假日出游的只有7.5%；95%以上的游客出游距离都是在4小时车程左右。由于休闲农业项目无法形成名山大川、名胜古迹的与众不同和独特垄断性，对人们的吸引力还没有大到足以让人们愿意付出远距离的成本，休闲农业难以单独成为吸引远距离游客的旅游吸引物。因此休闲农业旅游的布局必须考虑游客行为特征，尽可能优先发展旅游景点相对集中的区域，以形成综合优势，为乡村旅游景区（点）带来更多的客源。同时以城市为核心，通过农业旅游项目的合理布局，积极发展旅游资源丰富独特、区位条件良好的休闲农业旅游项目，根据自己的资源特色确定地区重点发展产品类型，形成地域产品特色，逐步开始以点状、线状和面状向外推移，呈现出乡村旅游产业的空间扩散[2]。

（3）产业联动性和业态集聚性

遵循第一产业与第二、第三产业高度融合的产业发展理念，以及"人、文、地、产、景"的产品开发理念，对本区域的知名人物、地域文化、地景地貌、地域特产和景观特色进行挖掘、整理、提炼，以此形成差异化的体验产品，最大限度地延伸农业的旅游产业链，提升不同地域的附加值和知名度，从而实现从"产品—产业—品牌—生活方式"的发展路径，最终形成不同地域风情、不同的业态样式的组团集群发展态势，实现一、二、三产业联动，多业态集群化发展的格局。

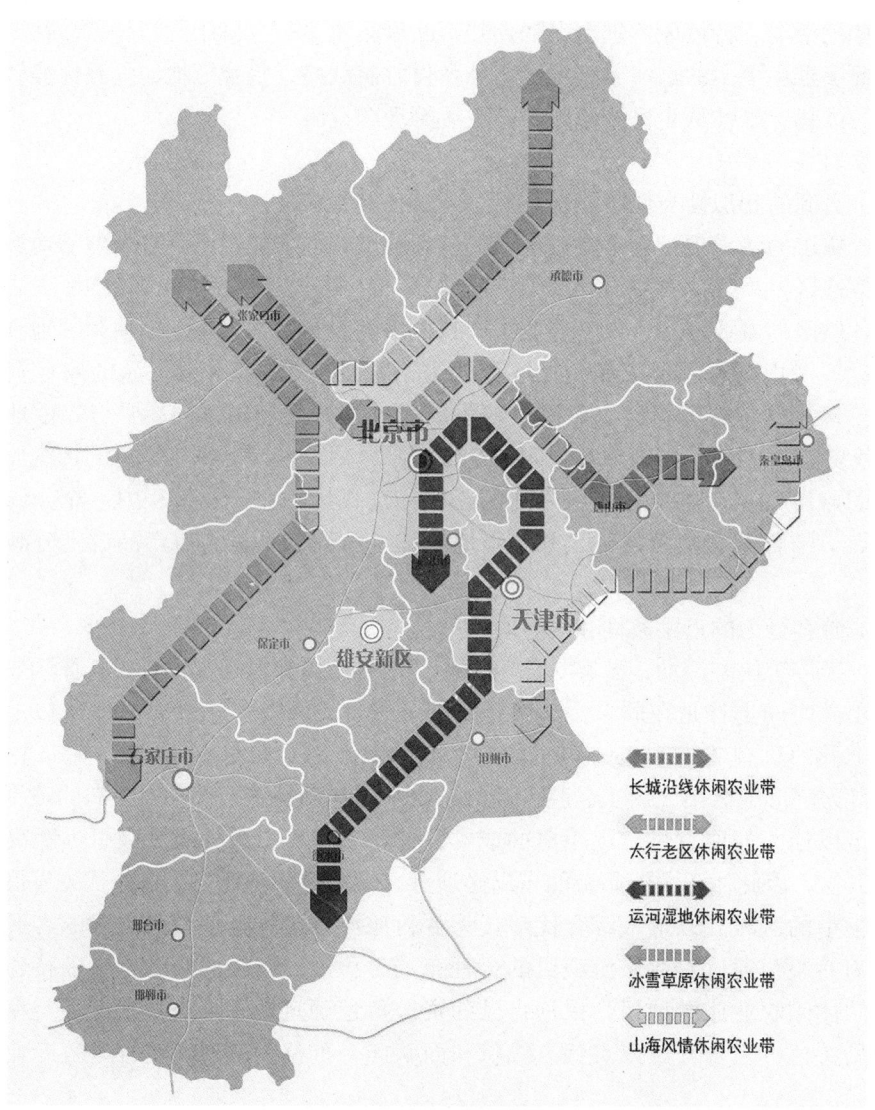

图1 京津冀5条休闲乡村旅游带示意图

## (二)线路策划内容

1. 长城沿线休闲乡村旅游带

(1) 区域范围

北京昌平、延庆、怀柔、密云、平谷,天津蓟州,以及河北玉田、丰润、迁安(见图1)。

(2) 主要特色

长城沿线乡村旅游带主要沿长城走向,依托长城文化资源的历史底蕴,以及长城沿线的山野风光,以高端民宿和民俗文化村为亮点,以皇家文化、佛教文化、民俗风情、自然生态观光为辅助，游客住创意民宿，享乡野风情，凸显出"长城文化体验+山野风光+高端民宿+特色购物+2日或3日生态体验"的特色，共同打造成形成系列完整的长城乡村休闲产品。

（3）精品推介点

北京：流村镇长峪城村、八达岭镇石峡村"石光长城"民宿、渤海镇雁栖不夜谷、栗花沟、夜渤海、古北口镇古北口村、司马台村、古北水镇、金海湖镇将军关村、金叵罗村、柳庄户。

天津：穿芳峪镇毛家峪村、小穿芳峪村，渔阳镇西井峪，下营镇郭家沟村、常州村、众耕农庄。

河北：农福缘生态园、山缘家庭农场、田美农场、美丽三野采摘园、迁安亚滦湾、乐丫生态庄园、迁安杨家坡、龙泽谷国际酒庄。

各点基本情况见图2和表2。

表2 长城沿线休闲乡村旅游带精品推介点基本情况

| 地区 | 推介点 | 特色资源及产品业态 |
| --- | --- | --- |
| 北京市昌平区 | 长峪城村 | 侏罗纪地质遗迹、峰林、溶洞等自然景观；龙潭沟、黄坡花、燕山城等生态景区；秦、宋、明、清等大量历史古迹；长城文化、戍边文化、古驿站文化、寝陵文化、红色文化等文化遗产，漆园龙鼓、社戏、马刨泉霸王鞭、黑豪舞龙、舞狮等地域民俗表演。 |
| 北京市延庆区 | "石光长城"民宿 | 大峪沟、南天门长城、十八盘、榛子岭等生态资源；察查公馆、古堡围墙、土长城、砖长城等遗迹；"软枣、赶石鞭、卸甲坡、将军石"等民间故事；"石烹乡宴""闯王餐""石锅宴"等招牌美食。 |
| 北京市怀柔区 | 雁栖不夜谷 | 涵括神堂峪、官地等11个行政村，神堂峪、莲花池2个自然风景区，以及垂钓园、度假村108处，形成了以旅游度假、休闲养生、餐饮垂钓、观光采摘、文化体验为一体的综合旅游示范区。 |
| 北京市怀柔区 | 栗花沟 | 涵盖4个"美景+美食"特色民俗村，有万亩湿地公园、栗磨一条沟、百亩板栗采摘认养园、垂钓场等景点，推出板栗宴和铁锅鱼等美食。 |
| 北京市怀柔区 | 夜渤海 | 林果之乡，水利资源丰富，林木覆盖率达80%以上，有响水湖、卧佛山等旅游景点，大明星度假村等中高档宾馆，众多民俗村、民俗接待户、虹鳟鱼垂钓烧烤场，以及绿色生态餐饮走廊。 |
| 北京市密云区 | 古北口村 | 有明长城、北齐长城、古御道、杨令公庙等众多文物古迹，有抗战文化、边塞文化、庙宇文化、长城文化、爱国文化等文化资源，有庙会、九曲黄河阵灯会等民族活动，有古北口风味小吃、民俗手工、果蔬采摘、民宿度假等体验活动。 |
| 北京市密云区 | 司马台村 | 汤河水绕村流淌，村中500套民居整齐划一，统一住宿风格、床上用品、房间定价，全村依托古北水镇、司马台—雾灵山沟域等景区提供旅游订制服务。 |
| 北京市密云区 | 古北水镇 | 背靠司马台长城，坐拥鸳鸯湖水库，融合了江南水乡的灵秀和北方古镇的豪迈，古北水镇依山傍水、古朴典雅，是一座集观光游览、休闲度假、商务会展、文化创意为一体的国际休闲旅游度假目的地。 |
| 北京市平谷区 | 将军关村 | 自然风光秀美，人文景观众多，旅游资源众多，有丰富的山水、林果、金矿，有舒适悠闲的农家院和新村别墅，还有抗战时期留下的抗日战道、明代石长城遗址、金矿隧洞、金水湖、险关峡、老庙宇等景观。 |

续表

| 地区 | 推介点 | 特色资源及产品业态 |
|---|---|---|
| 北京市密云区 | 金叵罗村 | 以种植业和民俗旅游业为主导产业的中国美丽休闲乡村，拥有樱桃、小米等优质农产品品牌，有"贡米打包饭"等特色美食，有北井、老友季等精品民宿，樱桃采摘节、金谷开镰节等农事节庆活动丰富多彩。 |
| 北京市顺义区 | 柳庄户 | 集观光采摘、农耕体验、餐饮、垂钓、国际交流、艺术体验为一体，毗邻地道战遗址纪念馆，村内有观光采摘园、休闲垂钓园、研磨体验区、欧菲堡酒庄、北京葫芦艺术庄园、顺旅集团民宿观光特色民俗户、美食集市街等文化旅游项目。 |
| 天津市蓟州区 | 毛家峪村 | 毛家峪北拱九龙山，南邻翠屏湖，东通清东陵，西达娘娘顶和黄崖关古长城，不仅拥有亿年石、万亩林、千亩果、百年树、长寿人，而且拥有以森林生态为基础，自然资源和人文景点相结合的旅游风景线。 |
| 天津市蓟州区 | 小穿芳峪村 | 村庄依山傍水，环境优雅，村内建有特色农家院和乡野小屋，1000多平方米的人工湖，景观河穿村而过，还有农耕园、休闲公园、花卉种植园、乡野特色餐厅、卧牛山景区、小穿芳峪乡野公园等。 |
| 天津市蓟州区 | 西井峪 | 整个村落坐落于石山之上，拥有八亿年地质石岩，房舍依山而建，街巷就势而成，素有"石头村"之称，村庄四周群山环抱，自然环境优美，以精品民俗游为主，配合乡村农事体验活动，是远近闻名的摄影旅游基地。 |
| 天津市蓟州区 | 郭家沟村 | 毗邻黄崖关长城、梨木台、八仙山、九山顶等景区，全村有星级农家院50户，该村以打造最具中国北方传统民居特色的水乡旅游目的地为发展定位，以休闲养生地、山水郭家沟为主题的市级旅游特色村。 |
| 天津市蓟州区 | 常州村 | 中国最美休闲乡村，村集体出资打造九山顶自然风景区，景区覆盖率达到90%以上，有古栈道、一线天、国画岭、高空玻璃栈道等众多景点，同时，村内有50户农家院，推出"生态之旅""红色之旅"等四大特色旅游项目。 |
| 天津市蓟州区 | 众耕农庄 | 将现代山居民宿、特色餐饮、情怀酒吧、修心茶舍、手工作坊、生态种养、耕读学堂、国学教育、乡村旅游实训等休闲设施与功能融于一体，开设古法烧酒、传统米酒、酿醋、石磨豆腐、麻酱鸡蛋、手工面坊等传统工艺体验项目。 |
| 河北省唐山市 | 农福缘生态园 | 占地1000亩，是玉田县设施蔬菜新品种、新技术示范园和国家现代农业示范区样板园，集农耕体验、观光采摘、休闲垂钓、餐饮养生的综合性农业科技示范基地。 |
| 河北省唐山市 | 山缘家庭农场 | 集生态特种养殖、旅游观光、休闲度假、果蔬采摘、乡村体验、青少年教育、居家养老、苗木栽培、科技农业研发推广于一体的现代农业示范园区。 |
| 河北省唐山市 | 田美农场 | 园区以富硒农产品加工为主导产业，大力发展休闲农业、特色种养、亲子体验等重点项目，已建成高档农业设施种植区、粮油标准化种植区、绿化苗圃、优质苹果园、采摘园、荷花园、垂钓园、牡丹园，以及野外拓展基地多处体验设施。 |
| 河北省唐山市 | 美丽三野采摘园 | 依托美丽三野合作社进行农业生产经营活动，面向京津冀市场提供绿色生态农产品，已经发展成为集休闲采摘、农耕体验、产品配送于一体的生态农业园。 |
| 河北省迁安市 | 迁安亚滦湾 | 涵盖农耕文化、科技成果展示、现代农业示范、新树种苗木展示、现代种苗培育推广、滴灌微喷示范、休闲养生度假的农业公园，有葡萄采摘长廊、意式风情园、水培植物工厂、桃源仙境、南极仙翁、桃源食府、桃花文化旅游节等多个项目。 |
| 河北省迁安市 | 乐丫生态庄园 | 以上古时期黄帝、女娲文化和迁安本土文化为底蕴，结合本地农业资源，已经发展成为休闲采摘、绿色餐饮会所、农产品种植加工销售、游学教育为一体现代农业龙头产业园区。 |
| 河北省迁安市 | 迁安杨家坡 | 杨家坡民俗文化园占地100亩，由古龄齿象展示区、民俗文化文物展示区、明清文化和古典建筑展示区、民俗餐品尝区、中华老字号酒珍藏品鉴区、精品梨采摘区以及民俗文化活动展演区和国学馆八大功能区组成。 |

京津冀乡村旅游一体化精品旅游线路研究策划

续表

| 地区 | 推介点 | 特色资源及产品业态 |
|---|---|---|
| 河北省迁安市 | 龙泽谷国际酒庄 | 集"酿酒品酒、生态旅游、休闲观光、旅游地产"于一体的现代农业休闲观光园及中国特色红酒小镇，建有酒庄、红酒别墅、四星级酒店、温泉会议中心、旅游观光园、大型娱乐中心、红酒博物馆等。 |

资料来源：京津冀三地休闲农业协会提供。

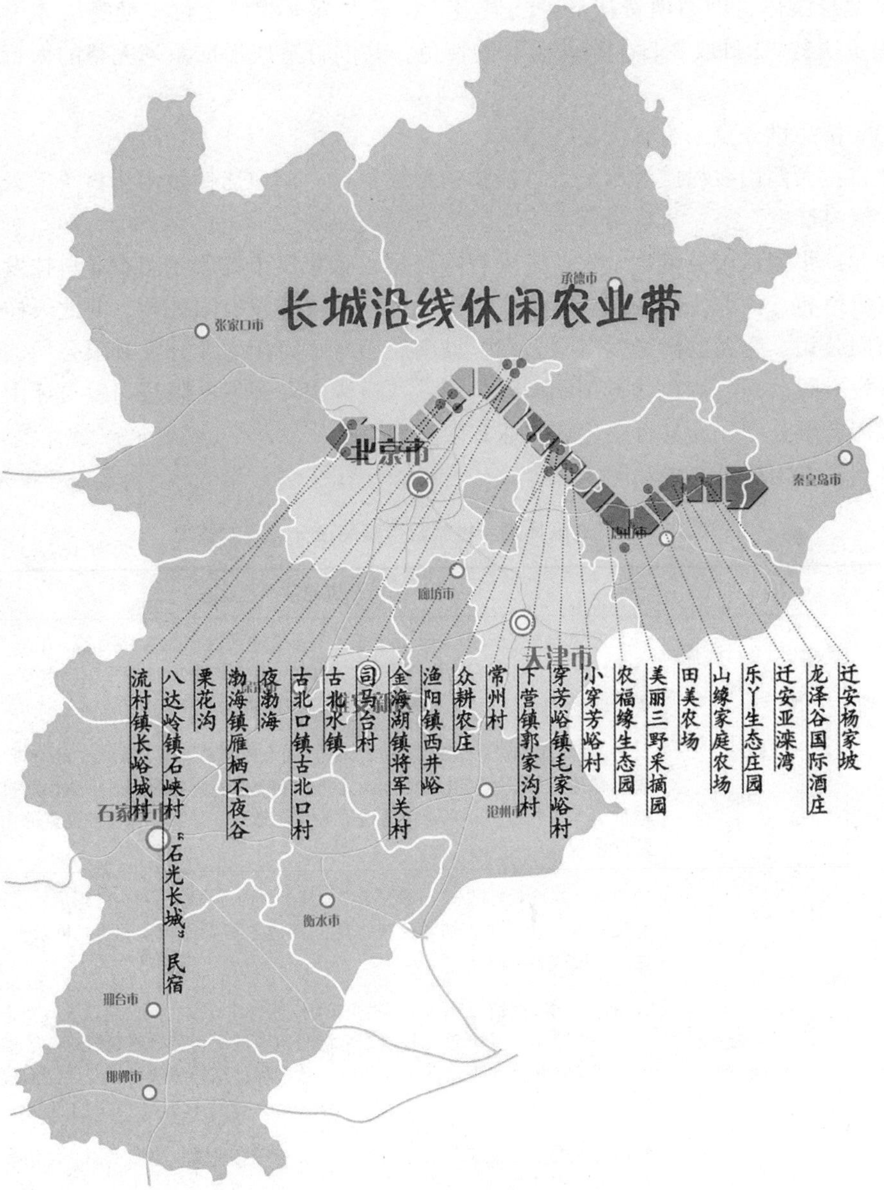

图2　长城沿线休闲乡村旅游带

2. 太行老区休闲乡村旅游带

（1）区域范围

包括河北省平山县、阜平县、易县、张家口万全区，以及属于太行山余脉的北京市房山区、门头沟区、海淀区。

（2）主要特色

太行老区乡村旅游带主要沿太行山走向，依托太行山西线的壮美风光，以及红色革命文化资源，以特色旅游村为亮点，体验红色革命文化的同时，游客还可以在生态氧吧里健身康体，助力消费扶贫，凸显出"壮美太行＋红色文化＋健身康体＋生态氧吧＋消费扶贫＋2日或3日生态体验"的特色，共同打造成形成系列完整的太行乡村休闲产品。

（3）精品推介点

北京：大西山乡村旅游示范带、斋堂镇爨底下村、周口店镇黄山店村、霞云岭乡堂上村"绿海红歌"。

河北：张家口市芳盛生态农业开发有限公司、张家口市祥康生态农业科技发展有限公司、巨龟苑、河北泓润庄园、石家庄沕沕水生态风景开发有限公司、河北天桂山旅游开发有限公司、腾龙旅游开发有限公司、城南庄、阜平百川农业开发有限公司、山旮旯农业开发有限公司、红色北方茶园有限公司、八道沟农业开发有限公司、狼牙山中凯大酒店集团有限公司、易县百泉生态农业有限公司。

各点基本情况见表3和图3。

**表3 太行老区休闲乡村旅游带精品推介点基本情况**

| 地区 | 推介点 | 特色资源及产品业态 |
| --- | --- | --- |
| 北京市海淀区 | 大西山乡村旅游示范带 | 以北起凤凰岭、南至大觉寺全长6.3公里的大西山旅游路为轴，串联凤凰岭、七王坟、大觉寺、阳台山4个重要片区，同时串联20多家采摘园以及各种旅游配套服务设施，形成"一轴、四片"葡萄串似发展格局。 |
| 北京市门头沟区 | 斋堂镇爨底下村 | 又名"古迹山庄"，北靠龙头浸水，面对金蟾望月和威虎镇山，还有神龟啸天、蝙蝠献福、一线天、花仙池、老龙头、老龙窝、神驹蹄窝、牛头山、抗日小学遗址、九柏九石阵、京西古道遗址等自然景观，是我国保留较完整的山村古建筑群之一。 |
| 北京市房山区 | 周口店镇、黄山店村 | 周边有坡峰岭观光区、"红螺三险"、西棺材山等景点，村内已形成民宿聚落群，有皮影戏、亲子手工坊、乡村大集、乡村艺术嘉年华等活动，集亲子、康养、休闲、度假为一体。 |
| 北京市房山区 | 霞云岭乡堂上村"绿海红歌" | 《没有共产党就没有新中国》的词曲创作地，建有没有共产党就没有新中国纪念馆，是北京市的爱国教育基地，全村利用资源优势和自然禀赋打造了蝴蝶谷景区、千亩核桃园、千亩林下经济区、黄芩种植基地等项目，发展民俗旅游和民俗采摘。 |
| 河北省张家口市 | 芳盛生态农业开发有限公司 | 利用闲置的荒山荒坡开发建设而成，设有花海观赏、生态采摘、民俗表演、文化艺术、滑草露营、红色教育、民俗展览、动物养殖、山地骑行、拓展训练、滑草娱乐、冰雪运动、餐饮住宿、采摘垂钓、酒坊、花海等体验项目。 |

续表

| 地区 | 推介点 | 特色资源及产品业态 |
|---|---|---|
| 河北省张家口市 | 祥康生态农业科技发展有限公司 | 祥康生态科技园是一家集生态农业观光、旅游、果品瓜菜采摘及农业生态产品销售为一体的生态农业科技示范园区，占地1008亩，有林果种植园800亩、品种示范园93亩、温室采摘大棚56座，林下养殖柴鸡5000余只。 |
| 河北省石家庄市 | 巨龟苑 | 有华夏历史生态园林、海底世界神龟府、野河乐园、湖心湖游乐场、野河漂流五大部分，有红、绿、古、新景点81处，是国家4A级旅游区、首批全国农业旅游示范点，有"山中海世界，石上万卷书""乡村经典、北国江南"之美誉。 |
| 河北省石家庄市 | 河北泓润庄园 | 集现代农业生产示范、生态农业旅游观光、农业科普教育和推广、农产品展示展销、生态休闲度假等功能于一体的现代农业园。 |
| 河北省石家庄市 | 石家庄沕沕水生态风景开发有限公司 | 沕沕水生态风景区，集自然风光、人文景观、红色旅游和远古文化于一体，沕沕水瀑四季不竭，湖潭星罗棋布，灵鹫峰等怪石嶙峋，还有红色景观沕沕水发电厂、水帘洞遗址考古遗址、沕沕水村民舍集群。 |
| 河北省石家庄市 | 河北天桂山旅游开发有限公司 | 佛光山风景区，有佛爷栈、送子观音庙、十八罗汉殿、大慈悲寺、朝佛殿、宝刹寺、济公洞、松林寺、明月庵等人文景观，有齐云飞瀑、红河谷、回音壁、飞来石、一线天、灵芝崖、百丈天梯等自然景观。 |
| 河北省保定市 | 城南庄 | 城南庄是革命圣地，中国第一块敌后抗日革命根据地核心区域。聂荣臻元帅在此领导晋察冀军民长达十年之久，毛泽东等党和国家领导人在从陕北向西柏坡转移过程中在此召开城南庄会议。 |
| 河北省保定市 | 阜平百川农业开发有限公司 | 作为集林果、牧草种植及毛驴饲养等于一体的省级扶贫龙头企业，通过在贫困村建立扶贫产业基地，围绕驴产业不断拓展产业链，丰富产业形态，形成集养殖加工、销售、旅游休闲于一体的产业发展格局。 |
| 河北省保定市 | 山旮旯农业开发有限公司 | 经营花溪农场，占林地面积200亩，荒山面积300亩，有葡萄采摘、拾鸡蛋、喂养动物、观花海、垂钓等体验活动，有阜平铁锅烩菜、铜勺炒鸡蛋、槐花柴鸡蛋、山蘑炖土鸡、野菜等特色餐饮。 |
| 河北省保定市 | 红色北方茶园有限公司 | 集采摘、旅游、品茶、休闲于一体的生态茶园综合体，建有茶文化体验馆，顾客可以亲自体验采茶、制茶工艺过程。 |
| 河北省保定市 | 八道沟农业开发有限公司 | 坐落于美丽的菩提湖畔，有休闲观光、采摘垂钓、户外运动、农家餐饮、娱乐住宿等体验项目。 |
| 河北省保定市 | 狼牙山中国农业公园 | 公园依托狼牙山发展休闲农业和休闲旅游，主要包括生态乡村景观、万亩花海、农村文化展示、现代休闲农业和历史文物保护等；涉及国家级森林公园狼牙山和10个行政村，生态环境以及农家院、垂钓、餐饮、住宿、娱乐等设施完善。 |
| 河北省保定市 | 百泉生态园 | 规划占地1万亩，集蔬菜种植、观光采摘、水产养殖、餐饮住宿、休闲娱乐于一体的综合园区，涵盖种植养殖、休闲观光、科普展示、垂钓采摘、嬉雪滑冰、水上娱乐、餐饮住宿、商务会议等众多体验项目。 |
| 河北省保定市 | 易水湖度假区 | 依托于易水湖山水生态环境，集山水观光、山水运动、低空运动、养生疗养、生态度假、田园体验于一体的旅游综合体，建有易水文化休闲度假小镇、养生岛康养小镇、临水栈道、度假湖景酒店、美丽乡村旅游、易水山谷、水上运动等项目。 |

资料来源：京津冀三地休闲农业协会提供。

图3 太行老区休闲乡村旅游带

3. 运河湿地休闲乡村旅游带

（1）区域范围

北京顺义、通州、大兴、朝阳、丰台，天津的静海、西青、武清以及河北廊坊市安次区、永清县、大厂回族自治县、雄安新区、青县、沧县、衡水湖。

（2）主要特色

运河湿地乡村旅游带主要沿京杭大运河走向，依托温泉、湿地、运河等特色资源，加上商贸、农业和厚重的运河历史文化，突出温泉养生和湿地生态等优势，游客体验运河两岸民俗文化的同时，尊享特色温泉，展示现代农业魅力，品味乡间美食，凸显"运河文化+生态湿地+温泉休闲+民俗文化体验+特色购物+科普教育+1~2日游"的特色，共同打造成形成系列完整的运河湿地乡村休闲产品。

（3）精品推介点

北京：汉石桥湿地、龙湾屯镇柳庄户村、意大利农场、欧菲堡国际酒庄、听澜农庄、第五季富饶（北京）生态农业园、金福鱼汇、绿源艺景都市农业园、中华耕织文化园。

天津：西双塘村、生宝集团、多兴庄园、牛顿庄园、水高庄园、张窝现代农业园、曹庄花卉园、双街现代农业示范园、龙顺庄园、津溪桃园、金锅生态园、一芳田童趣农庄、玫瑰庄园、北国之春、小辛码头、晶宝农庄、晨辉水族创意产业园。

河北：大厂陈府紫图生态庄园、九天休闲谷、天圆山庄生态旅游有限公司、佰金农业开发有限公司、大司马庄园、衡水湖、贵和农业有限公司。

各点基本情况见表4和图4。

表4 运河湿地休闲乡村旅游带精品推介点基本情况

| 地区 | 推介点 | 特色资源及产品业态 |
| --- | --- | --- |
| 北京市顺义区 | 汉石桥湿地 | 北京市平原地区唯一的大型芦苇沼泽湿地，总面积1900公顷，集湿地保护、科研科普、开发利用、生态旅游于一体的自然保护区。其中汉石桥湿地区域有双子湖、芦苇荡、高台观鸟、湿地植物园、水上游览区等区域，休闲体验项目众多。 |
| 北京市顺义区 | 柳庄户村 | 先后荣获过"中国最美休闲乡村"和"全国美丽宜居村庄示范村"等众多荣誉，毗邻地道战遗址纪念馆，村内有文化主题墙、村史馆、民俗户、葫芦艺术庄园、欧菲堡酒庄等，有采摘垂钓、手绘葫芦、酿酒品酒、特色美食等项目。 |
| 北京市顺义区 | 意大利农场 | 以意大利果树有机种植、农业旅游、意大利餐饮、进口食品为一体，有欧洲果树示范基地、主题餐厅、果菜认养、动物园、会议中心、有机商店、欧式壁炉客房、儿童娱乐园、房车体验、捡乐儿俱乐部、非物质文化遗产体验馆、甜品店等项目。 |
| 北京市顺义区 | 欧菲堡国际酒庄 | 集餐饮、旅游度假、会议功能、葡萄酒酿造销售为一体的欧式酒，有健身馆、草坪、总统套房、精致雅座、露天休闲吧、宴会厅等设施，体验酿葡萄酒、品红酒文化、吃有机餐等项目。 |
| 北京市顺义区 | 听澜农庄 | 集餐饮、垂钓、采摘蔬菜、花卉、果品、休闲度假为一体的都市型生态农庄，周边有春晖园温泉度假村、顺丽鑫樱桃采摘园、花水湾磁化温泉度假村、七彩蝶园等多家温泉度假村和酒店。 |
| 北京市通州区 | 第五季富饶（北京）生态农业园 | 占地面积1100亩，是一家以"关爱生命家园，奉献绿色世界"为主题定位，集观光采摘、餐饮住宿、休闲娱乐、拓展及农业科普教育、生态养生养老、田园野趣于一身的大型特色都市农业生态园。 |
| 北京市通州区 | 金福鱼汇 | 公园占地680亩，分为景观鱼池、鱼道馆（能吃的博物馆）、庆礼堂、工厂化养鱼车间、生态湿地、垂钓烧烤车间等功能区，鱼汇环境优美，水生花草丰盛，候鸟争相栖息，木桥、栈道结合室外池塘将整个园区与生态湿地相结合。 |

续表

| 地区 | 推介点 | 特色资源及产品业态 |
|---|---|---|
| 北京市大兴区 | 绿源艺景都市农业园 | 占地1000余亩，不仅是集生产、销售、服务、科研于一体的产业功能园区，也是集观光、休闲、采摘、餐饮、住宿、垂钓、紫砂、书画、会议、拓展训练于一体的服务功能园区，更是独具特色的一站式婚礼文化创意产业。 |
| 北京市大兴区 | 中华耕织文化园 | 园区包括男耕女织博物馆、农村场院、五谷种植园、老北京风情街、民俗馆、国家非物质文化遗产体验大厅六大展区，是大兴区唯一的以耕织为主题的展馆，展示了我国悠长绵延的农业历史和灿烂辉煌的农业文明。 |
| 天津市静海区 | 生宝集团 | 占地面积3000亩，有日光温室700栋，育苗大棚5600平方米，园区有果蔬采摘、农耕体验、亲子体验、知识科普、家庭农场等体验项目。 |
| 天津市静海区 | 多兴庄园 | 以农民专业合作社为依托，打造"互联网＋农业"模式，集种植、养殖、加工、销售、配送、餐饮、农家乐为一体的特色园区。 |
| 天津市静海区 | 牛顿庄园 | 以苹果种植为载体，集农业、教育、文化、旅游为一体，开展有特色采摘、科普教育、趣味加工、果树认养、亲子互动、文化传播、手工体验等特色田园项目。 |
| 天津市西青区 | 水高庄园 | 占地面积1500亩，分五个特色园区，即农业风情园区、子牙河风情园区、欢乐谷采摘园区、温室栽培展示园区、乡村温泉休闲园区。 |
| 天津市西青区 | 曹庄花卉园 | 拥有华北地区最大的花卉集散地曹庄花卉市场、全国一流的规范化观赏鱼交易中心，拥有亚洲最大的室内热带植物观光温室、一年四季开放的中北运河冰雕乐园，是集旅游观光、休闲娱乐、科普教育、婚纱外景拍摄于一体的综合旅游景区。 |
| 天津市北辰区 | 双街现代农业示范园 | 四季瓜果飘香，集采摘旅游和特色农产品种植为特色的现代都市型农业园区。 |
| 天津市北辰区 | 龙顺庄园 | 集旅游住宿、特色餐饮、商务会议、康体娱乐、温泉洗浴、棋牌茶艺、垂钓采摘、观光农业于一体的大型旅游景区。 |
| 天津市武清区 | 津溪桃园 | 总规划占地1.5万亩，由桃源体验区和创意休闲区两大功能区组成，打造出万亩桃园、特色采摘园、露天菜园、文体中心、综合服务中心等区域，提供休闲观光、健身休闲、康体娱乐、美食住宿等特色服务，包括儿童嘉年华、亲子农耕、果蔬采摘、户外露营、动物喂养、观光游船、休闲垂钓、室内娱乐、球馆健身、桃林木屋、农家住宿等多功能服务项目。 |
| 天津市武清区 | 金锅生态园 | 占地面积1360亩，建设了名特优蔬果采摘园、林下养殖园、农业技术展示园、花卉基地等多个区域，有优新采摘品种50余项、观赏动物20余种，划分了果蔬采摘区、休闲观光区、野营区、农业体验区、特色别墅农家院、美酒酿造坊、垂钓池等体验场所，每年举办各种水果采摘节、特色农业种植体验等活动。 |
| 天津市武清区 | 一芳田童趣农庄 | 已被认定为中国青少年科普体验基地，围绕"亲子教育""自然教育"，发展乡村旅游新业态，积极开发农业多种功能，开设趣味儿童乐园体验、现代农耕生活观光及自然科普教育等项目。 |

续表

| 地区 | 推介点 | 特色资源及产品业态 |
|---|---|---|
| 天津市武清区 | 玫瑰庄园 | 总占地1535亩，涵盖现代农业科普展示、观光旅游、农耕文化、亲子互动、DIY等一系项目，包括浪漫花海、婚纱摄影基地、老火车文化体验、梦幻灯光音乐节、家庭自行车、农耕文化体验、中以农业示范基地、农机展览园、真人CS丛林基地、汽车影院、儿童游乐园、陶艺DIY、萌宠乐园等。 |
| 天津市武清区 | 北国之春 | 占地面积1380亩，天津市放心菜基地，拥有二代日光温室700栋，开放无公害果蔬采摘、体验物联网智能技术、亲子活动等项目。 |
| 天津市宝坻区 | 小辛码头 | 紧邻潮白新河，自然环境优美，历史文化悠久，如漕运文化、稻湿文化、了凡文化、农耕文化等，建有水稻文化园、水生植物园、历史文化展厅、DIY生态水稻公社等区域，定期金秋钓蟹节、丰收文化节、黄庄新米节等特色节庆活动。 |
| 天津市宝坻区 | 晶宝农庄 | 集农业生产、农业观光、科普教育、采摘垂钓、餐饮烧烤为一体的功能性景区，有红丝垂帘、绿野仙踪、情人揽、欧式景厅、热带观赏鱼广场等特色景点。 |
| 天津市宝坻区 | 晨辉水族创意产业园 | 占地约1713亩，以精品锦鲤研发、繁育为主，是天津市最大的集研发、推广、育种、养殖、集散、销售、溯源等多功能于一体的综合型淡水鱼产业基地。 |
| 河北省廊坊市 | 大厂陈府紫图生态庄园 | 依托美丽乡村旅游环线和周边丰富的乡村旅游资源，通过果园种植、垂钓、健身、用餐等设施建设，打造集采摘、垂钓、自助餐饮、娱乐为一体的综合性生态庄园。 |
| 河北省廊坊市 | 九天休闲谷 | 以生态观光、休闲娱乐、健康美食、时尚消费为主题的一站式室内生态休闲综合体，占地12万平方米。景区内温暖如春，优雅的南方园林、亚热带植物、花卉，小桥流水、假山瀑布等景观一应俱全，娱乐餐饮设施配套齐全。 |
| 河北省廊坊市 | 天圆山庄生态旅游有限公司 | 山庄内设有圆山饭店、天圆养生苑、仿古四合院、热带植物园、奇异果园、高科技设施农业等旅游景点，还建有人工湖、篝火广场、网球场、休闲小木屋、农家风情火炕、青峰台及青云洞等多处景点，国家3A级旅游景区。 |
| 河北省廊坊市 | 佰金农业开发有限公司 | 主营盛世福地科技园，以农业科技为依托，融自然风光和农事活动于一体，集食、住、行、游、娱、购于一体。 |
| 河北省沧州市 | 大司马庄园 | 集特色蔬菜生产、加工销售、特色蔬菜采摘、特色餐饮、会议接待为一体的新型农业经营主体，园区内有500余个果蔬品种，有名扬京津冀的特色大司马蔬菜宴。 |
| 河北省衡水市 | 衡水湖 | 国家4A级旅游景区，也是华北平原唯一保持沼泽、水域、滩涂、草甸和森林等完整湿地生态系统的自然保护区，动植物资源丰富，还有古遗址、古碑刻、古石雕、古墓葬等人文历史景观。 |
| 河北省衡水市 | 贵和农业有限公司 | 通过经营衡水贵和现代农业园区和贵和玫瑰小镇，以玫瑰种植为基础，发展特色玫瑰种植规模2万亩以上，构建文化产业、创意产业、美丽产业和养生产业体系，积极拓展玫瑰种植、文化展示、玫瑰科研、休闲度假、红色旅游、影视基地、温泉体验、特色餐饮、生态休闲、养生美容以及多种玫瑰风情主题的业态。 |

资料来源：京津冀三地休闲农业协会提供。

图4 运河湿地休闲乡村旅游带

**4. 冰雪草原休闲乡村旅游带**

（1）区域范围

包括北京延庆，以及河北的张家口崇礼区、赤城县、沽源县、承德丰宁满族自治县、围场满族蒙古族自治县。

(2) 主要特色

冰雪草原乡村旅游带主要位于坝上草原，依托避暑、草原、温泉、冰雪、运动等特色资源，加上历史文化、民族风情和葡萄酒，在品味塞外生态农业风情的同时，突出皇家品位和生态优势，凸显"坝上草原风光＋塞外风情＋冰雪运动＋历史文化古迹＋2~4日休闲度假"的特色，共同打造形成系列完整的冰雪草原乡村休闲产品。

(3) 精品推介点

北京：延庆区千家店镇百里山水画廊、余庆人家、原乡里民宿、左邻右舍民宿、山楂小院民宿。

河北：张家口崇礼区山亚湾农业旅游开发有限公司、顺鑫果蔬种植专业合作社、御道口休闲农场。

各点基本情况见表5和图5。

表5 冰雪草原休闲乡村旅游带精品推介点基本情况

| 地区 | 推介点 | 特色资源及产品业态 |
| --- | --- | --- |
| 北京市延庆区 | 百里山水画廊 | 生态环境优良，旅游资源丰富，景区包括一环三区十二个空间节点，有硅化木群、乌龙峡谷、小昆仑山等地质景观，有滴水壶、大滩自然保护区、千亩向日葵海等自然景观，有朝阳寺、龙王庙、关帝庙等人文景观。 |
| 北京市延庆区 | 余庆人家 | 白墙灰瓦马头墙的徽式三层小楼，后院是微型农具博物馆，园子里栽种着杏树、桃树等，可以和当地人一起下田耕地、刨地、播种、收获，体验农耕乐趣。 |
| 北京市延庆区 | 原乡里民宿 | 坐落于半山腰，远眺青山，绿水环绕，乡村环境也是北京周边少有的安静和原生态，建筑保留了老房子原有的特色，院落古朴设计合理，设置有小菜园和沙子坑。 |
| 北京市延庆区 | 左邻右舍民宿 | 燕山脚下，金牛湖畔，长城外的简约中式庭院，建筑充分保留地特色元素，沿承其独特地域文化，植入北方园林和现代艺术元素，塑造田园生活美学体验空间。 |
| 北京市延庆区 | 山楂小院民宿 | 远山近水、画意幽静，五月初院里的山楂树开花会散发出淡淡的清香，八九月份树上的山楂结了果，红彤彤地挂满树梢，院子内美景让人流连。 |
| 河北省张家口市 | 山亚湾农业旅游开发有限公司 | 集农业观光、餐饮美食、民俗文化、休闲采摘、娱乐体验为一体的大型休闲农业旅游综合体，有生态农业示范区、农耕文化展示体验区、锦鲤观赏养殖及休闲垂钓区、绿地景观特色休闲区、儿童益智娱乐区、"乡村花海"文化园、珍稀动物观赏区、餐饮住宿综合服务中心8大功能区块。 |
| 河北省承德市 | 顺鑫果蔬种植专业合作社 | 以生态种养、现代农业新技术、新品种为基础，以休闲旅游、观光采摘、度假接待为发展模式的现代农业发展基地。 |
| 河北省承德市 | 御道口休闲农场 | 有天然林21.9万亩，天然草场120万亩，耕地5万亩，水域0.5万亩，有百亩以上淡水湖21个，优质矿泉47处，大小河流13条，不仅水、草资源丰富，适合发展畜牧业，而且动植物特别是山野珍品种类繁多。 |

资料来源：京津冀三地休闲农业协会提供。

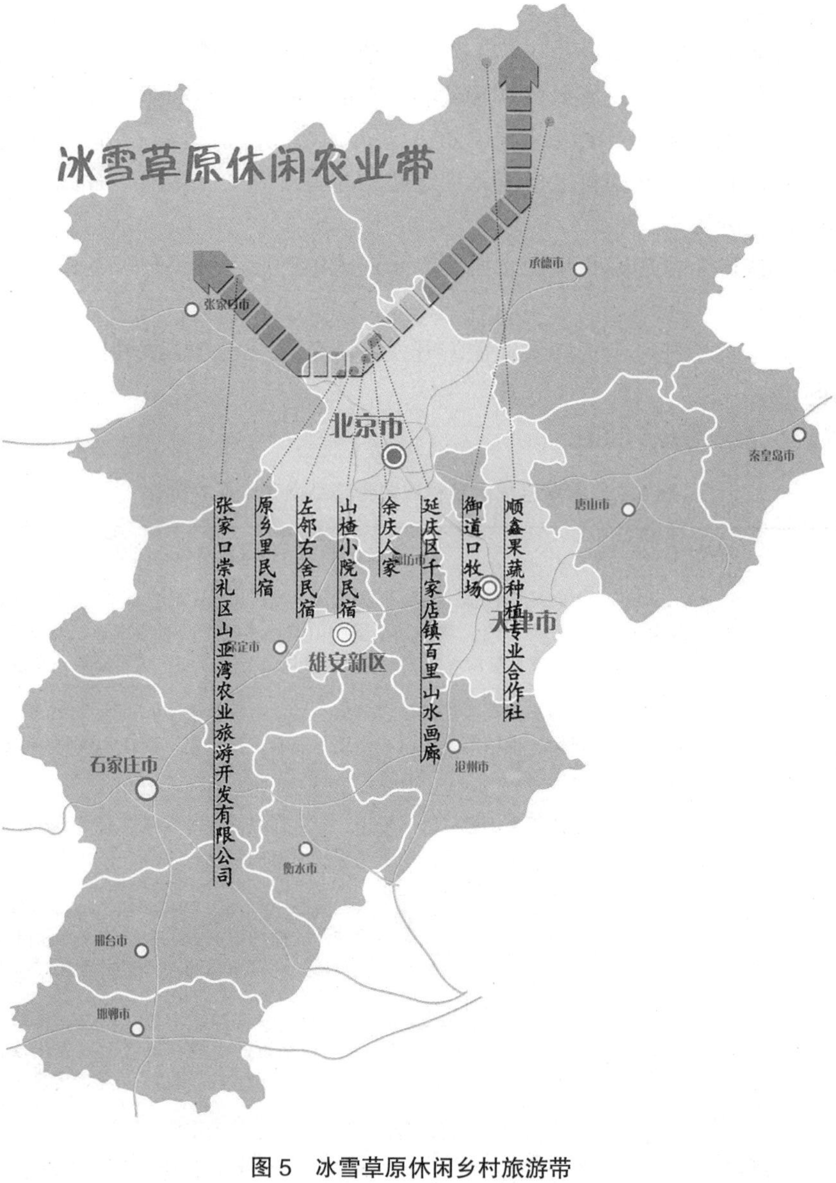

图5　冰雪草原休闲乡村旅游带

5. 山海风情休闲乡村旅游带

（1）区域范围

天津滨海新区，以及河北秦皇岛市北戴河区、唐山市曹妃甸区、黄骅市。

（2）主要特色

山海风情乡村旅游带主要沿渤海海岸线走向，兼具山海风情特色，依托海洋、避暑、温泉等特色资源，加上历史文化和葡萄酒资源，游客可以体验渔家生活，观赏特色农业，醉享葡萄美酒，实现历史文化观光、自然生态观光等相关产品的联动发展，凸显"山海风韵+渔家体验+葡萄美酒+1~2日海滨度假"的特色，共同打造成形成系列完整的山海风情乡村休闲产品。

（3）精品推介点

天津：齐心庄园、芦花香、百利种苗公司、兴家坨都市农业园、龙达温泉城、四季田园、茶淀葡萄科技园、皇家枣园、无瑕生态园、国际花卉科技园、宽达水产园、华泰生态园、小站迎新合作社、名洋湖庄园。

河北：集发生态农业观光园有限公司、天旭生态农业有限公司。

各点基本情况见表6和图6。

表6　山海风情休闲乡村旅游带精品推介点基本情况

| 地区 | 推介点 | 特色资源及产品业态 |
|---|---|---|
| 天津市宁河区 | 齐心庄园 | 集种植研发、生产销售、加工物流、观光采摘、餐饮垂钓、休闲住宿为一体的综合性园区，拥有旅游采摘、农事体验、休闲娱乐、生态观光、亲子互动、创作拍摄等众多体验项目。 |
| 天津市宁河区 | 芦花香 | 集生态农业、休闲观光、餐饮垂钓、体验旅游为一体的综合型产业园区，建有无公害果蔬园区、林下经济园区、休闲垂钓区、餐饮娱乐住宿区、商务会议区五个功能区。 |
| 天津市宁河区 | 百利种苗公司 | 依托种苗培育、试验示范等高科技产业，形成集蔬菜种子研发、种苗培育、休闲旅游观光、科普教育为一体的农业科技示范园区。 |
| 天津市滨海新区 | 龙达温泉城 | 拥有四星级温泉酒店、热带雨林温泉馆、有氧运动馆、生态美食园、奇石古树园、兰花园、蔬果园和科技农业观光园，集健康管理、温泉养生、生态美食、SPA保健、商住会议、礼仪庆典、农业观光于一体的综合型都市农业公园。 |
| 天津市滨海新区 | 四季田园 | 集农业科技展示与科普教育、现代化高科技农业示范、农业农村传统文化观光休闲、农耕民俗文化体验于一体的综合性多功能农业示范观光园区，提供观光、体验、餐饮、温泉、住宿、娱乐、购物等服务项目。 |
| 天津市滨海新区 | 茶淀葡萄科技园 | 拥有国内外最新研发的新、奇、特优良鲜食葡萄品种181种，游客入园就能尝遍世界各地的葡萄，园区内还有石磨豆浆、五谷贴画、手脱玉米等20多个亲子农耕体验项目。 |
| 天津市滨海新区 | 皇家枣园 | 集冬枣文化、冬枣研发、品种推广、特色旅游为一体的冬枣科技产业园区，建造了御枣园、福寿园、吉庆园、科普园、新枣游园五个园区，开发了传统文化展示、摄影采风、文艺演出、休闲观光、冬枣采摘的特色农家游路线。 |
| 天津市东丽区 | 无瑕生态园 | 占地面积380亩，划分温室种植、荷花观赏、室内外垂钓、红酒窖、传统农事展厅、热带植物、生态餐厅等功能区，集果蔬生产、采摘、加工于一体，同时为游客提供休闲、娱乐、餐饮、科普等全方位的旅游服务。 |
| 天津市东丽区 | 滨海国际花卉科技园 | 滨海新区六大农业科技园区之一，占地面积3400亩，分为综合管理服务区、高档花卉工厂化生产区、高新技术成果展示区（旅游观光区）3个功能区，其中旅游观光区主要由采摘园、百花园、文化创意园、生态餐厅、雕塑喷泉小广场等组成。 |
| 天津市东丽区 | 宽达水产园 | 以科技为先导、以水产及其制品为特色，建有设施化高效养殖示范区、池塘生态养殖区、生态湿地区、科普展示中心以及休闲观光区等功能区域。 |
| 天津市东丽区 | 华泰生态园 | 拥有蝴蝶兰种苗种植区7万平方米、5000平方米蝴蝶兰花海、2万平方米多肉植物种植区、1万平方米热带水果种植区、观赏鱼和鳄鱼养殖区。 |
| 天津市津南区 | 小站迎新合作社 | 集自然生态、农业观光、休闲采摘、农事体验为一体的综合园区，有露地作物、热带植物园、水上乐园、户外小木屋、樱桃种植区、草莓种植区、共享厨房等多个功能体验区。 |
| 天津市津南区 | 名洋湖庄园 | 占地面积6300多亩，依托农业种植实现现代化生态休闲采摘、农家乐、采风、餐饮、住宿、观光为一体的多功能绿色生态旅游度假区。 |

续表

| 地区 | 推介点 | 特色资源及产品业态 |
|---|---|---|
| 河北省秦皇岛市 | 集发生态农业观光园有限公司 | 集发生态农业观光园占地990亩，划分为特种蔬菜种植示范区、名优花卉种植示范区、特种畜禽养殖示范区、休闲餐饮娱乐区四个区域，建有百菜园、奇瓜园、空中花园、惊险桥、戏水摸鱼等30个景点。 |
| 河北省唐山市 | 天旭生态农业有限公司 | 天旭温泉小镇，以"盐地农果，生态温泉"为主题，突出生态温泉特色，融合唐海农垦文化，打造集盐生植物科普、大学生双创基地及盐地休闲采摘、趣味水上游乐、特色休闲街区、温泉度假养生等功能为一体的休闲养生旅游度假区。 |

资料来源：京津冀三地休闲农业协会提供。

图6　山海风情休闲乡村旅游带

## 四、天津融入京津冀乡村旅游一体化发展实施建议

未来在政策和市场的支持下,京津冀三地将继续深入挖掘更多乡村旅游资源,打造乡村旅游新亮点,不断升级京津冀乡村旅游精品带的内容,丰富乡村休闲、自然观光、消费购物、农事体验、游乐活动、养生度假等多种乡村旅游业态,更充分地满足人们对美好生活的需求。天津要融入京津冀乡村一体化发展,必须在资金投入、土地政策、资源挖掘、营销宣传、人才培养等诸多方面进行努力,助力京津冀协同发展和乡村振兴战略实施[9][10]。

### (一)加大投入力度,完善公共服务体系

一是加大政府的投资力度。加强公共基础设施建设投入,以政府投资为主,村集体投资为辅,结合乡村振兴建设,加强主要乡村旅游项目地区及周边区域的水、电、路及垃圾处理等公共基础设施建设。二是市农委联合市财政逐步扩大天津市乡村旅游发展基金规模,重点扶持乡村旅游协会、合作社、重点项目经营企业的发展,对协会及合作社的建立及人员培训等提供资金扶持,对重点项目经营企业提供基础设施建设扶持。三是建立多元化投融资体系。建立乡村旅游项目的股票债券融资、招商引资、金融信贷、民间资本等多元化融资体系,采取财政贴息、融资担保、扩大抵押物范围等综合措施,努力为天津市、各区县及乡镇乡村旅游建设提供良好的资金保障,解决融资难问题[11]。四是完善公共服务体系,支持信息平台、研究平台和中介平台建设,服务产业发展。加强集信息服务、管理咨询、营销推介、虚拟展示为一体的乡村旅游信息平台建设,为天津市乡村旅游发展营造良好氛围。加强乡村旅游研究平台建设,组建休闲农业与乡村旅游研究中心,以加快系统改造和要素组合,推动产业开发和科技创新协调并举、良性发展;加强休闲农业中介平台建设,采取各种政策措施吸引旅游、金融、咨询、广告策划、信息技术等第三方中介服务机构,全面提高乡村旅游开发效率[12]。

### (二)推动政策创新,合理规划土地供给

面对目前乡村旅游发展过程中出现的用地问题的制约,各级政府及有关部门要进一步推动政策创新,合理规划土地供给。一方面,从宏观层面来讲,加强对"休闲农庄""农家乐""休闲乡村"等项目的规划和引导,避免盲目发展、无序发展,要坚持与区域范围内的国土空间规划等相衔接。允许涉农区政府在确保区域范围内耕地数量不减少、质量不下降前提下,可以采用分散划块、点状分布的形式供地。远离市中心、区中心的乡镇国土空间规划可预留不超5%建设用地的规模,用于零星分散的单独选址的休闲农业重大项目配套设施建设,采取计划指标、增减挂钩等予以保障。鼓励获得全国休闲农业示范区以及示范点的涉农区,先行试点点状供地政策。在保护耕地红线的基础上,给休闲农业和乡村旅游发展留出空间。另一方面,对发展乡村旅游中确需占用部分农用地搞非农建设的,要严格按建设用地审批程序依法报批,既满足乡村旅游项目的用

地规模，引导投资主体合理聚集，又要抑制企业土地兼并，保证土地租赁向长期、稳定方向发展。充分利用农村空置宅基地、闲置农房发展一、二、三产业融合的配套项目，支持农村集体经济组织以出租、合作等方式盘活利用空闲农房及宅基地，改造建设民宿、创意办公、休闲农业、乡村旅游等场所，增强整个农村社区内资源的互动。

### （三）培育专业人才，提供技术智力支撑

人才是行业发展的基石，发展乡村旅游离不开人才支撑，加快专业人才培养意义重大。依托各类培训机构（天津市乡村旅游协会、南开大学旅游与服务学院），将乡村旅游从业人员培训作为一项公益性工程纳入国家财政支持范畴，加大投入力度，为行业发展提供智力支撑。

一是发挥政府相关部门主导作用。制定乡村旅游人才相关政策，如提升从业技能、晋升技术职称、安排培养经费、提高福利待遇等政策。发挥行业协会、相关高校、大专院所的基地带动作用，培养农民再就业技能，提高职业农民素质能力，增加农民在乡村旅游领域的就业创业机会。二是通过企业或专业机构培养人才，大力开展乡村旅游管理者、经营者和服务人员培训，在企业内部或专业培训机构，有针对性地开展相关岗位培训和专题培训，加强校企合作，通过"订单式"人才培养模式为乡村旅游经营单位提供应急实用人才。三是建立人才交流平台。加强与市人才交流中心的合作，建立乡村旅游人才信息库，积极引进国内外高层次的旅游规划、市场营销、文化传承、旅游服务等方面的专业人才。四是支持优秀乡贤及新兴技术人才返乡创业，优化创新创业环境，将返乡入乡创业与脱贫攻坚、美丽乡村建设紧密结合，加大创业补贴、财政税收、投融资渠道等优惠政策的扶持力度，吸引青年大学生、专业艺术人才、青年创业团队投身乡村旅游创客活动中来，增加农民就近创业、返乡创业机会，彻底激活乡村创业[13][14]。

### （四）加大营销宣传，树立整体品牌形象

一是构建宣传推广体系。以政府推介为引导，以媒体推介为手段，以主体推介为依托，以联盟推介为亮点，充分利用好广播、电视、报纸、网络等媒体平台，全方位、多角度宣传推介天津乡村旅游，扩大对外影响力，加强行业内外营销整合，发挥各区县相关部门、新闻媒体和项目企业的优势和力量，打造特色化、规范化、规模化、品牌化的京津冀农业休闲旅游的区域品牌，并积极参与农业农村部、文化和旅游部开展的全国乡村旅游与乡村旅游星级评定活动，打造个体品牌。二是整合区域资源，扩大市场影响力。以市场需求为导向，以优质资源为依托，以重点项目建设为载体，依托精品线路对周边景点、文化、商务、接待设施和社会服务等旅游资源进行有机整合，联合宣传推广。三是突出重点内容和特色。挖掘精品旅游节点特色，重点宣传推广特色资源、特色产业、特色体验、特色生态、特色民俗文化及特色旅游村点，做好旅游展会、京津冀周边城市宣传推介等各项工作，不断包装推荐精品项目，通过手机短信、广播电视栏目、官方微博及微信等新媒体平台，宣传农业品牌，举办文化庆典、节庆活动等，开展宣传口号、宣传短片征集评选活动，不断扩大天津市乡村旅游品牌吸引力。

## 参考文献

[1] 文化和旅游部，粤港澳大湾区建设领导小组办公室，广东省人民政府.粤港澳大湾区文化和旅游发展规划［R］.广东，2020.

[2] 天津市农科院农村经济与区划研究所.京津冀休闲农业一体化发展建设规划［R］.天津，2014.

[3] 李瑾、徐虹、李永森，等.天津市休闲农业资源调查评价与发展战略研究［M］.中国旅游出版，2020.

[4] 天津市农科院农村经济与区划研究所.天津市农渔家乐休闲旅游发展总体规划［R］.天津，2015.

[5] 天津市农科院农村经济与区划研究所.天津现代都市型农业发展规划与对策研究［R］.天津，2015.

[6] 天津市农科院农村经济与区划研究所.天津市休闲农业十三五发展规划［R］.天津，2015.

[7] 徐虹等.天津休闲农业与乡村旅游发展报告［M］.中国旅游出版社，2020.

[8] 郭华，董霞.京津冀休闲农业精品线路设计［J］.休闲农业与美丽乡村，2016（8）：72-79.

[9] 郭华，史佳林，李瑾，等.京津冀休闲农业一体化发展——SWOT分析与对策［J］.天津经济，2017（11）：3-9.

[10] 郭华、李瑾、郁滨赫.天津市休闲农业发展概况［J］.台湾核心期刊，乡村旅游研究，2015（6）：42-50.

[11] 张蕾，史佳林，张明亮.天津休闲农业与乡村旅游发展现状研究［J］.天津农业科学，2013（1）：67-71.

[12] 李瑾，史佳林，贾凤伶.天津休闲农业发展现状、目标与对策建议［J］.天津经济，2012，（8）：16-19.

[13] 郁滨赫，郭华，董霞，等.天津市休闲农业创新生态体系构建及实施路径［J］.农业科技管理，2017（4）：20-23，89.

[14] 郭华，董霞，郁斌赫.天津市休闲农业人才创新创业困难剖析及政策建议［J］.农村经济与科技，2017，23（28）：106-108.

# 乡村旅游地居民旅游感知价值研究

张 妍

## 一、引言

2020年3月，习近平总书记在《决战决胜脱贫攻坚座谈会上的讲话》中首次指出，要"接续推进全面脱贫与乡村振兴有效衔接"；2020年12月，习近平总书记在中央农村工作会议上指出"脱贫攻坚取得胜利后，要全面推进乡村振兴，这是'三农'工作重心的历史性转移；要坚决守住脱贫攻坚成果，做好巩固拓展脱贫攻坚成果同乡村振兴有效衔接"。2021年是"十四五"开局之年，中国将开启全面建设社会主义现代化国家新征程。站在新的历史起点，如何巩固脱贫攻坚成果，推进脱贫攻坚与乡村振兴有序衔接，推动农村迈向更高质量发展成为后脱贫时代"三农"问题的重要关切点。2021年2月，中央一号文件《中共中央 国务院关于全面推进乡村振兴加快农业农村现代化的意见》发布，要求"全面推进乡村产业、人才、文化、生态、组织振兴"，为新时代中国乡村的发展指明了方向。同月，"国家乡村振兴局"挂牌成立，标志着乡村振兴进入新的发展阶段。

乡村旅游，以乡村地域为基底，以地方文化为核心吸引物，是利用乡土资源为游客提供特色旅游产品的农村新兴产业[1]。作为带动性强、覆盖面广和开放程度高的新兴产业，乡村旅游具有经济、社会、文化、生态等多元价值功能，近年来对推动脱贫攻坚、助力乡村振兴发挥着重要作用[2][3]。据中国乡村旅游监测中心测算[4]，2021年第一季度，全国乡村旅游接待总人数为9.84亿人次，比2019年第一季度增长5.2%；全国乡村旅游总收入3898亿元，比2019年第一季度增长2.1%。作为乡村振兴的重要抓手，乡村旅游引起国家相关机关的重视。2020年9月，文化和旅游部推出300条全国乡村旅游精品线路，包括精品民宿型、景区带动型、旅游扶贫型、田园观光休闲型等，覆盖全国所有省份。围绕"美丽乡村""精准扶贫""特色小镇""乡村振兴"等国家战略，国家多次出台引导政策促进乡村旅游的发展（见表1）。

供给与需求是经济学的核心，产业政策的出台从供给层面增加乡村旅游的吸引力。从需求层面来看，乡村旅游的大力发展源于企业主和消费者对于乡愁的追求。2020年以来，新型冠状病毒肺炎疫情在全球肆虐，人们对于乡村的向往更加明显。乡村作为快速城镇化的缓冲器，能够在此次疫情中增强人们的乡愁，能够相对减缓人们对疫情的紧张、焦虑情绪，让人们开始重新体验"家"的意义。受城区土地价值与空间受限的影响,城市居民对"家"的新诉求向城郊区域拓展,城郊度假生活、居住旅游、城郊小镇得到关注。一方面,广大都市精英在"逆城镇化"背景下,由于对自然、逃离钢筋水泥城市生活与低成本生活的向往,回归田园开办农场,寻找诗意的栖居。随着乡村基础设施和公共服务设施的完善,逐渐成为宜居宜业的良好空间。另一方面,特别是受疫情的影响,乡村旅游逆势成为受人追捧的旅游市场。

表1 国家引导乡村旅游发展政策（2016—2021年）

| 时间 | 发文机关 | 标题 | 内容 |
| --- | --- | --- | --- |
| 2016 | 中共中央国务院 | 《中央一号文件》 | 大力发展休闲农业和乡村旅游。依托农村绿水青山、田园风光、乡土文化等资源,大力发展休闲度假、旅游观光、养生养老、创意农业、农耕体验、乡村手工艺等,使之成为繁荣农村、富裕农民的新兴支柱产业。 |
| 2016 | 国家旅游局（原）、国家发改委等8部门 | 《贫困地区发展特色产业促进精准脱贫指导意见》 | 促进一、二、三产业融合发展。积极发展特色产品加工,拓展产业多种功能,大力发展休闲农业、乡村旅游和森林旅游休闲康养,拓宽贫困户就业增收渠道。 |
| 2017 | 国家旅游局（原）、国家发改委等14部门 | 《促进乡村旅游发展提质升级行动方案（2017年）》 | 从乡村旅游基础设施、乡村人居环境整治、产品和服务标准建立、社会资本参与等方面对发展乡村旅游做出系统部署。 |
| 2018 | 文化和旅游部、自然资源部等17部门 | 《关于促进乡村旅游可持续发展的指导意见》 | 提出乡村旅游要绿色、特色、多元、品质发展,并给出具体措施。 |
| 2019 | 中共中央国务院 | 《关于进一步激发文化和旅游消费潜力的意见》 | 积极发展休闲农业,大力发展乡村旅游,实施休闲农业和乡村旅游精品工程。 |
| 2020 | 国家发展改革委员会 | 《关于促进特色小镇规范健康发展的意见》 | 以培育发展主导产业为重点,促进产城人文融合,突出企业主体地位,健全激励约束机制和规范管理机制,有力有序有效推进特色小镇高质量发展。 |
| 2021 | 中共中央国务院 | 《中央一号文件》 | 重点提高"休闲农业""乡村旅游精品线路""实施数字乡村建设发展工程"。 |
| 2021 | 十三届全国人大常委会 | 《中华人民共和国乡村振兴促进法》 | 各级政府应当发挥农村资源和生态优势,支持红色旅游、乡村旅游、休闲农业等乡村产业发展,支持休闲农业和乡村旅游重点村镇等建设。 |

资料来源：根据公开资料整理而成。

在新的发展环境和要求下,乡村旅游如何实现可持续发展,如何推动乡村全面振兴与重构,是迫切需要解决的理论问题和实践问题。《乡村振兴促进法》提出,"坚持农民主体地位,充分尊重农民意愿,保障农民民主权利和其他合法权益,调动农民的积极性、主动性、创造性,维护农民根本利益"。然而,在乡村建设与振兴过程中,大量外来投资受国家政策的吸引涌入乡村。实践中外来资本往往难以融入本土社会,本地居民被边缘化,且由于两者互动不足导致当地居民产生抵抗情绪[5]。同时,乡村居民由于受教育程度较低和劳动技能较差导致其参与乡村旅游困难重重,缺乏本地居民参与的产业由于缺乏活力容易走入瓶颈期[6]。因此,乡村旅游地居民的感知与态度是乡村旅游目的地可持续发展的关键。了解乡村旅游目的地居民旅游感知,精准评价居民在旅游发展中的感知、态度及受益效果,是当前乡村旅游研究与实践发展关注的重点内容。

## 二、文献回顾

### (一)感知价值理论

"感知"一词为心理学概念,是指外界刺激直接作用于人的感觉器官而在人脑中的反映,是人对感觉信息的组织和解释的过程[7]。价值是主体对客体满足自身需要的评价或客体满足主体需要的功能。感知价值理论最早被用来解释和理解顾客的行为,认为它是消费者对获得与付出的感知及对产品效用的整体评价[8]。Zeithaml等(1990)最早提出顾客感知价值概念,并将"途径—目标链"理论运用到对顾客感知价值的认知中[9]。20世纪90年代中期,旅游业中感知价值的研究开始兴起。学者认为,游客与旅游企业之间的关系是一种价值交换关系,即游客与企业通过价值交换实现各自的利益与满足。基于游客视角,学者们对旅游感知价值内容进行大量探讨,认为游客感知价值主要包括质量价值、情感响应、价格感知、社会价值、功能价值、服务价值、环境价值、知识教育价值等[10-15]。在研究方法方面,因子分析法[16]、回归分析法[17]、重要性—表现性分析法[18]、结构方程模型分析法[19]、灰色关联度分析法[20]、模糊综合评价模型[21]、层次分析法等定量研究方法占主导地位。同时,文献分析法、内容分析法、扎根理论、认知地图法等定性研究方法亦有所涉及[22-25]。随着旅游的"爆发式"发展,旅游过程中人与地之间的矛盾日益突出,表现为游客与居民之间的冲突、居民与政府之间的冲突、旅游与目的地环境之间的矛盾,居民感知价值逐渐进入学者的研究视野。

### (二)居民的旅游感知价值

社会交换理论在旅游学中被用来解释旅游地居民对旅游开发的态度,即基于居民视角评估旅游发展。美国学者Homans在20世纪60年代初提出社会交换理论,该理论认为人类是理性的人类,其做出的一切行为都会权衡得失,人类行为的根本目的是为追求最大的利益。依据社会交换理论,人们总是希望用最少的代价去获取最多的报酬,交换之后形成的得失评价会直接影响当事人的态度。一般来说,利大于弊时将导致对交换行为产生积极态度,弊大于利时将导致对交换行为产生消极态度。对旅游地居民来说,如果在当地的旅游发展中多获得的利益大于其多承担的生态、环境、文化等诸多成本,则将支持当地旅游业发展的积极态度;反之将会抵制当地旅游业发展的消极态度[26]。已有研究对居民感知进行了探讨,发现考虑经济利益的居民对旅游业的发展持更加积极的态度[27]。同时,学者们也提出非经济价值领域同样不可忽视,呼吁学者重视居民社会自豪感等社会价值纳入居民感知研究中[28]。感知价值是居民基于所感知的获得与付出,对旅游发展的综合评价。尤其是乡村振兴背景下，旅游目的地居民感知价值的实证研究较为缺乏。

有鉴于此，本文将旅游目的地居民收益与成本感知作为旅游发展的核心关注点，探讨居民感知视角下旅游小镇绩效。深入分析乡村振兴过程中旅游产业减贫维度，以及实现了怎样的减贫效果，即回答乡村旅游中"What"和"How"的问题，以期为未来更加科学地实施旅游助力乡村振兴发展提供决策参考。

## 三、研究设计

### （一）研究区域概况

对典型地区进行深入细致的剖析是科学研究的重要途径，也是旅游研究的重要方法之一。本文选择贵州省丹寨县万达小镇作为案例区展开研究，主要基于以下三方面考虑：第一，地域代表性。丹寨县是国家级贫困县。第二，旅游减贫示范典型性。2014年底选择国家级贫困县贵州省黔东南苗族侗族自治州丹寨县作为结对帮扶对象，在全国首创实施"企业包县、整县脱贫"的精准扶贫模式。第三，旅游发展相对成熟。万达丹寨扶贫以旅游产业为核心，为当地创造税收2.7亿元，每年拉动丹寨县GDP增长1.2个百分点，帮助全县5.88万贫困人口实现脱贫。2019年4月，贵州省人民政府正式批准丹寨县退出贫困县，比计划的提前两年实现脱贫摘帽。万达丹寨扶贫2016年、2019年先后获得全国脱贫攻坚奖创新奖和全国脱贫攻坚奖组织创新奖。2018年万达丹寨扶贫模式被评为"全国企业扶贫50佳案例"，并于2019年入选全球减贫最佳案例库。

☞【案例阅读】

### 丹寨万达小镇

1. 丹寨县简介

丹寨县，地处贵州省黔东南州西部，全县总人口17.8万，其中苗族占总人口的78%。丹寨县交通便利，厦蓉（厦门—成都）、余安（余庆—安龙）高速穿境而过，距贵广、沪昆高铁站约30千米，处于凯里、都匀半小时经济圈和贵阳1小时经济圈内。气候凉爽，年平均气温在14.7~17.4℃，有"苗岭避暑之都"之称。民族文化底蕴深厚。全县有苗族蜡染、古法造纸、锦鸡舞、苗族贾理、苗年、苗族服饰、芒筒芦笙乐舞7项国家级非物质文化遗产，省级非物质文化遗产17项，是全省乃至全国文化遗产最多的县之一。然而，丹寨县山地丘陵的地形地貌阻碍了农业和交通的发展，于2012年入选"国家扶贫开发工作重点县名单"。丹寨县作为自然和文化资源丰富但基础设施落后的贫困地区，企业因发展成本高而不愿进入。

2. 万达集团对丹寨扶贫措施

万达扶贫产业基金短期项目。万达集团把基金扶贫作为短期扶持的强力抓手，投入 5 亿元建立万达扶贫产业基金，将连续 10 年把每年基金收益的 5000 万元，以分类、分对象扶贫方式在全县设公益性岗位和实行生产奖补及生产生活救助。

万达小镇中期项目。投资 13 亿元建造丹寨万达旅游小镇，项目规划 5 期，2021 年完成全部投资建设。项目于 2016 年 3 月开建，2017 年 7 月开业运营。4 年来，旅游小镇带动丹寨 20 个大行业和 50 个子行业发展。直接创造 2000 个就业岗位，直接和间接带动 1.8 万人发展产业增收。

万达职院长期项目。出资 3 亿元建设一座大专职业学院，学院于 2017 年 9 月开学，可容纳 3 个年级 54 个班共 2100 名学生就读，学生毕业就业后，实现"就业一人、脱贫一户"目标。目前，学院开设文化旅游管理、护理、会计 3 个专业，在校学生 2259 人。

3. 万达小镇旅游发展情况

根据初步测算数据显示，丹寨县 2016 年接待游客 90.34 万人次；旅游收入 5.48 亿元。2017 年，接待旅客 367.83 万人次；旅游收入 20.09 亿元。2018 年，接待旅客 567 万人次；收入 46.78 亿元。2019 年，接待旅客 739.96 万人次；旅游收入 57.28 亿元。旅游产业在丹寨县真正实现了井喷式发展。而且依托其丰富的旅游资源，丹寨县在旅游发展上的定位和目标是：苗族文化深度体验首选地、珠三角和成渝"避暑后花园"。

丹寨县获得"全国休闲农业与乡村旅游示范县""最具活力旅游县"等荣誉称号；石桥古法造纸旅游景区被评为全省"十佳特色旅游城镇"，2017 年丹寨万达小镇获得号称建筑界"奥斯卡"的 PCBC（太平洋建筑协会）"金砖块"奖，小镇水车获得吉尼斯世界纪录。

## （二）研究方法

因子分析是指研究从变量群中提取共性因子的多元统计方法，是一种将各因子方差贡献率作为指标权重计算综合扶贫绩效研究方法。它通过研究众多变量之间的内部依赖关系，探求观测数据中的基本结构，并用少数几个独立的不可观测变量来表示其基本的数据结构。因子分析要求样本量与变量数的比例应在 5∶1 以上。样本量不得少于 100，并且原则上越大越好。因子分析基本步骤如下：

① 对数据进行标准化处理

② 因子提取

设有 $n$ 个原始变量，表示 $x_1$, $x_2$, $\cdots$, $x_n$，根据因子分析的要求，假设这些变量已经标准化（均指为 0，方差为 1），假设 $n$ 个变量可以由 $k$ 的因子 $f_1, f_2 \cdots f_k$ 表示为线性组合，可以得到如下的因子分析模型：

$$\begin{cases} x_1 = a_{11}f_1 + a_{12}f_2 + ... + a_{1k}f_k + \varepsilon_1 \\ x_2 = a_{21}f_1 + a_{22}f_2 + ... + a_{2k}f_k + \varepsilon_2 \\ ... \\ x_n = a_{n1}f_1 + a_{n2}f_2 + ... + a_{nk}f_k + \varepsilon_n \end{cases}$$

上式表示为矩阵形式为 $X = AF + \varepsilon$。其中：

$$X = \begin{bmatrix} x_1 \\ x_2 \\ ... \\ x_n \end{bmatrix} \quad A = \begin{bmatrix} a_{11} & a_{12} & ... & a_{1k} \\ a_{21} & a_{22} & ... & a_{2k} \\ ... & ... & ... & ... \\ a_{n1} & a_{n2} & ... & a_{nk} \end{bmatrix} \quad F = \begin{bmatrix} f_1 \\ f_2 \\ ... \\ f_n \end{bmatrix} \quad \varepsilon = \begin{bmatrix} \varepsilon_1 \\ \varepsilon_2 \\ ... \\ \varepsilon_n \end{bmatrix}$$

其中 $X$ 为可观测的 $n$ 维变量向量，它的每一个分量表示一个指标或变量；$F$ 为因子向量，每一个分量表示一个因子，由于它们出现在每个原始变量的线性表达式中，所以被称为公共因子；矩阵 $A$ 为因子负荷矩阵，其元素为因子负荷（载荷），它是第 $i$ 个变量在第 $j$ 个主因子上的负荷或叫作第 $i$ 个变量在第 $j$ 个主因子上的权值，它反映了第 $i$ 个变量在第 $j$ 个主因子上的相对重要性；$\varepsilon$ 为特殊因子，表示原始变量中不能由因子解释的部分，均值为 0。

③因子旋转

利用因子提取方法得到的结果保证了因子之间的正交性，但因子对变量的解释能力较弱，不易解释和命名。这时对因子模型施行一个旋转变换（正交变换），得到较为容易解释的因子。

④计算因子得分

以公共因子表示原因变量的线性组合，从而得到因子得分函数。通过因子得分函数计算观测记录在各个公共因子上的得分，从而解决公共因子不可观测的问题。

在本研究中，首先通过因子分析确定影响居民感知价值的重要因素（因子），进而计算因子综合得分，从中进一步分析居民在不同方面对丹寨县旅游效应的评价。本项研究运用的软件是 SPSS 22.0。

### （三）问卷设计及收集

1. 问卷设计

通过对乡村旅游、居民旅游感知、居民满意度等相关文献进行梳理，探讨居民旅游感知价值评价指标。本文借鉴前人已有研究，获得 35 个居民旅游感知因素，相对应设定了 35 个题项（见表 2），包括"增加居民收入、提供居民就业机会、提升家庭生活水平、为丹寨带来商业机会、促进产业融合、促进传统文化保护、增加居民与游客交流机会、增强居民语言表达能力、提高丹寨知名度、改善丹寨的医疗和交通等公共服务、增加居民日常休闲娱乐设施、增进居民对文化遗产的了解和保护、增强了居民的自豪感、提升他人对居民的尊重、提高了居民的精气神儿和精神面貌、增强居民对民族和国家的信任、增强了居民的凝聚力、促进基础设施的建设（道路、停车场）、促进人居环境的改善（水、电、通信）、改善了本地的自然环境、带来土地和房屋价格上涨、较大部分的收入流向少部分的当地能人/精英、生活成本提高（肉类、果蔬等）、旅游收益分配不均、居民间贫富差距拉大、地方安全隐患增加（如盗窃、抢劫）、文化遗产的商业化气息过浓、引发了居民和家庭成员新的矛盾、引发我和其他居民间的矛盾、带来了我和游客的矛盾、出现了交通拥挤和水源供应紧张问题、增加了生活中空气污水和噪声污染、破坏了环境景观并危及野生动物、旅游建设及运营过程中砍伐植被、游客随意乱写乱画和破坏农作物"，每个题项采用 Likert 5 级量表形式，以"非常不符合、比较不符合、一般、比较符合、非常符合"分别由低到高赋 1~5 分。由于消极影响中陈述为反向陈述，故采用反向赋值，其结果测定正好相反。

调研所用问卷包括 2 部分，第 1 部分为居民对旅游发展在经济、社会、文化、生态以及整体效益等方面的认知。第 2 部分为居民人口统计学特征，包括居民的性别、年龄、学历、收入和消费支出信息等，从而确定居民的社会属性。

2. 数据收集

数据主要通过调查问卷和访谈方式获取。在开展正式调研之前，首先进行试调研，结合丹寨县万达小镇具体情况，对问卷中的问项进行调整。考虑到调研结果的可靠性，正式调研采取选择性抽样问卷调查与访谈相结合的数据收集方法。正式实地调查时间选在当地旅游旺季，具体时间为 2021 年 5 月 27 日至 6 月 4 日，共计调研 9 天。在选择调研对象时，分四个步骤：第一，对丹寨县万达小镇旅游从业人员进行挨家挨户调研。第二，对丹寨县县城周边受到旅游影响的部分店铺进行问卷调查。第三，对丹寨县重点旅游村落从事旅游业居民进行调查。第四，与丹寨县政府、旅游局、扶贫办、农业局进行深度访谈，每次访谈时长在 1 小时以上，并现场笔录，对访谈内容进行记录。此次调研共发放问卷 270 份，每份问卷调研时间均在 20 分钟以上，且均为现场回收。通过对问卷进行整理和检查，剔除一些误填及存在逻辑错误的问卷，最后得到有效问卷 225 份，有效率为 83.33%。

表 2 丹寨县居民感知评价指标体系

| 评价内容 | 评价要素 | 具体指标 |
| --- | --- | --- |
| 居民旅游感知价值 | 经济正向感知 | 增加居民收入 $X_1$ |
| | | 提供居民就业机会 $X_2$ |
| | | 提升家庭生活水平 $X_3$ |
| | | 为丹寨带来商业机会 $X_4$ |
| | | 促进产业融合 $X_5$ |

续表

| 评价内容 | 评价要素 | 具体指标 |
|---|---|---|
| 居民旅游感知价值 | 社会文化正向感知 | 促进传统文化保护 $X_6$ |
| | | 增进居民对文化遗产的了解和认知 $X_7$ |
| | | 增强居民语言表达能力 $X_8$ |
| | | 提高丹寨知名度 $X_9$ |
| | | 增加居民与游客交流机会 $X_{10}$ |
| | | 增强了居民的自豪感 $X_{11}$ |
| | 情感正向感知 | 提升他人对居民的尊重 $X_{12}$ |
| | | 提高了居民的精气神儿和精神面貌 $X_{13}$ |
| | | 增强居民对民族和国家的信任 $X_{14}$ |
| | | 增强了居民的凝聚力 $X_{15}$ |
| | 设施与环境正向感知 | 改善丹寨的医疗和交通等公共服务 $X_{16}$ |
| | | 增加居民日常休闲娱乐设施 $X_{17}$ |
| | | 促进基础设施的建设(道路、停车场) $X_{18}$ |
| | | 促进人居环境的改善(水、电、通信) $X_{19}$ |
| | | 改善了本地的自然环境 $X_{20}$ |
| | 经济风险感知 | 带来土地和房屋价格上涨 $X_{21}$ |
| | | 较大部分的收入流向少部分的当地能人/精英 $X_{22}$ |
| | | 生活成本提高(肉类、果蔬等) $X_{23}$ |
| | | 旅游收益分配不均 $X_{24}$ |
| | | 居民间贫富差距拉大 $X_{25}$ |
| | | 地方安全隐患增加(如盗窃、抢劫) $X_{26}$ |
| | 情感风险感知 | 文化遗产的商业化气息过浓 $X_{27}$ |
| | | 引发了居民和家庭成员新的矛盾 $X_{28}$ |
| | | 引发我和其他居民间的矛盾 $X_{29}$ |
| | | 带来了我和游客的矛盾 $X_{30}$ |
| | 环境风险感知 | 出现了交通拥挤和水源供应紧张问题 $X_{31}$ |
| | | 增加了生活中空气污水和噪声污染 $X_{32}$ |
| | | 破坏了环境景观并危及野生动物 $X_{33}$ |
| | | 旅游建设及运营过程中砍伐植被 $X_{34}$ |
| | | 游客随意乱写乱画和破坏农作物 $X_{35}$ |

## 四、信效度检验与因子分析

### (一)被调查居民的基本情况

被调查者的基本背景见表3。由表3可以看出,调研对象包含了不同性别、年龄、受教育程度、收入水平和职业的居民,随机性较强,具有一定的代表性,保证了分析结论的可靠性。

表3 变量选择及样本统计描述

| 属性 | 变量 | 频数(个) | 比重(%) |
|---|---|---|---|
| 性别 | 女性 | 105 | 46.7 |
|  | 男性 | 120 | 53.3 |
| 身份 | 丹寨县本地人 | 172 | 76.4 |
|  | 非丹寨县本地人 | 53 | 23.6 |
| 年龄 | 18周岁及以下 | 6 | 2.7 |
|  | 19~29岁 | 77 | 34.2 |
|  | 30~39岁 | 80 | 35.6 |
|  | 40~49岁 | 29 | 12.9 |
|  | 50~59岁 | 20 | 8.9 |
|  | 60岁及以上 | 13 | 5.8 |
| 受教育程度 | 初中及以下 | 87 | 38.7 |
|  | 高中毕业 | 38 | 16.9 |
|  | 大专及本科毕业 | 99 | 44.0 |
|  | 硕士及以上 | 1 | 0.4 |
| 个人平均年收入 | 2万元以下 | 67 | 29.8 |
|  | 2万~5万元 | 93 | 41.3 |
|  | 5万~10万元 | 35 | 15.6 |
|  | 10万~20万元 | 21 | 9.3 |
|  | 20万元以上 | 9 | 4.0 |
| 职业 | 旅游从业者(打工人) | 106 | 47.1 |
|  | 旅游创业者(老板) | 47 | 20.9 |
|  | 普通居民 | 72 | 32.0 |

调研对象，从性别来看，女性105人，占总数的46.7%；男性120人，占总数的53.3%。男女比例相对均衡。丹寨县本地人为172人，占总数的76.4%；非丹寨县人数为53人，占总数的23.6%。非丹寨县人口，主要来源于贵州省内的凯里市、贵阳市、毕节市、遵义市，以及河南省、湖北省、福建省、四川省、浙江省、安徽省、宁夏回族自治区等省区市。

被调查人群年龄主要分布在19~39岁，约占调查总人数的70%。家庭生命周期理论指出，一个人所处的生命周期的阶段不同，可自由支配收入和所需承担的社会责任也相应在变化[29]。对于这个阶段的群体来说，刚开始步入社会，正是家庭和社会的中坚力量，更加专注于成家立业和社会事业，需要承担家庭责任。在乡村振兴与乡村旅游耦合发展的背景下，旅游小镇吸引一批居民回乡创业，开办新型"客栈"等，为青年人和中年人回流提供了就业机会和平台。

就文化层次而言，大专及本科毕业人群约占总数的44%，其次为初中及以下受教育程度人群，约占总调查人数的39%。值得注意的是，大专及本科毕业人群多为来丹寨县创业投资的非本地人，而初中及以下人群多为丹寨县本地人。该数据显示，丹寨万达小镇的建设，成功吸引到一批有创业经验的外地旅游经营者来到丹寨县，而本地人由于受教育程度较低、创业资金与从业经验缺乏而只能从事打扫卫生、餐饮业服务员等初级层次的工作。该情境下，一定要主要避免发生"旅游飞地"现象。旅游飞地，即为在一些旅游目的地，由于外来资本控制旅游设施的所有权，当地居民的就业机会少和就业层次低，且旅游者与当地居民的接触和联系较少，导致旅游发展对当地和居民的贡献有限。

### （二）居民感知价值分析

#### 1. 信效度检验

因子分析方法存在于原有变量之间具有较强的相关性这一前提下。因此，在进行因子分析之前，需要对原有变量的相关性进行检验，以判断变量是否适合做因子分析。KMO（Kaiser-Meyer-Olkin）统计量是简单相关量和偏相关量的一个相对指数。KMO统计量的取值范围为0~1。KMO值越接近于0，则表示变量之间具有较弱相关性，而不适合通过因子分析来求解；KMO值越接近1，表示变量之间具有更强的相关性，从而更适合通过因子分析来求解。Kaiser给出一个KMO的选取适合做因子分析的标准（见表4）。

表4 KMO检验标准

| KMO≥0.9 | 0.8≤KMO<0.9 | 0.7≤KMO<0.8 | 0.6≤KMO<0.7 | KMO<0.5 |
|---|---|---|---|---|
| 非常适合 | 适合 | 一般 | 不太适合 | 不适合 |

一般地，采用巴特勒球形检验（Bartlett Test of Sphericity）和KMO检验对变量相关性进行验证。巴特勒球形检验是以变量的相关系数矩阵为出发点，其零假设为相关系数矩阵是一个单位矩阵。如果巴特勒球形检验的统计计量数值较大，且对应的相伴概率值小于用户给定的显著性水平，则应该拒绝零假设；反之，则不能拒绝零假设，认为相

关系数矩阵可能是一个单位阵，不适合做因子分析。表 5 中的计算结果显示，KMO 值为 0.890，说明变量之间具有较强的相关性，尚可做因子分析。Bartlett 球形检验显著性概率为 0.000，说明变量间具有相关性，进一步说明本文选取的变量可以做因子分析。

表 5　KMO 和 Bartlett 的检验

| 取样足够度的 Kaiser-Meyer-Olkin 度量 | Bartlett 的球形度检验 | | |
|---|---|---|---|
| | 近似卡方 | $df$ | Sig. |
| 0.890 | 10314.148 | 1378 | 0.000 |

2. 因子分析

（1）提取公因子

特征值是指每个变量在某一公共因子上的因子负荷的平方总和，又叫特征根。在因子分析的公共因子提取中，特征值最大的公共因子会最先被提取，最后提取特征值最小的公共因子。因子分析的目的就是使因子维度简单化，希望以最小的公共因子能对总变异量做最大的解释，因而提取的因素越少越好，而提取因子之累积解释的变异量则越大越好。而因子的方差贡献率，等于和该因子有关的因子负荷的平方和，它用来表示每个公共因子对原始数据的解释能力。

通过 SPSS 的因子分析在特征值大于 1 的条件下，采用主成分分析方法提取变量的公因子。其中，居民对该地区旅游扶贫的整体态度由于数据自身问题，在进行调整后予以删除。在对原始变量进行初步运算和分析后，部分原始变量之间的多重相关性，出现了一个变量能被两个或多个因子同时解释的现象。因此，本文根据原始变量的旋转成分矩阵对变量进行了适当调整，删减了 8 个原始变量，最后剩余 27 个变量，并对其进行重新分析。

首先，计算出解释的总方差数据如表 6 所示。

表 6　总方差解释

| 成分 | 初始特征值 | | | 提取载荷平方和 | | | 旋转载荷平方和 | | |
|---|---|---|---|---|---|---|---|---|---|
| | 合计 | 方差的 % | 累积 % | 合计 | 方差的 % | 累积 % | 合计 | 方差的 % | 累积 % |
| 1 | 7.482 | 27.712 | 27.712 | 7.482 | 27.712 | 27.712 | 6.123 | 22.680 | 22.680 |
| 2 | 6.418 | 23.772 | 51.484 | 6.418 | 23.772 | 51.484 | 4.196 | 15.539 | 38.219 |
| 3 | 2.192 | 8.117 | 59.601 | 2.192 | 8.117 | 59.601 | 3.775 | 13.980 | 52.199 |
| 4 | 1.336 | 4.948 | 64.548 | 1.336 | 4.948 | 64.548 | 2.211 | 8.189 | 60.388 |
| 5 | 1.057 | 3.916 | 68.464 | 1.057 | 3.916 | 68.464 | 2.180 | 8.076 | 68.464 |
| 6 | 0.995 | 3.687 | 72.151 | | | | | | |
| 7 | 0.829 | 3.070 | 75.221 | | | | | | |
| 8 | 0.681 | 2.524 | 77.745 | | | | | | |

续表

| 成分 | 初始特征值 | | | 提取载荷平方和 | | | 旋转载荷平方和 | | |
|---|---|---|---|---|---|---|---|---|---|
| | 合计 | 方差的 % | 累积 % | 合计 | 方差的 % | 累积 % | 合计 | 方差的 % | 累积 % |
| 9 | 0.657 | 2.432 | 80.177 | | | | | | |
| 10 | 0.555 | 2.055 | 82.232 | | | | | | |
| 11 | 0.529 | 1.959 | 84.191 | | | | | | |
| 12 | 0.433 | 1.604 | 85.795 | | | | | | |
| 13 | 0.413 | 1.528 | 87.324 | | | | | | |
| 14 | 0.404 | 1.497 | 88.821 | | | | | | |
| 15 | 0.377 | 1.395 | 90.216 | | | | | | |
| 16 | 0.353 | 1.307 | 91.522 | | | | | | |
| 17 | 0.340 | 1.260 | 92.783 | | | | | | |
| 18 | 0.302 | 1.118 | 93.901 | | | | | | |
| 19 | 0.275 | 1.017 | 94.918 | | | | | | |
| 20 | 0.258 | 0.955 | 95.872 | | | | | | |
| 21 | 0.241 | 0.893 | 96.765 | | | | | | |
| 22 | 0.213 | 0.788 | 97.553 | | | | | | |
| 23 | 0.187 | 0.694 | 98.247 | | | | | | |
| 24 | 0.169 | 0.625 | 98.872 | | | | | | |
| 25 | 0.134 | 0.495 | 99.368 | | | | | | |
| 26 | 0.095 | 0.353 | 99.721 | | | | | | |
| 27 | 0.075 | 0.279 | 100.000 | | | | | | |
| 提取方法：主成分分析 | | | | | | | | | |

从表中可以看出，在进行变量删减之后，提取出5个公因子，这5个公因子的方差贡献率依次为22.680%、15.539%、13.980%、8.189%和8.076%，累积的方差贡献率为68.464%，表明所提取的5个因子可以解释原始变量总方差的68.464%，可以看出这5个公因子能够较好地反映原始各项指标变量的绝大部分信息，进一步说明可以进行下一步分析。

（2）因子旋转与命名

通过因子载荷系数大小可以分析不同公共因子所反映的主要指标的区别，但仍存在部分变量在两个或几个公共因子的载荷系数区别不大的现象。为了更好地解释因子，必须对负荷矩阵进行旋转，使得因子载荷系数向0或1两极分化，使大的载荷更大，小的载荷更小，从而对因子作有效的解释。本文在27个原始变量和所提取的5个公因子变量的前提下，先求出因子载荷矩阵，再通过方差最大正交旋转法求出旋转后的因子载荷矩阵，并按大小顺序排列。可以发现，第1公因子在"促进传统文化的保护与发展""增加居民与游客交流的机会""改善医疗、交通等公共服务设施""增加日常休闲娱乐""居民对文化遗产的了解和保护""增强了居民对本地的自豪感""提高了居民的精气神儿和精神面貌""增强居民对民族和国家的信任""促进基础设施的建设（道路、停车场）""促进人居环境的改善（水、电、通信）"因子载荷较高，可以反映居民在社会、文化、设施方面的正面评价，将第1公因子命名为"社会文化与设施正向感知"；第2公因子在"地方安全隐患增加（如盗窃、抢劫）""文化遗产的商业化气息过浓""引发了居民和家庭成员新的矛盾""引发居民和其他居民间的矛盾""引发居民和游客的矛盾"因子载荷较高，可以反映居民在社会与心理方面的负面评价，将第2公因子命名为"社会与心理负向感知"；第3公因子在"带来土地和房屋价格上涨""较大部分的收入流向少部分的当地能人/精英""生活成本提高（肉类、果蔬等）""旅游收益分配不均""居民间贫富差距拉大"因子载荷较高，可以反映居民在经济风险方面评价，将第3公因子命名为"经济风险感知"；第4公因子在"破坏了环境景观并危及野生动物""旅游建设及运营过程中砍伐植被""游客随意乱写乱画和破坏农作物认知""增加了生活中空气污水和噪声污染"因子载荷较高，可以反映居民在环境风险方面评价，将第4公因子命名为"环境风险感知"；第5公因子在"增加居民个人收入""为居民提供更多就业机会""提升居民家庭生活水平"因子载荷较高，可以反映居民在经济方面的正面感知，将第5公因子命名为"经济正向感知"（见表7）。

表7　因子特征值与方差贡献率

| 因子 | 特征值 | 方差贡献率% | 相对权重% | 因子载荷 |
| --- | --- | --- | --- | --- |
| 社会文化与设施正向感知 | 6.123 | 22.680 | 33.13 | |
| 促进了传统文化的保护与发展 $X_6$ | | | | 0.681 |
| 增加了与游客进行交流的机会 $X_{10}$ | | | | 0.707 |
| 改善了医疗、交通等公共服务设施 $X_{16}$ | | | | 0.720 |
| 增加了日常休闲娱乐设施 $X_{17}$ | | | | 0.782 |
| 增进了居民对文化遗产的了解和认知 $X_7$ | | | | 0.714 |
| 增强了居民对本地的自豪感 $X_{11}$ | | | | 0.786 |
| 提高了居民的精气神儿和精神面貌 $X_{13}$ | | | | 0.729 |
| 增强居民对民族和国家的信任 $X_{14}$ | | | | 0.834 |
| 促进基础设施的建设（交通、停车场）$X_{18}$ | | | | 0.797 |
| 促进人居环境的改善（水、电、通信）$X_{19}$ | | | | 0.699 |
| 社会与心理负向感知 | 4.196 | 15.539 | 22.70 | |
| 地方安全隐患增加（如盗窃、抢劫等案例增多）$X_{26}$ | | | | 0.548 |

续表

| 因子 | 特征值 | 方差贡献率 % | 相对权重 % | 因子载荷 |
|---|---|---|---|---|
| 文化遗产的过度利用（商业化气息太浓）$X_{27}$ | | | | 0.606 |
| 引发了居民和家庭成员新的矛盾 $X_{28}$ | | | | 0.840 |
| 引发居民和其他居民间的矛盾 $X_{29}$ | | | | 0.822 |
| 带来了居民和游客的矛盾 $X_{30}$ | | | | 0.854 |
| **经济风险感知** | 3.775 | 13.980 | 20.42 | |
| 带来了土地和房屋价格上涨 $X_{21}$ | | | | 0.763 |
| 较大部分的收入流向小部分的当地能人/精英 $X_{22}$ | | | | 0.831 |
| 生活成本提高（如肉类、果蔬等价格上涨）$X_{23}$ | | | | 0.664 |
| 居民利益分配不均 $X_{24}$ | | | | 0.802 |
| 地区居民间的贫富差距拉大 $X_{25}$ | | | | 0.781 |
| **环境风险感知** | 2.211 | 8.189 | 11.96 | |
| 破坏了环境景观并危及野生动物 $X_{33}$ | | | | 0.726 |
| 旅游建设及运营过程中，对植被砍伐严重等 $X_{34}$ | | | | 0.748 |
| 游客有随意乱写乱画、破坏农作物等行为 $X_{35}$ | | | | 0.751 |
| 生活中空气污染、水污染、噪声污染等增加 $X_{32}$ | | | | 0.687 |
| **经济正向感知** | 2.180 | 8.076 | 11.79 | |
| 增加了居民的个人收入 $X_1$ | | | | 0.774 |
| 为居民提供了更多的就业机会 $X_2$ | | | | 0.779 |
| 提升了居民的家庭生活水平 $X_3$ | | | | 0.659 |

（3）因子得分

为了进一步分析居民对旅游扶贫对社会文化与设施正向感知、社会与心理负向感知、经济风险感知、环境风险感知、经济正向感知，需要进一步计算因子得分。由表8因子得分矩阵可以得到因子得分的表达式如下。

表8 因子得分矩阵

| 指标 | 因子 | | | | |
|---|---|---|---|---|---|
| | 1 | 2 | 3 | 4 | 5 |
| $X_1$ | −0.066 | −0.024 | −0.003 | 0.057 | 0.409 |
| $X_2$ | −0.072 | 0.018 | −0.016 | 0.009 | 0.423 |
| $X_3$ | −0.089 | 0.074 | −0.016 | −0.090 | 0.455 |

续表

| 指标 | 因子 | | | | |
|---|---|---|---|---|---|
| | 1 | 2 | 3 | 4 | 5 |
| $X_6$ | 0.129 | 0.103 | −0.046 | −0.123 | −0.071 |
| $X_7$ | 0.135 | 0.078 | 0.005 | −0.139 | −0.052 |
| $X_{10}$ | 0.134 | 0.054 | 0.016 | −0.119 | −0.050 |
| $X_{11}$ | 0.168 | −0.029 | 0.064 | −0.026 | −0.098 |
| $X_{13}$ | 0.127 | 0.003 | 0.047 | −0.057 | −0.004 |
| $X_{14}$ | 0.176 | −0.059 | 0.043 | 0.072 | −0.114 |
| $X_{16}$ | 0.118 | 0.008 | 0.002 | −0.028 | 0.001 |
| $X_{17}$ | 0.165 | −0.059 | 0.042 | 0.059 | −0.105 |
| $X_{18}$ | 0.160 | −0.115 | −0.006 | 0.221 | −0.107 |
| $X_{19}$ | 0.121 | −0.065 | −0.015 | 0.123 | −0.034 |
| $X_{21}$ | 0.003 | −0.109 | 0.252 | 0.018 | −0.009 |
| $X_{22}$ | 0.023 | −0.136 | 0.285 | 0.024 | −0.055 |
| $X_{23}$ | −0.003 | −0.065 | 0.210 | −0.005 | 0.000 |
| $X_{24}$ | 0.055 | 0.002 | 0.260 | −0.117 | −0.020 |
| $X_{25}$ | 0.024 | 0.033 | 0.244 | −0.153 | 0.019 |
| $X_{26}$ | 0.030 | 0.103 | 0.093 | −0.038 | −0.028 |
| $X_{27}$ | −0.010 | 0.211 | 0.060 | −0.196 | 0.117 |
| $X_{28}$ | 0.021 | 0.285 | −0.032 | −0.168 | −0.067 |
| $X_{29}$ | 0.011 | 0.254 | −0.034 | −0.106 | −0.063 |
| $X_{30}$ | −0.045 | 0.326 | −0.120 | −0.144 | 0.070 |
| $X_{32}$ | −0.042 | 0.173 | −0.118 | 0.116 | 0.096 |
| $X_{33}$ | 0.014 | −0.019 | −0.043 | 0.368 | −0.019 |
| $X_{34}$ | −0.010 | −0.048 | −0.027 | 0.394 | 0.006 |
| $X_{35}$ | −0.020 | −0.064 | −0.027 | 0.409 | 0.004 |

$$F1 = -0.066X_1 - 0.072X_2 - 0.089X_3 + 0.129X_6 + 0.135X_7 + 0.134X_{10} + 0.168X_{11} + 0.127X_{13} + 0.176X_{14} + 0.118X_{16} + 0.165X_{17} + 0.160X_{18} + 0.121X_{19} + 0.003X_{21} + 0.023X_{22} - 0.003X_{23} + 0.055X_{24} + 0.024X_{25} + 0.030X_{26} - 0.010X_{27} + 0.021X_{28} + 0.011X_{29} - 0.045X_{30} - 0.042X_{32} + 0.014X_{33} - 0.010X_{34} - 0.020X_{35}$$

由以上因子得分表达式可以计算得出 $F1$ 的因子得分，同理可得 $F2$、$F3$、$F4$、$F5$

的因子得分。这里将得分标准化为百分制,可以计算得出社会文化与设施正向感知 $F1$ 得分为 94.08 分;社会与心理负向感知 $F2$ 得分为 71.84 分;经济风险感知 $F3$ 得分为 55.70 分;环境风险感知 $F4$ 得分为 29.51 分;经济正向感知 $F5$ 得分为 52.52 分。

## 五、结果分析

### (一)获益感知

1. 居民对旅游发展带来的社会文化与设施影响正向感知最为显著

由表 4 可以看出,居民对旅游发展带来的社会文化与设施影响正向感知因子得分为 94.08,表明旅游发展给乡村旅游目的地居民在社会文化与设施方面影响较大。在社会文化影响方面,首先,推动了当地传统文化的保护与发展,促进少数民族非物质文化遗产传承与活化。丹寨万达小镇将 7 项国家级非物质文化遗产、21 项省级非物质文化遗产引入小镇,打造了以苗族传统特色建筑为基础,集"产、学、政、体、住、游"为一体的特色小镇。丹寨万达小镇为鸟笼小院、古法造纸、苗族蜡染、国春银饰、苗医等提供了游客体验地,为"非遗"的活化、保护与开发提供了最好的展示平台宣传渠道,极大提高了丹寨非遗文化及民族文化的知名度和影响力。其次,增进了目的地居民对传统文化的了解与认知,增强了文化自信和民族自信。文化自信是一个民族、一个国家以及一个政党对自身文化价值的充分肯定和积极践行,并对其文化的生命力持有的坚定信心。习近平总书记指出,"要坚持道路自信、理论自信、制度自信,最根本的还有一个文化自信"。丹寨县文化和旅游的融合发展,极大地增加了当地妇女的收入,使本地人感受到民族文化的魅力,也吸引更多的人加入非物质文化遗产保护与传承中。同时,社会学理论中文化涵化概念谈道:当具有不同文化的群体因相互接触而导致彼此在原有的文化模式上发生了意识行为和表现行为的演变,就产生了文化涵化。其中,借用是文化涵化的一种重要的形式和因素,但这种借用往往是不对等的,强势群体价值观和态度会更多地渗透到弱势群体中。居民与游客之间的交往互动,结果往往是游客的思想观念、行为举止渗透到贫困居民中[30]。随着旅游的发展,丹寨县与外界的人流、物流、资金流、信息流进行广泛的人与人、人与社会、人与自然的交往,打破贫困地区相对封闭和狭隘的生活状态,居民的世界观、人生观、价值观也逐渐发生改变。最后,旅游的发展提升了当地的文明水平。有居民表示,自从近几年强调旅游发展之后,"自己出门都要注意穿衣打扮,精神面貌都焕然一新了"。通过旅游发展,居民改变了生活环境、陈规陋习、生活方式和思想观念。

在设施设备方面,丹寨万达小镇的建设极大改善了当地医疗和交通等公共服务设施,增加了居民日常休闲娱乐设施,加强了停车场等基础设施的建设,促进居民人居环境的改善。第一,在发展全域旅游的背景下,旅游发展确确实实带动了当地交通条件的极大改善,在便捷通村道路、通畅连村道路、硬化村内街道等方面取得较大改善,说明老百姓对政府在旅游减贫推动交通建设的方面是非常认同的。第二,丹寨万达小镇成为居民日常休闲娱乐的重要选择。2017年7月3日,丹寨万达小镇旅游景区正式开业运营,配套建设星级温泉酒店、特色客栈、多厅电影院、儿童娱乐、超市、酒吧等业态,融商业、文化、休闲、旅游为一体的众多文化旅游功能,打造集"食、住、行、游、购、娱、教"为一体的精品旅游综合体。2018年1月,贵州省丹寨万达小镇景区达到国家4A级旅游景区标准和要求,正式获批为国家4A级旅游景区。丹寨县迎来了第一个国家4A级旅游景区,标志着全县的旅游业步入了高品质旅游时代。第三,在乡村旅游与美丽乡村建设等国家战略背景下,大力推进农村路水电讯项目建设,完成一批传统村落示范村项目建设,规范建成一批村活动室及村级综合文化服务中心,建成一批农村路灯、体育健身工程、公厕、步道、小广场等,农村基础设施和生产生活条件大幅改善。外来投资在保护传统村落的基础上发展乡村旅游,力求将文化传承、生态保护、经济发展、改善民生有机结合起来,推进传统村落的整体性保护。

2. 居民对旅游发展带来的经济正向感知相对显著

旅游发展提高了当地居民的收入,拓宽了当地居民的收入渠道。一方面,为农户启动生产活动提供物质资本。对于具有不同劳动能力人群,分类进行扶贫补助。调研资料显示,对于全劳动力人群,万达集团给予村寨基础设施修缮、按合作社产业发展务工需要等安排就业岗位,参与劳动每日补助80~100元,覆盖94000人,年人均增收550元;对于半劳动力人群,安排村寨保洁员、护路员等稳定就业岗位4000余个,吸纳10121余人次稳定就业,年人均增收1520元;对于无劳动人群发放生活补助进行兜底救助。另一方面,丹寨万达小镇带动了周边乡村旅游的发展,增加了居民就业机会。丹寨万达小镇的建成,吸引了全国乃至全世界游客,提高了贵州丹寨的知名度。同时,带动了周边民族传统村寨发展乡村旅游,如鸟笼之乡卡拉村和芦笙之乡排牙村等。农户开办农家乐,使其从单一的农业生产转向农旅兼营,增加了农户收入来源和多样化的生计方式选择。然而,在政府征地过程中,居民认为补偿款项未达到心理预期,而对现有经济收入不满意。同时,与外来有经验的经营者在本地能够获得更多经济报酬相比,部分居民会产生不平衡心理。

### (二)风险感知

1. 居民对旅游发展带来的社会与情感负向感知十分显著

在社会文化方面,居民认为地方安全隐患增加会显著影响其心理感知。安全性的主观评价就是分析居民对城市或居住区及周边防御和处理各种灾害、意外伤害和治安状况的满意程度。随着旅游目的地的发展,来自国内外的游客逐渐增多,这加大了不确定因素发生的概率,如盗窃、抢劫等事件的发生,就增加了居民的不安全感。居民安全性感知较为显著也进一步说明,首先安全是要对居民进行教育,其次安全是一种应对紧急事件的能力。对于丹寨县这样一个典型的特色旅游小镇,各种紧急事件的应对处理能力和居民防灾安全常识的掌握是非常重要的。同时,文化遗产的过度利用也引起了居民的重点关注,影响感知也非常显著。少数民族文化遗产的保护与利用问题,已成为关系到民族地区社会经济发展的一项重要议题。尤其是在以民族文化旅游为地方性支柱性产业的民族地区，民族文化遗产的过度利用已成为学术界与政府重点关注的议题。丹寨万达小镇的建设，为传播本土文化提供了重要平台。然而，由于购物商铺数量与日俱增，旅游商品同质化现象日趋显现。且外地经商人口不断增多，而本地居民参与性较差。超容量接待游客，使游客的旅游体验降低。作为旅游目的地的居民，已经感受到过度商业化为本地经济和社会带来的潜在影响，这也警示丹寨县政府和旅游投资商要重视和处理好文化保护与旅游开发的关系。

研究结果显示，居民对旅游发展带来的情感风险感知十分显著。在旅游发展过程中，居民要付出时间和精力为游客提供旅游服务，不可避免地会减少对家庭成员关心和照料的时间，而引起居民与家庭成员之间的矛盾。然而，在调研过程中，居民表示，当地旅游正处于初级发展阶段，经济回报是家庭优先考虑的要点，当地居民与家庭成员间的矛盾并不突出。在居民与其他本地人相处、与游客相处的过程中，偶尔会发生一些误会和冲突，导致民风淳朴的居民对旅游发展初期阶段产生排斥心理。

2. 居民对旅游发展带来的经济风险感知较为显著

数据显示，居民对旅游发展带来的经济风险感知较为显著。具体而言，旅游的发展带来经济的发展，且游客穷家富路行为可能为当地居民带来不良的示范效应，物价的上涨引起居民的不满意。同时，在农村经济合作组织中，精英农户（种植大户）得益远多于普通农户（小农），小农被边缘化，即专业性合作过程中出现了普遍的"精英俘获"。"精英俘获"是发展社会学中的一个概念，意指在发展中国家的发展项目或反贫困项目实施过程中，地方精英凭借其自身具有的参与经济发展、社会改造和政治实践的机会优势，支配和破坏社区发展计划和社区治理，扭曲和绑架了发展项目的实施目标进而影响了社区发展项目的实施和效果。在精英俘获背景下，居民间的贫富差距越来越大，居民认为旅游发展带来的经济风险较大。

3. 居民对旅游发展带来的环境风险感知不显著

研究数据表明，居民对旅游发展带来的环境风险感知不显著。在建设生态文明、倡导绿色发展的今天，建设生态文明是关乎民族未来的大计，良好的生态环境是最普惠的民生福祉。与传统观点认为的旅游发展会对当地环境造成破坏、损耗当地资源不同，旅游扶贫的重点在于"扶贫"，旅游发展退居次位。有研究表明，旅游发展对当地环境保护效果一般，甚至对当地生态环境造成了破坏。然而，旅游发展的生态环境效应不能一概而论，这与地区旅游发展阶段密切相关。在地区旅游发展初级阶段，生态系统具有一定的自我维持和自我调节能力，游客活动保持在此地区环境承载力极限之内。随着旅游的发展，游客不断增多，区域人口与经济规模超出了该地区的环境承载力，使生态系统无法自我调节，将会导致当地生态环境的恶化和资源的枯竭，严重时会引起经济社会不可持续发展。丹寨县旅游发展目前尚处于初级阶段，游客数量和游客活动未达到饱和，旅游的发展对当地生态环境的破坏作用尚未显现。

## 六、结论与对策建议

### （一）研究结论

在国家提出乡村旅游、全域旅游、旅游扶贫的背景下，旅游业已经成为众多贫困而旅游资源富集地区减贫的重要工具，旅游减贫开发实践在全国多地如火如荼地开展着，迫切需要理论指导。本文以贵州省丹寨县万达小镇为案例，使用SPSS22.0软件和因子分析方法进行定量分析，探讨了乡村旅游目的地居民对旅游的真实感知。研究结果表明：影响旅游目的地居民感知的因素主要有社会文化与设施正向感知、社会与心理负向感知、经济风险感知、环境风险感知和经济正向感知。通过因子分析发现，居民对旅游发展带来的社会文化与设施影响正向感知最为显著；居民对旅游发展带来的社会与情感负向感知十分显著；居民对旅游发展带来的经济正向感知相对显著；居民对旅游发展带来的经济风险感知较为显著；居民对旅游发展带来的环境风险感知不显著。这不仅表明，在我们对旅游发展的分析中，必须将社会文化和解放居民的思想作为关键的评价内容。同时也揭示了旅游发展对促进居民与外界文化交流的重要性。让贫困人口意识到自己可以依靠自己的双手获得合法报酬，真正让贫困群众有参与感、成就感、尊严感，并在脱贫致富中不断增强幸福感和自尊自强的意识。这对于贫困群众、贫困家庭、贫困地区的长远发展具有深远意义。

### （二）对策建议

1. 政府做好顶层设计

政府顶层设计主要表现在以下三方面。第一，旅游发展过程中注重游客对当地居民的影响，规范旅游市场秩序。对旅游市场中存在的"不合理低价游""欺骗诱导购物"等问题进行整治，切实维护旅游经营者和消费者的合法权益，增强企业、当地居民和旅游者的旅游心理安全。第二，保护和传承当地优秀的非物质文化遗产，增强文化自信。非物质文化遗产是社会历史发展过程中特定群体的智慧结晶，一旦遭到破坏就不可再生。但现有法律涵盖不广，在对非物质文化遗产的利用，尤其是旅游开发旅游等方面缺乏相应的法律依据，这些问题成为非物质文化遗产旅游开发的瓶颈。此外，政府应加大"非遗"项目的资金支持，设立"非遗"项目保护、传承及发展专项扶持基金，解决传承人的后顾之忧。第三，在旅游发展过程中要加强政策扶持，注重人才培养。制订完整的旅游从业人员培训计划，并逐步在全县范围内实施旅游经营户培训计划。重点加强农业乡村旅游管理人才与经营管理人员的培养，加强对其在经营理念、管理模式、市场竞争意识方面的培训。同时，制定农民就业指导办法，扩大当地居民在旅游食宿接待、旅游土特产品店铺经营等多方面的就业份额，提高居民参与旅游业发展的机会。鼓励农村居民参加旅游职业技能考核鉴定，对取得相关职业技能证书的居民给予奖励。

2.企业发挥市场效应

企业应深入挖掘本土文化内涵，打造具有地方特色的文化旅游品牌，增强当地旅游发展的核心竞争力。应加快产业融合，打造"旅游+"多产融合的旅游减贫新格局。农旅融合方面，引导企业集中连片开发现代观光农业及各种农业休闲观光项目，打造集果树认领、栽种、采摘、体验、度假于一体的旅游体验链。并通过建设农业科技教育基地、观光休闲教育、少儿教育农业基地、农业博览园等，为农业科技成果的展示和产业孵化提供平台。工旅融合方面，在传统农副产品加工的基础上，发展旅游新业态，将农副产品加工、手工艺品加工同旅游业紧密结合起来。文旅融合方面，需要立足本土文化的保护与传承，使游客更加深入地了解区域的生态环境、人文地理、土特产品、民风民俗等多重价值。交旅融合方面，构建旅游交通网络格局，可以在一定程度上突破"核心—边缘"发展模式，激活乡村现有资源，还可以通过"后备厢工程"等部分地解决农产品物流问题，从而让旅游活动成为激活乡村全域化发展的重要力量。

3.居民深度参与旅游

构建"政府引导、企业主导、农户参与"的旅游开发模式，积极引导居民参与其中。通过建立科学合理的分配机制，使当地居民真正成为旅游发展的主人，避免该地成为"旅游飞地"。乡村旅游开发，将乡土文化和民俗风情作为一种旅游资源进行有效利用，开发成可供游客游览、体验、学习和购买的旅游产品，是本土文化在现代社会中以一种新的方式进行生存和发展的模式。旅游目的地居民可抓住机会，进行创新开发，将传统文化搬上舞台，向游客展示。当地居民既是乡土文化的传承者，又可以通过经营旅游业获得收入，增强生活的信心和幸福感。

## 参考文献

［1］吕龙，黄震方，陈晓艳.文化记忆视角下乡村旅游地的文化研究进展及框架构建［J］.人文地理，2018，33（2）：35-42.

［2］徐虹，王彩彩.包容性发展视域下乡村旅游脱贫致富机制研究——陕西省袁家村的案例启示［J］.经济问题探索，2019（6）：59-70.

［3］陆林，任以胜，朱道才，等.乡村旅游引导乡村振兴的研究框架与展望［J］.地理研究，2019，38（1）：102–118.

［4］马思伟.文化和旅游部、国家发展改革委员会联合推出300条乡村旅游学习体验线路［EB/OL］.https://www.mct.gov.cn/whzx/whyw/202105/t20210508_924338.htm，2021-05-08.

［5］范香花，程励.共享视角下乡村旅游社区居民旅游支持度的复杂性——基于fsQCA方法的分析［J］.旅游学刊，2020，35（4）：36-50.

［6］周玲强.中国旅游发展笔谈——乡村旅游助推乡村振兴［J］.旅游学刊，2018，33（7）：1.

［7］Goldstein E B. Cognitive Psychology（the 3rd Edition）［M］. Beijing：China Light

Industry Press, 2015: 2-12.

[8] Nilson T H. Value-added marketing: Marketing management for superior results [M]. Berkshire, UK: McGraw-Hill, 1992.

[9] Zeithaml V A, Berry L L, Parasuraman A. The behavioral consequences of service quality [J]. *Journal of Marketing*, 1996, 60 (2): 21-26.

[10] Petrick J F. Development of a multi-dimensional scale for measuring the perceived value of a service [J]. *Journal of Leisure Research*, 2002, 34 (2): 119-134.

[11] Sánchez J, Callarisa L, Rodriguez R M, et al. Perceived value of the purchase of a tourism product [J]. *Tourism Management*, 2006, 27 (3): 394-409.

[12] Lee C K, Yoon Y S, Lee S K. Investigating the relationships among perceived value, satisfaction and recommendations: The case of Korean DMZ [J]. *Tourism Management*, 2007, 28 (1): 204-214.

[13] 黄颖华, 黄福才. 旅游者感知价值模型、测度与实证研究 [J]. 旅游学刊, 2007, 22 (8): 42-47.

[14] 王朝辉, 陆林, 夏巧云, 等. 重大事件游客感知价值维度模型及实证研究——以2010上海世博会国内游客为例 [J]. 旅游学刊, 2011, 26 (5): 90-96.

[15] 王莉, 张宏梅, 陆林, 等. 湿地公园游客感知价值研究——以西溪/溱湖为例 [J]. 旅游学刊, 2014, 29 (6): 87-96.

[16] 张宏梅, 陆林, 章锦河. 感知距离对旅游目的地之形象影响的分析——以五大旅游客源城市游客对苏州周庄旅游形象的感知为例 [J]. 人文地理, 2006, 21 (5): 25-30, 83.

[17] 张春晖, 白凯. 乡村旅游地品牌个性与游客忠诚: 以场所依赖为中介变量 [J]. 旅游学刊, 2011, 26 (2): 49-57.

[18] 蔡彩云, 骆培聪, 唐承财, 等. 基于IPA法的民居类世界遗产地游客满意度评价——以福建永定土楼为例 [J]. 资源科学, 2011, 33 (7): 1374-1381.

[19] 陶玉国, 赵会勇, 李永乐. 基于结构方程模型的城市旅游形象影响因素测评 [J]. 人文地理, 2010, 25 (6): 125-130.

[20] 钱亚林, 李东和, 刘燕桃, 等. 低碳旅游景区的游客满意度研究——基于灰色关联分析 [J]. 资源开发与市场, 2013, 29 (11): 1189-1191, 1181.

[21] 廉同辉, 余菜花, 包先建, 等. 基于模糊综合评价的主题公园游客满意度研究——以芜湖方特欢乐世界为例 [J]. 资源科学, 2012, 34 (5): 973-980.

[22] 符全胜. 旅游目的地游客满意理论研究综述 [J]. 地理与地理信息科学, 2005, 21 (5): 90-94.

[23] 徐小波, 赵磊, 刘滨谊, 等. 中国旅游城市形象感知特征与分异 [J]. 地理研究, 2015, 34 (7): 1367-1379.

[24] Boo S, Busser J, Baloglu S. A model of customer-based brand equity and its application to multiple destinations [J]. *Tourism Management*, 2009, 30 (2): 219-231.

[25] 徐美,刘春腊,陈建设,等.旅游意象图:基于游客感知的旅游景区规划新设想[J].旅游学刊,2012,27(4):21-27.

[26] 丁蕾.水体旅游可持续发展评价研究——基于"主客"感知的实证与应用[M].南京:东南大学出版社,2014:29.

[27] Lindberg K, Johnson, R L. Modeling resident attitudes toward tourism[J]. *Annals of Tourism Research*, 1997, 24(2): 402-424.

[28] Nunkoo R, & Ramkissoon H. Residents' satisfaction with community attribute sand support for tourism[J]. *Journal of Hospitality and Tourism Research*, 2011, 35(2): 171-190.

[29] Cooper C, Fletcher J.旅游学原理与实践[M].北京:高等教育出版社,2004.

[30] 张妍,刘建国,徐虹.贫困地区居民对旅游扶贫满意度评价实证研究[J].经济地理,2021,41(5):223-231.

# 乡村旅游目的地主客共创与协同治理研究

郭连文

## 一、引言

2021年2月25日，习近平总书记在全国脱贫攻坚总结表彰大会上发表重要讲话，庄严宣告，我国脱贫攻坚战取得了全面胜利，区域性整体贫困得到解决，完成了消除绝对贫困的艰巨任务。站在世界百年未有之大变局宏观视角，在脱贫攻坚取得决定性胜利后，如何巩固脱贫攻坚成果、推动农村迈向更高质量发展，成为后脱贫时代"三农"问题的重要关切。对此，党中央、国务院先后召开会议，提出我国乡村发展的重大战略方向，并出台了一系列重要政策予以保障落实。

2020年3月，习近平总书记在《决战决胜脱贫攻坚座谈会上的讲话》首次指出，要"接续推进全面脱贫与乡村振兴有效衔接"；2020年12月，习近平总书记在中央农村工作会议上指出"脱贫攻坚取得胜利后，要全面推进乡村振兴，这是'三农'工作重心的历史性转移；要坚决守住脱贫攻坚成果，做好巩固拓展脱贫攻坚成果同乡村振兴有效衔接"。2021年3月，十三届全国人大四次会议审议通过《中华人民共和国国民经济和社会发展第十四个五年规划和2035年远景目标纲要》，作为未来一个时期我国开启全面建设社会主义现代化国家新征程的宏伟蓝图，明确提出要"坚持农业农村优先发展，全面推进乡村振兴"，把实施乡村建设行动摆在现代化建设的突出位置，不断加强和改善乡村生产深厚生态空间，建设美丽宜居乡村，并把休闲农业、乡村旅游、民宿经济等特色产业作为未来乡村经济的重要业态抓好抓实。

党中央、国务院的一系列重要政策，将实施乡村振兴战略作为我国乡村未来发展的重大方向，以实现产业兴旺、生态宜居、乡风文明、治理有效、生活富裕"五位一体"总目标为核心导向，从而在补齐"三农"领域突出短板，农村基础设施建设、农村人居环境、农村产业发展、农民生活水平明显改善的基础上，以全方位、宽领域、多层次的乡村建设行动推动乡村向高质量发展迈进，描绘出我国乡村发展的战略目标与实现路径，为乡村发展提供了重要指导与遵循。对乡村旅游目的地而言也是如此，乡村旅游作为乡村产业发展的抓手，是实现乡村产业兴旺目标的重要业态，在促进传统乡村变革与发展、缩小城乡差距等方面被寄予了充分期冀[1]，以乡村旅游作为核心产业的乡村目的地，应当坚定实施乡村振兴战略，以实现经济效益、社会效益、生态效益、文化效益等多元效益为目标，加强乡村旅游目的地建设，推动乡村旅游目的地向高水平发展。

同时，当前我国乡村发展仍存在一定短板，较实现高质量乡村建设目标仍有一定差距。"三农"问题仍然存在突出问题和现实困境：乡村贫富差距进一步拉大，产业发展与乡村资源匹配性不足，乡村现有产业缺乏韧性；农民的社会资本缺乏，自身发展能力和发展意识缺失，综合素质不足，难以形成支撑乡村长久发展的创新与活力；城乡之间的差距依旧客观存在，城市人才、资本等各类资源向乡村流动显著不足。特别是在政府推动乡村发展的宏观格局下，乡村社会普遍呈现出"强政府、弱社会"或"强政府、弱农民"的形态。自全面取消征收农业税以来，为了保证乡村经济社会快速发展，带着外部资源的国家力量进入乡村，在乡村快速进行权力扩张，深刻地改变了"乡政村治"的乡村治理格局[2]，以项目制和财政转移支付为标志的乡镇体制改革，深切地改变了乡村的治理逻辑和过程，使得乡村基层行政力量进一步强化，缺少有效监督、管理制度不健全等问题也滋生出村干部腐败、权钱交易等问题。同时乡村自治力量缺乏成长空间，未能与乡村经济发展同步迈进。产业弱势、人才短缺、农民贫困、治理不力等难题，制约着"三农"问题的解决，也呼唤更加有效的乡村发展模式。

对乡村旅游目的地而言，伴随着旅游发展，乡村产业、生态环境、利益冲突等困境凸显。当前我国多数乡村旅游目的地产业形态简单，产品类型单一，同质化现象严重，缺乏产业融合发展和产业链整合，缺少对本土特色、乡土文化的提炼。过度的旅游发展又对乡村原有农业、手工业造成冲击，导致非旅游产业的式微。同时，乡村旅游社区参与不足，社区居民参与旅游的通道不畅，旅游发展获益不明显；旅游社区治理行政化明显，居民旅游决策话语权缺失，只能参与低端的产品生产与景区劳作；政府与外来资本成为开发与受益的主导力量，极大挤压了乡村社区原有利益。旅游发展客观上形成了市场思维、城市文化向乡村快速输入的通道，使乡村格局由封闭转向开放[3]，农村基层组织行政负担过重[4]、村民参与治理能力弱、公共服务供给失衡、权力缺乏有效监管[5]等问题，给乡村旅游可持续发展带来严峻挑战[6]，增加了乡村旅游社区的脆弱性和风险性，制约着后脱贫时代乡村旅游效益的有效提升。

因此，乡村旅游目的地呼吁新的发展模式引领，期待塑造新的参与格局。乡村旅游目的地要实现高质量发展，推动乡村振兴战略有效实施，就离不开对乡村旅游目的地公平性、持续性、共同性原则的关注，就需要认识到乡村作为一定地域范围内由若干相互联系、相互作用的人、土地、资金、制度等因素组成的综合体，其发展模式的构建应当从系统论、整体论的观点出发，逐步转变乡村发展既有单维度、"补短板"思维，向特色引领、协同发展、多元主体互动转型，形成系统性发展机制。换言之，乡村旅游目的地既要关注乡村在地产业发展和社会稳定，保障旅游发展中乡村社区居民的生计，提升居民在产业发展和社区决策中的参与度，又要基于整体性思维，考虑到包含游客在内的广大利益主体对乡村旅游目的地的效用与价值，从而调动各主体在乡村旅游目的地的积极作为，构建起多元主体有序参与、主客共创、协同治理的乡村旅游目的地发展模式。

## 二、乡村旅游目的地主客共创与协同治理概述

### (一) 乡村旅游目的地主客共创

#### 1. 价值共创与主客互动的内涵与特征

经济社会发展趋向复杂化,催生了众多商业模式,也使得社会对物体价值的认知形成更迭,从早期安土重迁时期高度重视物体的交换价值,到商业社会对物体使用价值的追崇,对价值内涵认知观念的变迁也相应地催生了许多实践行动和理论概念。价值共创即为其中的重要部分,对物体使用价值的突出强调,使得价值创造不再局限于单一的生产端,不再只是生产者劳动的结晶,而且也是物品的使用者创造价值的过程。因此,价值共创可以被理解为顾客和企业共同创造价值的过程,特别是对服务业生产企业而言,所有服务的成功交付都离不开顾客和一线服务人员的共同努力。随着服务业发展程度进一步加深,更为复杂的商业模式和交换行为对既有理论提出挑战,对价值共创的认知也愈发深入,消费者和服务提供者整合资源、直接互动的属性被重点关注。可以说,在服务情境下,价值共创不只是一个简单的行为,而更为贴切的认识是:价值共创作为一个生态系统,各主体能够相对广泛而自由地参与其中,并且受到一定规则的约束。

具体而言,价值共创主要包括以下若干特征:第一,价值共创强调参与主体的资源禀赋,要求参与者能够为价值系统提供资源,从而提升价值协同整体总量;第二,价值共创相较于传统的单向度交易模式,更加强调消费者和生产者之间的互动关系,正是在服务产品交付过程中的互动,使得服务的价值得以传递,这种互动具有同时性、对话性和交错性;第三,价值共创的参与主体由最初的顾客和企业二元关系,发展为多元主体交互关系,伴随着主体的增多,价值共创体系也越来越趋于开放;第四,价值共创被认为是一个系统,具备系统论所描述的开放性、复杂性、动态网络性,在价值共创这一生态体系中,主体间具有松散耦合的动态结构;第五,价值共创体现出多层次的动态构成,不论是顾客层面、企业层面或者是社会层面,价值共创系统都在互动环境的不断变化和价值共创过程中调整参与者的共创行为[7]。

旅游活动的异地性是其区别于其他活动的重要特征,相较于日常的商品消费,旅游活动以作为主体的旅游者进入旅游目的地为前提,促使游客与东道主两个群体相遇,因而在旅游活动中必然发生旅游者等外来群体与旅游目的地原住民的互动。自20世纪70年代以来,旅游活动中的主客互动关系就被视为具有极高研究价值的话题,开展了一系列深入的研究。特别是瓦伦·史密斯在其《东道主与游客:旅游人类学》一书中,深刻阐述了旅游者与东道主的互动关系及其对旅游目的地旅游发展和社会的影响,确立了主客互动作为旅游人类学研究的中心地位[8]。此后,国内外学者针对旅游活动中的主客互动关系类型、结构以及主客互动对旅游者、东道主和目的地的多重影响进行了研究,形成了具有较高指导价值的理论成果。在乡村旅游领域,主客互动更被视为影响旅游目的地可持续发展的关键要素。乡村旅游作为跨地区、跨空间的社会交往活动,其中存在着广泛的主客互动，这种互动因乡村旅游的在地性而不可避免[9]。主客互动的关系强度和质量不仅影响游客在乡村旅游中的体验，而且会对乡村旅游目的地的可持续发展产生重要冲击。随着外来游客进入乡村，其带来的异质文化将影响乡村原有居民的思想和行为，造成乡村原有文化结构的解构。学者基于对乡村旅游目的地的案例研究，指出随着旅游的发展，本土村民与游客之间的利益矛盾、文化冲突逐渐滋长，对乡村旅游目的地的可持续发展构成了挑战[10]。

2. 乡村旅游目的地中的主客互动与价值共创

乡村旅游目的地既是游客休闲消费的空间，更是居民实现发展与推动乡村振兴的重要载体与依托。乡村旅游目的地中主客共创是价值共创理论在新情境中的应用与深化，是从宏观的服务主导逻辑向旅游领域的落实和延伸。因此，乡村旅游目的地主客共创是价值共创理论的具体化与特殊化，是在乡村旅游这一创造价值和交换价值的活动中，促使游客投入可操作性资源，并与旅游服务提供者共同创造服务的使用价值的过程[11]。

乡村旅游的发展需要满足"主"与"客"两个维度的利益和价值。一方面，在乡村旅游活动中游客要获得丰富的旅游体验、形成多元的旅游价值，构建起一段美好的旅游记忆；另一方面，乡村旅游发展应当实现助推目的地经济发展、文化繁荣、社会和谐和睦、基础设施改善、村民生活水平提升等诸多整体性目标，促进乡村旅游目的地的全面可持续发展。由于乡村旅游的在地性和旅游服务的同步性，游客与目的地双重利益的取得，离不开游客与乡村旅游目的地村民的共同努力，只有双方共同交换资源、付出时间成本，在资源整合和价值共享中实现效益最大化。

在这一主客价值共创过程中，游客转换了身份，成为旅游服务的生产者和提供者。乡村旅游目的地村民也成了游客旅游景观的一部分，为提升游客整体旅游体验，特别是为乡村综合文化的感知提供了良好的保障。在乡村旅游主客价值共创中，首先要实现的目标是将游客纳入旅游服务价值创造过程之中，以特色的旅游产品、旅游服务和旅游环境激发游客参与服务生产和提供的积极性。在这一过程中，游客不仅会受企业引导参与价值共创，而且会在独特的乡村旅游情境下形成自发的价值创造行为，依据服务主导逻辑，服务过程中顾客价值共创主要包括顾客参与行为和顾客公民行为两种[12]，因此可以将游客在乡村旅游中的价值共创行为划分为企业引导型和游客自发型两种类型。同时，依据价值创造的方式不同，还可将游客的价值创造行为划分为心理共创、身体共创和情感共创三个维度，分别指向游客在乡村旅游活动中的认知过程、身体活动和情感过程。其中，游客在乡村旅游中通过观察学习行为，不断获取信息、学习知识，从而构成自身独特的记忆，因此观察学习视角下游客在乡村旅游活动中的心理参与值得高度重视。而在服务主导逻辑下，游客在乡村旅游过程中参与价值共创，是一个从投入可操控资源，到形成价值主张，进而产生价值结果的过程，在这一作用机制中游客的情感参与发挥着重要的部分中介作用。随着游客在乡村旅游价值共创中参与程度的加深，其对乡村旅游目的地的了解更加全面，对乡村旅游目的地的归属感和认同感相应增强，形成对乡村旅游目的地的地方依恋和地方认同。

### (二)乡村旅游目的地协同治理

#### 1. 乡村治理内涵与有效治理路径

治理理论被引入旅游研究,并逐渐成为旅游研究的重要议题,是旅游经济发展、旅游行业变革的新要求,从"管理"到"治理"的变化将参与主体、参与程度和权力分配都进行了革新。正如全球治理委员会所界定,"治理是各种公共机构或个人管理其共同事物的诸多方式的总和,它使相互冲突的或不同的利益得以调和,具备多元主体参与等区别于传统管理形态的特征"[13]。从一个综合性、统一性的角度来看,治理特定范围内各类权力部门、公共部门以及社会组织的多向度相互影响,是公共事务相关主体对于国家和社会事务的平等参与,是各类主体围绕国家和社会事务的协商互动[14]。

20世纪90年代末期,"治理"与"乡村"在我国的首次叠加使用,应社会实践需要,乡村治理成为一个长期热门话题,受到学术界的广泛研究和关注,体现出改革开放以来我国乡村本土社会发展对新兴思想理念的强烈诉求。但由于乡村社会的复杂性,对乡村的认识难以形成一个统一且涵盖所有重要方面的概念系统,造成了在乡村研究方面一定程度上难以形成共识和统一,乡村治理也是如此。由于乡村治理涉及方面、利益相关纷繁复杂,我国幅员辽阔,乡村类型多样,发展模式不一,因此当前学界虽然形成了诸多研究,但对乡村治理内涵的认识和梳理始终未能形成明确的说法。"配置村庄公共权力的政治活动""对村庄公共事务的组织、管理与调控"[15]等定义均在一个或几个方面对乡村治理的内涵予以呈现。但可以明确的是,相较于传统的管理理念,乡村治理概念在治理主体、治理方式等方面形成了显著差异,在实现乡村发展和维护乡村秩序的努力方面有了长足进展。具体而言,乡村治理的在主体方面呈现多元化趋势,特别是农民的治理主体地位得到广泛重视,乡贤、外来创客,以及旅游者等均能够成为乡村治理主体参与乡村公共事物的协商和处理,而非过去管理视域下乡村正式行政力量所实施的单向管理;治理手段也从单一走向多元,强调"协商治理""共同治理"的作用。

而关于乡村治理的方式与路径,学界亦开展了深入讨论。诸多研究表明,新时代乡村有效治理的理想图景是构建自治、法治、德治"三治融合"的治理体系,营造多元主体共治共建共享的治理格局[16]。随着我国市场化程度的不断加深,乡村经济属性和市场属性不断增强,会越发凸显出乡村发展的本质在于政治权威和市场机制共同协作动员和整合乡村资源,因而乡村有效治理的实现路径在于发挥好政府和社会多利益主体各自的作用,以协同治理实现善治。乡村治理现代化与有效治理目标的实现应当以多元利益主体作用有序发挥为前提,这无疑是乡村治理应该重视和关注的切实问题。

#### 2. 乡村旅游目的地协同治理内涵与成因

随着旅游业综合属性不断得到认知,治理亦逐渐成为旅游研究领域的重要范畴,既有旅游研究对治理的关注主要立足于旅游目的地视域下,作为一个中观概念,对旅游目的地治理的探讨集中于地方政府的行政管理、社会自组织治理力量的兴起,以及政府与社会力量在旅游目的地治理中的互动等方面,体现出对目的地治理的关注呈现出明显转变,从单一的政府对目的地行政管理转向目的地组织与个体共同参与旅游规划和政策制定，表明了我国旅游产业综合治理理念的革新，以及治理能力的不断提升。随着乡村旅游产业的快速发展，旅游治理与乡村治理有了得以重合的现实载体，乡村在发展旅游的语境下，为解决矛盾、实现发展而采取一系列以自我管理为主的活动，构成旅游目的地乡村治理[17]。由于旅游具有的经济、文化属性，日常渗透性、高度产业关联性，以及多元主体在地介入等特征，乡村旅游目的地治理与一般乡村治理具有一定的差异，因此需要对乡村旅游目的地治理进行专门的理论认知和考察，以应对乡村旅游目的地更为密切和复杂的相关主体间利益纠葛，促进利益相关者的协同合作。

基于乡村旅游目的地区别于其他乡村特性开展的治理研究，主要围绕解决乡村旅游目的地内生性问题和实现乡村旅游目的地的有效治理展开。对乡村旅游目的地治理的关注源于乡村旅游目的地中多元利益主体在乡村旅游产业发展和演进中的关系互动和冲突，即因利益目标多样化而导致的乡村旅游目的地经济、社会和文化等多方面呈现出的复杂问题，如目的地内部居民之间的贫富分化、外来资本与目的地本土民众之间的冲突等，都要求和呼唤能够维持乡村旅游目的地秩序、保障经济社会正常运行的良善治理模式，期待乡村旅游目的地能够以协同治理促进多方利益主体关系维系，实现乡村资源整合和旅游产业发展。

旅游发展带来的冲突与困境往往最易被感知到，民族村寨旅游扶贫中的冲突问题、过度旅游化对乡村资源和生态的威胁、旅游产业化造成的乡村经济脆弱[18]，既是以往乡村旅游目的地治理困境的总结，也是新兴乡村旅游目的地发展中伴随的突出问题。而随着乡村旅游发展带来秩序破坏和不平衡问题呼唤有效的旅游地乡村治理，乡村内外部多元精英参与治理、社区精英带动等成为现实的解决方案[19]，诸多学者在总结实践经验的基础上，形成了关于乡村旅游目的地治理主体变更方向与路径的认识。同时，在多元主体参与乡村治理的情境下，只有促进利益主体在旅游发展中明晰各自职能，以多元关系良好互动实现共同决策、增进集体福利、创造更具包容性的目的地文化，才能够使得各方利益得以整合，形成关于乡村旅游目的地发展和建设的集体化决策方案，只有达成共识才能促进乡村旅游目的地一系列问题的长效解决。特别是针对当前发展中乡村旅游目的地存在的村民参与不足、决策民主化程度不高等问题，要切实保障村民参与旅游规划、社会资本创造公共事务监管等主体权利，以制度和程序实现乡村发展走在正确路径上。乡村旅游目的地有效治理的核心，就是培育内生治理主体，激活乡村自治能力，从而实现内生性发展[20]。

### （三）研究评述

主客关系是旅游活动中最重要、最特殊的关系，是揭示旅游活动中游客与东道主之间心理、行为、情感互动的关键。在乡村旅游目的地，外来旅游者与目的地本土村民之间的主客互动关系也是影响目的地可持续发展的关键。由于在乡村旅游目的地，外来游客具有更多的可操控性资源，因此将其纳入乡村旅游发展的全过程具有非常重要的意义。相较于传统的服务提供模式，乡村旅游中主客价值共创强调在顾客中心理念指引下，通过有意识地产品开发和环境营造，将顾客纳入乡村旅游产品开发和生产的全过程，以顾客的体验为导向进行产品设计，依据顾客需求进行产品开发，从而实现乡村旅游目的地与顾客共同价值创造的过程。乡村旅游目的地主客价值共创这一理想模式的实现，有赖于目的地乡村一定资源和制度的保障。一方面，乡村旅游目的地要具备一定的物质基础，特别是能够支撑顾客参与服务的土地、人员、资金等基础性资源，从而确保能够吸引顾客参与乡村旅游产品的研发与生产。另一方面，乡村旅游目的地需要具备顾客中心理念，形成顾客导向的乡村旅游经营模式，能够具备调动本土村民和广大旅游经营者的能力，从而将新的商业模式和服务生产逻辑有效贯彻于乡村旅游目的地。因此，乡村旅游目的地主客价值共创的实现，有赖于具有较好乡村旅游产业基础的目的地，通过有效的治理手段予以落实和保障。在主客互动视角下，乡村旅游目的地主客价值共创与协同治理是具有必然联系的两个方面，是由传统主客关系向顾客中心理念转变过程中，乡村旅游目的地在旅游服务生产和目的地秩序维系方面所需要共同实现的目标。

当前乡村旅游目的地治理和乡村旅游者价值共创均已成为重要的研究话题，得到学者的广泛关注，形成了一系列重要的研究成果。但旅游作为跨地区、跨文化的社会交往活动，游客与东道主、目的地的互动是伴随着旅游活动始终的互动过程，对主客双方利益和目的地发展都具有重要影响。站在主客关系视角下，乡村旅游目的地发展需要将外来游客更深度地纳入目的地之中，不仅使其参与乡村旅游活动的开发和生产，而且使其参与乡村旅游目的地的建设，为目的地发展带来宝贵的资源和智力支持。而随着外来游客在乡村参与程度逐渐加深，必然会对乡村原有的社会结构和文化结构带来冲击，造成外来游客与乡村本土居民之间的冲突，形成外来文化和乡村固有生产生活方式的矛盾。这无疑需要对作为乡村旅游目的地重要参与主体的游客和本土居民间利益予以协调，既要保障外来游客在乡村中的旅游体验，尊重其在乡村创造的价值和投入的资源，同时也要防止对本土村民的掠夺和压制，切实保障乡村旅游目的地经营者和农民的利益。而这些目标的实现，都离不开乡村旅游目的地协同治理的保障。因此，作为乡村旅游目的地发展重要内容的主客价值共创和协同治理，需要将二者联结起来进行共同考察和研究，从而明确乡村旅游目的地各主体间利益保障与关系协调方式，为进一步创新乡村旅游发展模式，为解决乡村旅游目的地普遍面临的产品同质化、低端化、吸引力不足、重复建设严重等问题提供现实方案，使乡村旅游目的地不至于随着旅游发展程度的加深和旅游商业模式的变革而走向动荡和分裂。

## 三、乡村旅游地主客共创与协同治理现状及其评价

乡村多元利益主体职能的分配是一个复杂的过程，需要因地制宜探索适当的治理结构和治理机制，以实现治理效用最大化。对这一复杂过程的理论化探索往往来源于实践经验的总结，铁锴等以陕西为例，总结出"经济能人带动产业振兴、主政精英推动机制创新、政企合作促进、官社民协同治理"四种乡村治理模式[21]，表明依据驱动乡村发展的主要力量不同，在不同的乡村发展路径下，存在各异的乡村治理模式。乡村旅游目的地也是如此，近年来随着乡村旅游促进乡村发展效益的体现，不论是得益于地方政府

强力支持，还是乡村集体经济自主发展壮大，抑或是外来资本介入驱动，广大乡村旅游目的地都如火如荼地发展起来，探索形成了诸多治理路径和主客共创方式。本文将对我国主要的乡村旅游目的地主客共创和协同治理模式予以简要梳理，以期更为系统地认知当前乡村旅游目的地主客共创与协同治理的方式与路径。

### （一）乡村旅游地发展主客共创与协同治理模式梳理

#### 1. 政府强力推动模式

纵观我国旅游业发展模式，地方政府及其所辖机构在旅游目的地发展中至关重要[22]。特别是对乡村旅游目的地而言，在重新调整城乡关系的宏观背景下，乡村发展作为国家发展的重要维度，为了保证乡村经济社会快速发展，国家力量以一种新的方式进入乡村社会，显著增强了在农村治理中的作用，带着外部资源的国家力量快速扩张权力，以行政强力推动乡村旅游目的地发展演进。从而发挥乡村旅游的优势，促进目的地乡村农业等多元产业融合、农民等利益主体联结机制形成、旅游发展综合效益显著提升，以更加有效地促进城乡资源流动与配置，从而在提升城市居民幸福感的同时，通过旅游手段激活乡村固有资源，以市场化手段引导乡村资源价值提升，增加农民收入、改善乡村环境、增强乡村整体经济社会发展实力，从而有效解决乡村在经济、文化、社会等多方面存在的问题。由于乡村旅游与新时期我国创新、协调、绿色、开放、共享的新发展理念具有极高的匹配度和吻合度，因此不论是在脱贫攻坚中发挥旅游扶贫作用，还是在后脱贫时代以旅游发展巩固脱贫攻坚成果、助力实现乡村振兴，以及高质量发展建设共同富裕社会，乡村旅游都受到极高关注和极大重视，被地方政府作为推动转型发展的重要手段，在行政强力下予以快速发展。

地方政府主导乡村旅游开发具有经济理性和社会价值追求，能够充分发挥我国社会主义制度集中力量办大事的优越性，解决乡村旅游目的地在旅游开发中存在的资金不足、资源短缺、人才匮乏、管理水平较低等问题。通过政府行政力量整合资源，为乡村提供大量资金支持，通过派驻干部、选调优秀青年等方式提供人才支持，并以直接经营或委托专业公司经营等方式解决乡村旅游发展起步阶段管理经营能力较弱的制约瓶颈，从而能够顺利助推乡村旅游目的地开好局、起好步。如政府主导旅游发展的典型代表"栾川模式"中，栾川政府在旅游发展中发挥着重要的领导核心作用，从产品开发到市场营销，再到旅游管理，地方政府通过集中优势资源实现了目的地旅游发展的快速有效推动。其中包括地方政府对数个乡村旅游目的地的支持与开发，通过注入大量资金、修建高标准旅游公路、建设星级酒店和度假区、开发乡村文化旅游活动等，在地方政府支持下，原有一穷二白、缺乏旅游资源和发展基础的乡村在短期时间内具备了较高水平的旅游接待能力。同时地方政府通过整合资源优势，通过乡村周边景区带动、加大优惠力度、全面宣传推广等手段，实现了乡村旅游目的地的营销推广，使得乡村旅游目的地快速发展起来，从原有单一农业发展模式转变为以旅游业为核心的产业融合发展模式。这种政府以行政力量助推乡村旅游发展的模式具有一定的普遍性，许多快速成长起来的乡村旅游目的地，都离不开地方政府资金、人力等各种资源的支持。

这一地方政府主导乡村旅游发展的模式中，旅游开发通常是资源导向型，以对本土旅游资源的挖掘为重点，结合了具有一定休闲度假作用的开发方式，形成较为综合的旅游体验设施。但由于地方政府在旅游经营，特别是旅游商业模式创新、旅游经营等方面难以提供有效的保障，因此或以外包托管运营主体的商业化经营手段为主，或缺少对乡村旅游目的地商业系统的有效开发设计，特别是对顾客主导服务的提供和关注较少，因此难以形成有效的主客互动和价值共创，而是以顾客观光和休闲度假需求的满足为核心。在目的地治理方面，地方政府始终控制着目的地治理的主导权，在以行政力量整合资源、调和多元主体利益方面具有较大优势，构成以地方政府为核心的乡村旅游目的地治理模式，能够兼顾对游客和农民利益的保护与诉求的关注。

2. 集体组织主导模式

在村干部行政化、村级组织负责人"一肩挑"背景下，"村两委"作为目的地治理中的重要主体，占据着主导性的治理地位，在乡村旅游目的地中治理权力较为集中。这与全面实现脱贫攻坚任务、补齐乡村发展短板背景下国家权力在乡村的下沉趋势相呼应。广大乡村虽然沿用"乡政村治"的自治结构，但以项目制和财政转移支付为标志的乡镇体制改革，深刻地改变了乡村的治理逻辑。在实际运行中，"村两委"作为国家行政权力末梢，以处理上级政府行政事务为主要工作[12]。

对乡村旅游目的地治理而言，主政精英推动机制创新是重要的乡村旅游目的地治理模式。村集体等乡村基层组织在发展乡村旅游中具有重要作用，其作为基层管理组织，发挥村级公共事务的管理和领导作用，也向外积极对接资源，促进乡村旅游产业发展，乡村整体竞争力提升。由于乡村旅游较其他产业更需要外部资源导入和乡村内部秩序稳定，因此客观上呼唤更具经济能力和强制性权力的乡村治理主体。一方面，乡村党组织成为旅游乡村的权力中心，调动配置资源促进乡村旅游产业发展；另一方面，乡村党组织发挥社会秩序维护作用，调节乡村旅游中的纠纷。以村级党组织为领导的村两委权力系统在乡村旅游目的地发展、决策等治理环节发挥关键作用、占据主导地位。在基层党组织的领导下，我国广大乡村旅游目的地快速建立并发展，乡村旅游产品和服务质量显著提升，越来越成为具有市场竞争力的休闲旅游选择。

例如，位于陕西省咸阳市的袁家村，就是一个在乡村集体组织带动下实现乡村旅游跨越式发展、建成乡村旅游目的地典范的例证。该村以"村两委"为核心的乡村权威治理主体在乡村旅游产业发展和目的地建设中发挥着重要作用，承担目的地旅游发展机会识别、产业发展推进、外向扩张主导等作用。特别是在乡村旅游目的地多元利益主体中，"村两委"因其对乡村政治、经济、土地等多种资源的控制，在乡村旅游目的地治理中扮演着核心角色，是乡村旅游目的地建设的中坚力量。

这种地方基层集体组织作为核心，在符合村民自治法定形式的情形下，通过农村基层选举制度获得乡村旅游目的地的合法行政权力，并吸纳乡村本土精英、外来知识分子和技术人员进入乡村权力中心，在相对权力集中的情形下领导乡村农民发展旅游产业，保证乡村社会稳定和经济发展二元治理目标实现的特殊治理结构，是中国特色社会主义制度优越性在乡村旅游目的地的突出体现，是中国乡村旅游目的地产业兴旺的关键支撑力量。后脱贫时代"三农"问题工作重心的转移、脱贫攻坚成果的有效巩固与乡村振兴宏伟目标的实现，都需要立足当前乡村治理现实，把握"基层党组织发挥核心领导作用、'村两委'扮演治理核心角色"的乡村治理现状。

对乡村旅游目的地而言，促进多元利益主体在旅游发展中明晰各自职能，以多主体的良好互动实现共同决策和集体福利，是其迈向有效治理，实现目的地乡村治理现代化的必经之路。因此，新时代面对脱贫攻坚取得全面胜利，我国迈向后脱贫时代"巩固脱贫攻坚成果，衔接乡村振兴战略"的又一重要时间节点，要实现乡村"治理有效"，推进乡村治理体系和治理能力现代化，首要责任在于加强乡村基层党组织建设。要选好乡村党支部带头人、抓好乡村党支部和村委会组织建设，营造良好的环境，使其在乡村振兴重大战略任务的实现中发挥领导核心作用，以基层党组织的战斗堡垒作用和基层党员的先锋模范作用推进乡村向现代化进程，确保党在乡村旅游目的地治理中的先进性。要继续完善基层组织运行的相关制度，发挥党委领导作用，确保监委监督效能，推动村集体决策公开化、透明化，村集体组成人员选举规范化、制度化，形成党委、村委、监委"三位一体"的乡村基层治理体系，打造依民为民、高效透明的乡村基层组织，增强目的地村民对乡村基层组织的信任感，提升村民在乡村旅游决策中的参与度，提高乡村凝聚力。

### 3. 外来资本介入模式

随着居民消费水平和消费能级的不断提升，曾经作为城市居民短途休闲选择的乡村旅游，在市场需求升级驱动下，迎来了提升产品和服务品质的浪潮。同时，乡村振兴战略的深入实施和土地"三权分置"、农村宅基地使用权制度改革等创新政策落地生根，为乡村旅游吸引和承接新一轮资本提供了便利和契机。吸引社会资本，撬动和引导更多外来资本、外部资源支持乡村旅游产业升级和产品创新，成为解决乡村振兴背景下农村发展面临的资本短缺困境的关键一招。同时，资本市场也高度重视乡村的广阔发展前景，谋求携带资本进入乡村，开创新的盈利空间和发展格局，乡村旅游和休闲度假业态以当然地成为首选商业形态。资本供需双方在乡村旅游目的地升级和发展中一拍即合，演绎出大量外来资本进入乡村，推动乡村旅游目的地众多新业态、新模式形成和发展的火热局面。同时，外来资本的进入，带来的不只是大量资金，更是能够为乡村带来先进的管理理念、产品和服务的开发思想、规范细致的运营手段、稳定的客户群体，从而提升乡村旅游发展的经济产出和综合效益，使得乡村能够以足够的创新性和差异性，应对甚至引领消费升级浪潮，在新一轮的消费竞争中脱颖而出。

当前，越来越多的乡村旅游目的地在外来资本加持下得到快速发展，探索形成了具有独特商业模式、丰富产品形态和浓厚文化氛围的产品与服务体系。例如，从穷山村变身"桃花源"的山东省临沂市沂南县竹泉村，通过地方政府招商引资，将乡村的开发权交给山东龙腾集团，由其独资进行乡村旅游产品开发。山东龙腾集团作为投资开发主体，采用市场化导向经营原则，对乡村旅游目的地的开发、经营和管理等进行全方位的市场化重塑。龙腾集团进入竹泉村后，不仅为该村带来了数亿元的巨额开发资金，而且以先进的开发理念和独特的经营模式，使得该村资源得到了较好的保护与开发。通过秉承"保护性开发"原则，山东龙腾集团将生态环境保护与历史文化挖掘作为开发重点，坚持"保护开发齐抓并举"原则，形成了新旧两个竹泉村，在保留了原始村落景观的同时，使得目的地接待能力有效提升，成为享有较高知名度的乡村旅游目的地。无独有偶，位于浙江省湖州市德清县的莫干山镇，得益于诸多外来投资商的进入，形成了一个以民宿为基础、多层次休闲旅游业态共生的乡村旅游开发模式。特别是与民宿产业相叠加的文创产业的引入，使得目的地文化内涵和产品业态大幅提升，莫干山民宿也成为乡村旅游迈向高级形态，承接消费升级背景下乡村旅游目的地产业转型升级的典范。

在外来资本介入的乡村旅游目的地发展模式中，由于外来资本旅游地开发和运营等方面占据着主导地位，因此受资本方专业能力的影响，目的地中游客与东道主居民间主客互动模式较其他类型具有一定差异。其主要原因在于外来资本主导下，乡村旅游目的地无论是在开发设计，抑或是日常经营管理中，都具有明显的市场化运作特征，以目标市场为导向，从关注顾客需求入手开展的产品开发、服务供给、目的地营销等，更加能够贴近消费者的内心，更容易将消费者纳入目的地价值创造的链条之中。特别是部分投资主体已经认识到目的地主客共创在提升旅游综合效益、促进目的地可持续发展中的作用，已经开展了将顾客纳入产品开发和供给流程的尝试。例如，莫干山镇在乡村民宿旅游产品设计中，就充分体现出市场导向，以消费者休闲度假需求为引领进行民宿消费体验的优化提升，而在日常运营中，还形成了目的地村民现场制作早餐等特色服务，使得顾客与东道主居民间的距离被极大地拉近，形成了顾客感知乡村旅游目的地文化和生活方式的重要通道。

### （二）乡村旅游地主客共创与协同治理评价

#### 1. 乡村旅游地主客共创与协同治理的特征

在不同的乡村旅游开发模式下，目的地主客共创与协同治理呈现出各具特色的形态，由于对整体开发模式的协调适应，各类乡村旅游目的地的主客共创和协同治理尚存在一定差异，在推进过程和发展方向上呈现出独特性。但随着我国乡村旅游的快速发展，特别是乡村旅游目的地市场化水平的进一步提升，各类乡村旅游目的地在主客共创和协同治理方面也表现出诸多共性，对其发展趋势和特征的把握对乡村旅游目的地演进发展无疑至关重要。

第一，主客价值共创越发得到重视。随着乡村旅游目的地开发进程的加快，市场导向、顾客中心、服务价值等理念得到包括广大乡村旅游经营者和管理人员在内的从业者的关注，越来越多的乡村旅游产品开发和运用管理开始从消费市场角度出发，以满足利基市场需求为主的产品开发设计成为新阶段乡村旅游产品和目的地发展的重要趋势。这一转变无论对具有天然市场基因的外来资本主导下的乡村旅游目的地发展模式，还是针对政府主导和乡村集体组织主导的乡村旅游目的地发展模式而言，都是重要的方向和态势。随着乡村旅游高端化、精细化开发管理要求的凸显，倒逼着原有较为粗放和单一的目的地进行旅游产品升级，特别是更加注重乡村旅游服务质量提升，推出了一系列创新型服务产品，以满足顾客个性化需求，从而能够赶上乡村旅游供给侧结构性改革的潮流。在这一过程中，乡村旅游发展中的主客关系得以凸显，良好的主客互动所能够带给目的地的价值越来越明确。因此经营者纷纷开始尝试基于顾客主导视角，进行乡村旅游服务的创新和变革，试图通过设计一定的产品和服务，将顾客纳入价值创造过程，从而在促进和丰富顾客的旅游参与体验中，与顾客建立起更为深厚的情感联结，从而实现顾客价值最大化，以应对乡村旅游空间制约带来的发展瓶颈。天津市宝坻区小辛码头村等乡村推出的顾客认领稻田等模式，就是乡村旅游目的地对主客价值共创需求的积极回应。

第二，多元主体参与格局初步形成。乡村旅游的发展超越了乡村传统的生产生活方式，对乡村既有格局带来严重的冲击，不仅重塑了乡村的物质空间，导致环境问题突出，更对乡村的社会空间重构提出要求，造成乡村社会文化瓦解和经济不平等加剧。乡村旅游的发展客观上形成了市场思维和城市文化向乡村快速输入的通道，使乡村格局由封闭转向开放，村民参与治理能力弱、公共服务供给失衡、权力缺乏有效监管等问题，给乡村旅游可持续发展带来严峻挑战。乡村治理现代化与有效治理目标实现应当以多元利益主体作用有序发挥为前提，这无疑是乡村治理应该重视和关注的切实问题，对产业形态更加复杂、利益主体紧密联结的乡村旅游目的地，更应是核心方向。为了谋求乡村旅游目的地可持续发展，越来越多的乡村注重推动治理体系变革，由单一主体主导的乡村旅游目的地治理模式向多元主体治理转型，摒弃"自我中心主义"，更加与可持续、公平、去中心化、公众参与等特征相契合。从而在旅游目的地这一多元行动者构成的利益联结网络中，通过营造多元主体共治共建共享的治理格局，实现乡村旅游目的地治理现代化。例如，作为乡村集体组织主导乡村旅游发展模式典型代表的袁家村，就已经开始了深入的治理模式变革实践，从"村两委"单一主体治理到形成了合作社、行业协会等组织，承接了原有单一治理主体的部分治理职责，从而在一个渐进的过程中将目的地村民和普通旅游经营者纳入治理决策群体中，使其能够更有积极性和成效性地参与乡村旅游目的地公共事务之中，以提升目的地决策的民主性和科学性，使得目的地发展能够兼顾多元主体的利益，平衡多方利益相关者的诉求。

第三，单一主体管理迈向协同治理。在乡村旅游目的地形成和发展的初级阶段，乡村中治理主体较为单一，旅游产业发展具有较大的不确定性，目的地治理目标即乡村公共事务是推动凋敝乡村向旅游乡村转型、构建起乡村旅游产业发展的基础。因此，目的地缺乏建立正式制度的必要性，亦无正式制度生成的土壤，"村两委"等乡村治理核心主体主要运用权威和人情等机制，引领村民参与乡村旅游。而随着乡村旅游的发展，治理问题和治理矛盾呈现复杂化，原有乡村治理的路径难以为继，迫切需要以更先进的治理手段实现利益协调，解决乡村旅游目的地中的公共事务，包括调节目的地收入差距、保证了目的地产品体系的完整性等，从而降低目的地治理矛盾发生可能性。同时，由于多元主体进入乡村旅游目的地，对单一治理主体为核心的治理结构产生冲击，更加能够促进信息传递、诉求实现的协同治理模式被目的地加以运用，通过对常规的正式治理机制予以细化和完善，能够更好地明确乡村旅游目的地产业发展中不同主体的职能分工和所应承担的责任，促进乡村旅游目的地整体治理效能的提升。

### 2. 乡村旅游地主客共创与协同治理存在的不足

随着乡村旅游的快速发展，目的地主客共创与协同治理取得了显著的成效，在关于价值共创的认知和判断上形成了一系列重要的进展。但总体来看，当前乡村旅游目的地中主客价值共创与协同治理在实践中仍停留在较低层级，无论是在理论层面还是在实践操作层面，都与消费升级背景下顾客对乡村旅游产品和服务的需求存在差距，对乡村振兴战略落实中村民和各方利益主体的诉求满足仍有不足。

第一，乡村旅游创新内涵不够丰富。当前乡村旅游在产业化方面存在一定不足，产业基础较为薄弱，乡村旅游目的地产业形态简单，产品类型单一，同质化现象严重，缺乏产业融合发展和产业链整合，缺少对本土特色、乡土文化的提炼。过度的旅游发展又对乡村原有农业、手工业造成冲击，导致非旅游产业的式微。这也导致了乡村旅游目的地缺乏能够支撑主客价值共创的产品和服务，也缺少激发顾客参与乡村旅游价值共创的有效情境。产业瓶颈作为突出问题，增加了乡村旅游社区的脆弱性和风险性，制约着后脱贫时代乡村旅游效益的有效提升。

第二，多元主体利益保障不够充分。治理主体是参与乡村公共事务治理的个人或组织，通常来讲治理主体是考察乡村治理最重要的因素。虽然多中心治理、社区自治、公众参与等理念已经成为迈向治理现代化的共识，成为有效治理模式的理论形态，但理论的倡导与实践仍存在较大差距。如何有效实现目的地内多元利益主体明确职责、主动参与、共同协商、平衡利益的目标，激活乡村旅游目的地内生发展动力，推动旅游产业可持续发展，是一个需要长期探索的命题。当前乡村治理中虽然能够注重对多种利益主体的关注，但却难以有效保障多方利益主体的共同利益，乡村旅游在发展中不平等的权力关系、话语权缺失、定位与导向等问题阻碍了可持续发展，特别是缺乏对乡村中占据优势的利益主体的有效监督和约束。村民主体意识不强，参与乡村社区治理决策机会少、能力弱，乡村治理能力和治理水平有待提高等问题仍然突出存在。乡村旅游目的地摆脱治理困境，向有效治理和治理现代化转型仍是一个渐进和漫长的过程。在从脱贫攻坚转向乡村振兴的宏观背景下，在从全面小康向共同富裕迈进的道路上，不仅要注重推动乡村整体效益的实现，而且要关注乡村旅游目的地中广大农民和游客的利益，否则乡村旅游目的地的发展只能是短期的、不可持续的。

第三，主客参与制度机制不够健全。主客互动视角下，不论是顾客还是东道主参与乡村旅游服务价值创造，还是参与乡村旅游目的地治理，都离不开有效制度的保障，否则这种参与只能是虚无缥缈和昙花一现的。治理机制是保障治理主体协商合作的各种制度，只有乡村旅游目的地建立起正式的契约机制和非正式的信任机制，对乡村旅游目的地中村民和顾客参与治理形成明确的规范，并且得到乡村目的地治理主体的遵循与支持，才能确保处于治理金字塔底层的广大乡村村民参与治理，才能通过保障外来游客的利益吸引游客携带资源进入乡村，形成参与乡村治理的实践。同样，顾客与目的地参与旅游服务价值共创亦需要正式和非正式制度的保障，否则缺乏明确预期的乡村环境，难以形成切实的参与激励，即使可能因为特殊的旅游情境和旅游产品吸引部分主体参与，但这种参与却是不可持续的，是缺乏积极性保障的。

## 四、新时代乡村旅游地主客共创与协同治理战略研究

### （一）发展理念

#### 1. 伦理他者理念

主客关系作为旅游活动中最重要的关系之一，其妥善解决决定着主客双方共同利益的实现可能性。进入新时代，要立足新发展阶段、贯彻新发展理念、构建新发展格局，实现乡村旅游目的地主客共创与协同治理向更高质量、更优水平迈进。首先要正确处理主客关系，构建良性主客互动伦理价值体系。要摒弃以自我为中心的"自我主义"和"他者主义"，坚持自我与他者互为中心，在道德规范上形成平等的主客关系，而非因占据资源数量和市场化交易便利程度导致主客之间的操纵与被操纵。要在乡村旅游目的地中形成游客与东道主相互尊重、互相包容的主客关系，而非在以自我意志为中心的基础上进行互动，更不能想当然地试图用自我意志去改变他人。以伦理他者理念支撑共建和谐的主客关系，推动乡村旅游目的地可持续发展。

#### 2. 系统协调理念

乡村旅游目的地是一个综合性、系统性、整体性的发展实体，集合了附着于特定区域土地之上的经济、社会、文化等各方面要素，构成了一个相互影响、相互作用的有机系统。乡村旅游目的地主客互动与协同治理的有效实现，需要构建良好的发展环境，形成坚实的支撑保障，系统治理、综合施策。其中关键在于突出乡村旅游协同发展的产业体系特征，注重运用系统思维和系统方法，贯彻落实协调发展理念，研判乡村旅游目的地资源基础、发展态势、创新方向，以区域农业产业基础为依托，以"旅游+"产业间融合渗透为路径，形成新业态和新模式，带动资源、要素、技术和市场需求在农村地域空间范围内的整合与重组。最终以产业链延伸、产业范围拓展和产业功能转型为表征，促进农民增收就业与赋能增权，促进乡村振兴与推进高质量发展建设共同富裕乡村。

#### 3. 共建共享理念

加强和创新社会治理，推进社会治理精细化，构建全民共建共享的社会治理格局，是未来我国社会治理的重要发展方向。乡村旅游目的地主客共创与协同治理能力的提升，需要秉承共建共治共享理念，加强对乡村旅游目的地发展公平性、持续性、共同性原则的关注，保证旅游发展成果分配的公平性、保障旅游资源开发利用的持续性、确保旅游发展决策的共同性，从而实现乡村旅游社区可持续发展的目标，推动乡村振兴战略有效落地。特别是要推进社会协同，鼓励公众参与，激发外来游客、本土村民等各方社会活力，支持各类社会主体自我约束、自我管理，确保乡村旅游目的地各类自治组织发挥重要作用。提升居民在产业发展和社区决策中的参与度，构建多元主体有序参与、共同协商的治理机制，形成人人有责、人人尽责、人人享有的社会治理共同体，打造乡村旅游目的地社会治理新格局。

### （二）发展策略

**1. 开展服务创新，推出可参与的服务产品体系**

进入新时代，中国经济发展由高速增长阶段向高质量发展阶段转变，现代化产业体系建设成为发展战略的重点。对乡村旅游目的地而言，要巩固脱贫攻坚成果，解决多元贫困问题，实现向共同富裕的高质量迈进，就需要以可持续发展理念为指导，推动产业可持续发展和多主体可持续参与。通过着力构建规模化、集约化的产业发展道路，推动产业融合发展、创新发展。具体而言，乡村旅游目的地要形成促进外来游客参与价值共创的服务体系，就要从本地现有的产品体系、服务体系、人力资源着手，鼓励多主体投身创新创业，通过"旅游+"多产融合实现乡村产业升级，完善产业质量和提升生产效率。当前，部分乡村旅游目的地已通过特色农产品认领、苗木认购等多样形式与外来游客初步建立起了利益联结，取得了较为明显的成效。下一步，要继续秉承顾客导向和市场理念，瞄准市场潜在需求，因地制宜开发出一系列能够建立起与顾客利益联结、情感联系的产品和服务体系，将顾客有效地纳入乡村旅游产品和服务价值链中，为乡村旅游目的地提供稳定的市场通道和服务增值。

**2. 营造参与环境，激发顾客的自主参与积极性**

顾客参与价值共创不仅来自直接的行为，还存在于认知和情感系统中。因此对乡村旅游目的地而言，打造激励顾客参与价值共创的产品和服务体系，不仅要关注顾客在乡村旅游中的活动，开发可供顾客直接参与的产品与服务，也要注重乡村环境营造和顾客具身体验的获得。从微观视角来看，乡村旅游目的地要通过自然环境、生态环境、文化环境等激发顾客潜意识，提供具身体验，形成参与乡村旅游活动、置身乡村情境的迫切愿望，进而将顾客对乡村旅游目的地的认知转化为积极记忆，提高顾客重游意愿。如打造以乡村怀旧为主题的旅游产品，满足顾客对过去农家闲适生活的追寻，就需要注重从塑造顾客的具身体验出发，形成除视觉通道以外的，听觉、触觉、味觉、嗅觉等多感官体验。同时，乡村旅游目的地环境的营造，应该站在一个动态的、发展的视角，在不断提升乡村旅游目的地整体产品价值、打造乡村旅游目的地现代产业体系过程中注入促进游客参与的环境景观。在乡村旅游目的地，要充分推动第一、第二、第三产业融合发展，增强产业发展的创新能力，提高产业附加值，培育"农业+旅游+科技"等新的经济增长点，形成人力资本、自主创新能力提升与产业链价值链位置高端化，全球价值链的治理能力提升、产业附加价值和收益提高的正反馈循环，解决目的地居民产业参与和价值分享、产业增值空间拓展、产业带动主体培育及利益联结机制构建、乡村闲置资源激活等多方面的问题，使得旅游经济可持续发展、旅游目的地有序运行。

**3. 拓宽主体范围，形成多元主体参与共治格局**

新时代乡村旅游呼吁新的发展模式引领，乡村有效治理的理想愿景是构建自治、法治、德治"三治融合"的治理体系，营造多元主体共治共建共享的治理格局和参与格局。乡村旅游目的地要实现可持续发展，就离不开对乡村社区公平性、持续性、共同性原则的关注，即乡村旅游目的地要保证旅游发展成果分配的公平性、保障旅游资源开发利用的持续性、确保旅游发展决策的共同性,从而实现乡村旅游社区可持续发展的目标,推动乡村振兴战略有效落地。更进一步来说,后脱贫时代乡村旅游社区巩固脱贫攻坚成果,解决多元贫困问题,需要以可持续发展理念为指导,推动产业可持续发展和包括目的地居民、外来游客在内的多元利益主体可持续参与。但也应该认识到,多元主体参与治理格局的形成并非一蹴而就,其形成有赖于在乡村旅游目的地中建立起可以支撑的组织和制度,以保证从单一主体治理向多元主体治理转型过程中社会的稳定和旅游经济的繁荣,而不至于采用"休克疗法"式的变革。其中一个可行的转型路径,就是逐渐建立起有效的组织,如合作社等,使其能够发挥集体力量实现对乡村旅游目的地各方力量的组织。组织的形成必然伴随着乡村精英的吸纳过程,通过既存治理主体选择或目的地村民民主推选出的乡村"旅游精英",因其在旅游经营能力、知识和视野等方面的优势,从众多村民和经营者中脱颖而出,率先进入了目的地治理主体范畴,为目的地有效治理发挥才能,也为其他村民和经营者的成长提供了范例。可以说,目的地治理主体变迁中组织先行和精英吸纳,是从单一治理主体治理向目的地多元主体参与治理迈进的重要方式和路径。

4. 明确职责划分,切实推动单一主体自我转型

治理结构不断走向复杂化,出现了不同治理主体之间的权力划分和职责分野。实现治理现代化伟大目标,关键在于发挥好政府、基层组织和社会多元利益主体各自的作用,以协同治理实现善治。因此,要推动当前存在的单一治理主体治理模式向更多元化转变,特别是要激励和支持单一治理主体自我转型。通过自我转型,实现治理权力不断下放,治理组织、村民和经营者等个体的治理权力不断增强,成为支持和补充原有单一治理主体治理效用发挥的重要支持力量,为目的地市场化机制建立和村民的内生性发展能力培育营造良好的环境,从而使目的地治理趋于成熟,确保未来在乡村旅游目的地不断发展、环境日趋复杂的情况下,能够顺利实现新阶段乡村旅游目的地的有效治理。例如,对集体组织主导的乡村旅游目的地,就要推动"村两委"的转型发展,特别是对乡村旅游目的地基层党组织,要发挥决策核心的作用,提升乡村基层组织成员的认识能力和决策能力,培育基层组织成员超前的认识能力,积极推动乡村基层组织在发展中转变角色,从参与者到管理者,从管理者到服务者,把服务人民、服务脱贫攻坚、服务乡村振兴战略摆在首要位置。在乡村中引入市场化机制,健全体制机制,实现有效市场和有为政府在乡村旅游目的地中的顺利结合;增强多元主体力量,调动村民积极性,培育乡村发展的内生动力,带动村民共同富裕,推动乡村治理现代化有效实现。

5. 强化制度保障,构建正式和非正式制度体系

乡村是人与自然深度融合的重要场域。我国作为农业大国,历经千百年变迁,在人与自然的有效互动中形成和积淀了重要的思想文化资源和治理智慧。在乡村旅游产业的起步成长阶段,单一治理主体可以运用存在于乡村本土中的非正式治理机制处理乡村公共事务。但随着乡村旅游的快速发展对正式制度的建立提出诉求,并随着乡村旅游产业化进程促进常规正式治理机制的细化和完善,构成一个正式制度建立并不断完善的过程。如通过股权分配的利益平衡机制,准入监管、事后监管等在内的监督管理制度体系

是确保乡村旅游产业不断发展的重要机制等。乡村旅游目的地中治理机制的形成是多元利益主体职权划分和配置的结果,针对乡村旅游目的地的特殊性,可以将乡村旅游目的地治理机制进行一个正式与非正式的二元划分,目的地正式治理机制与非正式治理机制在各阶段均扮演着重要角色。二者在互促、协作的互动性过程中实现发展,构筑起支撑目的地治理体系的重要制度框架。一方面,正式的契约机制对非正式的信任机制具有替代作用,随着正式机制逐渐演变为具有共识性的常规治理机制,对非正式治理机制的需求下降;另一方面,契约型互动机制的形成以信任型机制的发展为前提,正式的契约机制依赖非正式的信任机制推动落实。非正式的信任机制是正式契约机制的良好补充,二者共同构筑起乡村旅游目的地治理制度系统。

乡村旅游目的地作为有机整体,其治理体系是一个综合作用的过程,新时代实现乡村振兴,应当构建起"自治、德治、法治"三治融合的乡村治理体系。因此,要充分挖掘乡村人才资源,培育乡村自治力量。调动经济精英、文化精英等乡村"能人"的积极性,通过合作社等形式形成旅游乡村微观自治组织,把精英民主、多元协商作为转型时期的民主形态,使多元社会利益冲突在政治协调的制度框架内得以妥协。同时,要充分挖掘乡村思想文化资源,建设"德治"乡村,要以乡村既有的集体主义文化、道德约束、关系信任等为基础,构建配合乡村正式契约机制的非正式机制,作为乡村治理的重要支撑力量,维系乡村社会稳定,保障乡村经济发展。

## 参考文献

[1] 袁金辉,乔彦斌.自治到共治:中国乡村治理改革40年回顾与展望[J].行政论坛,2018,25(6):19-25.

[2] 徐勇.中国农村村民自治[M].华中师范大学出版社,1997.

[3] 赵戊辰.基层社会组织参与乡村治理模式研究[D].浙江海洋大学,2016.

[4] Frost W, Laing J. Avoiding burnout: the succession planning, governance and resourcing of rural tourism festivals[J]. *Journal of Sustainable Tourism*, 2015, 23(8-9): 1-20.

[5] Cevat, Tosun. Limits to community participation in the tourism development process in developing countries[J]. *Tourism Management*, 2000, 21(6): 613-633.

[6] 周少来.从失衡到融合:乡村结构之变及其治理转型[J].中国特色社会主义研究,2020(2):53-62,2.

[7] 关新华,谢礼珊.价值共毁:内涵、研究议题与展望[J].南开管理评论,2019,22(6):88-98.

[8] 陈莹盈,林德荣.旅游活动中的主客互动研究——自我与他者关系类型及其行为方式[J].旅游科学,2015,29(2):38-45,95.

[9] 谌文.主客关系研究:乡村旅游研究新视角[J].产业与科技论坛,2008(7):30-33.

[10] 周春发.旅游场域中的主客关系探析——以徽村为例[J].兰州商学院学报,

2013, 29 (4): 122-126.

[11] 郑小云, 杨振之. 旅游服务价值共创研究——基于服务主导逻辑的视角 [J]. 社会科学家, 2016 (6): 103-107.

[12] Yi Y, Gong T. Customer Value Co-Creation Behavior: Scale Development and Validation [J]. Journal of Business Research, 2013, 66 (9): 1279-1284.

[13] 周庆智. 乡村治理转型: 问题及其他 [J]. 江西师范大学学报 (哲学社会科学版), 2015 (6).

[14] 马庆钰. 如何认识从"管理"到"治理"的转变 [N]. 人民日报, 2014-03-24 (07).

[15] 徐勇. 县政、乡派、村治: 乡村治理的结构性转换 [J]. 江苏社会科学, 2002 (2): 27-30.

[16] 燕连福, 程诚. 中国共产党百年乡村治理的历程、经验与未来着力点 [J]. 北京工业大学学报 (社会科学版), 2021, 21 (3): 95-103.

[17] 黄鑫, 邹统钎, 储德平. 旅游地乡村治理演变机理及模式研究——陕西袁家村1949—2019年纵向案例研究 [J]. 人文地理, 2020, 35 (3): 93-103.

[18] 任新民, 刘园园, 施静春. 共构谐变: 民族地区乡村治理格局嬗变中村规民约的价值再现 [J]. 云南师范大学学报 (哲学社会科学版), 2021, 53 (1): 96-104.

[19] 陈纪, 赵萍. 多元精英参与地方民族事务治理: 基于乡村旅游治理实践形态的个案考察 [J]. 西北民族研究, 2019 (4): 90-101.

[20] 孙九霞, 黄凯洁, 王学基. 基于地方实践的旅游发展与乡村振兴: 逻辑与案例 [J]. 旅游学刊, 2020, 35 (3): 39-49.

[21] 铁锴, 铁镠, 杨平. 乡村有效治理模式、机理及路径研究——以陕西为例 [J]. 宝鸡文理学院学报 (社会科学版), 2020, 40 (5): 40-49.

[22] Zhang C, Xiao H. Destination development in China: towards an effective model of explanation [J]. Journal of Sustainable Tourism, 2014.

[23] 宁华宗. 共生的秩序: 当代中国乡村治理的生态与路径 [D]. 华中师范大学, 2014.